金融的轮回

货币、证券到泛金融工具演进史

郭衍 著

商务印书馆
创于1897 The Commercial Press

图书在版编目（CIP）数据

金融的轮回：货币、证券到泛金融工具演进史 / 郭衍著 . -- 北京：商务印书馆，2025. -- ISBN 978-7-100-24744-3

Ⅰ. F831.9

中国国家版本馆 CIP 数据核字第 2024XL8780 号

金融的轮回

货币、证券到泛金融工具演进史

郭 衍 著

商 务 印 书 馆 出 版

（北京王府井大街 36 号 邮政编码 100710）

商 务 印 书 馆 发 行

北京市十月印刷有限公司印刷

ISBN 978 - 7 - 100 - 24744 - 3

2025 年 8 月第 1 版　　开本 850 × 1168　1/32

2025 年 8 月北京第 1 次印刷　　印张 12 5/8

定价：68.00 元

前言　站在金融历史更迭的图景中

对于金融学和金融市场的关注和探讨，在最近五十年已经从学界、业界越来越向普通大众层面延伸和普及，人们对自身财富和幸福的追求跨越了不同国籍、阶层、种族和社会制度。在热切追寻金融市场的真谛和成功之道时，最习以为常的方式是去探究经典理论或者眼花缭乱的数据统计分析，这确实有助于对金融经济与社会发展进行解读，并进一步指导个人、家庭和企业的金融决策。

其实在金融学研究中，除了金融学理论和经济统计这两个维度之外，金融史也是必不可少的。著名经济学家约瑟夫·熊彼特（Joseph A. Schumpeter）在《经济分析史》中曾说过："经济学的内容，实质上是历史长河中的一个独特的过程。如果一个人不掌握历史事实，不具备适当的历史感或所谓历史经验，他就不可能指望理解任何时代（包括当前）的经济现象。"[1] 这对于金融研究也是一样的。金融史研究各个历

1 〔美〕约瑟夫·熊彼特：《经济分析史》第一卷，朱泱、孙鸿敬、李宏译，商务印书馆，2001年，第37页。

史时期、不同国家的金融活动和金融发展过程及其特殊规律，这一方面可以为总结经验和预见未来金融发展趋势提供依据，另一方面也为我们理解各个历史时期形成的思想学说提供历史背景，同时我们正在经历的金融进程，正是从过去的路径中延绵而来。伯南克（Ben S. Bernanke）曾经把解释1930年的大萧条比作宏观经济学研究的“圣杯”，因为那个时代发生的问题与今天新闻报道的标题并无二致：失业率高企、银行倒闭、货币危机；对于大萧条历史的把握影响到我们对当今经济运行的认知。可以说，只有对金融发展的历史有充分的体认，才能够真正深谙每个历史阶段所结晶的经典理论，才能够以史为鉴，来分析和讨论当代的金融问题。

这本书将以人类支付行为作为基本视角和锚，对历史上不同地区的货币、银行、金融机构、金融工具和金融市场进行比较研究，并对未来发展做出前瞻判断。这样的研究并非把支付发展的脉络从历史场域（field）中抽离，就支付谈支付，就货币谈货币；也不是将经典理论对号入座，把金融理论话语与历史真实序列互证，而是将以支付为轴的金融演变置于不同国家的复杂经济社会情境中，在历史的多维图景中探求人类社会金融活动的过去、现在和未来。

按照经济学家坎特（Canter）的观点，可以把金融史分为三个类别，第一种是寻求类似事物的印象主义的历史，这种历史往往具有浪漫主义的演绎，是一种个性化的历史，以对历史的追溯来印证自己的想法；第二种是比较经济史，注重严格的数据收集和定量分析，如西蒙·库兹涅茨（S. Kuznets）[1]、安格斯·麦迪森（Angus Maddison）[2]、雷蒙德·戈德史密斯（Raymond Goldsmith）[3]所做的研究，是一种井然有序的历史；第三种是通过对各个国家历史的比较研究而试图提供一些解释性分析，这种分析一般需要借鉴社会学、政治学、人类学等其他学科的知识。其实这三种比较金融史的方法，没有优劣之分，只是由于接近历史的方式不同，认识事物的途径和手段不同，因而产生出历史的不同节奏与音符，它们缠绕在我们对历史的认识当中，丰富了我们认识金融的视野。本书采取的是第三种方式，即试图借鉴其他学科的知识来作为金融历史演变的背景，也就是希望把金融史与社会史相勾连，把金融学同政治学、社会学、人类学相结合，来得到一些关于不同社会金融制度演变的一般性解释。

1　参见〔美〕西蒙·库兹涅茨：《各国的经济增长：总产值和生产结构》，常勋等译，商务印书馆，1999年；《现代经济增长：速度、结构与扩展》，戴曾、易诚译，北京经济学院出版社，1989年。

2　参见〔英〕麦迪森：《世界经济千年史》，伍晓鹰、许宪春译，北京大学出版社，2003年；《世界经济二百年回顾》，改革出版社，1997年；《中国经济的长远未来》，楚序平、吴湘松译，新华出版社，1999年。

3　参见戈德史密斯：《金融结构与发展》，浦寿海、毛晓威、王巍译，中国社会科学出版社，1993年。

布迪厄（Pierre Bourdieu）[1]曾经指出，将社会学与历史学分离开来，是一种灾难性的分工，在认识论上缺乏依据。所有的社会学都应当是历史学的，而任何历史学也都应当是社会学的。这是不无道理的。要使干瘪的金融史鲜活化，要使研究金融史的人和阅读金融史的人都能尽量接近历史的现场感，金融史学要用开放的心态和睿智的眼光看待其他的学科伙伴，才能找到更接近真实的历史，也才能让更多的人喜爱读金融史。本书的研究其实是希望秉承沃勒斯坦[2]所倡导的开放社会科学精神，积极采用相关学科的研究方法，摆脱单独的金融描述史、事件史而偏向复杂的、独特的社会史研究，从而提供一个性能良好的广角镜头，观察和接近许多为我们所遮蔽、所误读的历史。当我们把对金融史的关注从纯粹的时间行进扩展到复杂的空间维度，一个空间并置、互动演化的网络历史图景便得以凸显。这种图景展示的历史感，就是要把历史故事讲顺，让讲故事的人和听故事的人都心服口服，

---

1 〔法〕布迪厄：《实践与反思：反思社会学导引》，华康德译，中央编译出版社，1998年，第126页。

2 沃勒斯坦在《开放社会科学：重建社会科学报告书》（刘锋译，生活·读书·新知三联书店，1997年）中检讨了自19世纪起制度化了的社会科学的诸学科，对它们的制度性区分具有一定的人为性，对从事社会科学研究的人同样实施着不易觉察的“管制”，从而限制了社会科学兼容并蓄的精神和开放的品格。对此，沃勒斯坦提出社会科学的开放和重建应该在学科之间的分界及界限模糊的基础上讨论，这有益于促进多元的普遍主义。

当然，我是在充满敬畏的意义上把历史称为“故事”。或许也正像金德尔伯格所精辟提炼的道理，经济研究注重规律的一般性，历史研究则重视事件的独特性。

本书的研究涵盖人类历史发展的漫长时段，涉及中西方金融活动的渊源与延展，以及银行、公司、资本市场、保险制度、信用体系的形成，也包含多次战争和具有重要意义的技术革命与金融危机。在这漫长的金融历史发展中，整个世界都经历了各自的起承转合。从几个轴心文明不约而同的鸿蒙初开，结出璀璨的文明之花，到中国利用自然资源和先进技术管理庞大疆域的领先地位，再到15世纪之后，欧洲的大踏步前进。而作为中国的读者和学者来面对这类讨论时，我们无法避免的疑惑是，为什么中国能在古代帝国的大部分时段如此卓越，近代化之后为什么西方的情形没有在中国出现？这里是不是感觉和“中国资本主义萌芽”这类老问题特别相似？我希望避免这种老问题。每个不同的国家和地区，由于文化传统、政治形态和经济发展的渊源和方向不同，其金融活动从一开始就身处不同的时空，因而必然会有关于发展道路和发展进程的不同选择。这些选择是时势使然，可能并不具有可比性，正如行走在不同道路上，比较谁走得更远是没有意义的。但是，金融发展的不同路径确实影响到了历史上曾经达到以及今天所达到的社会发展和经济进步。本书力图在尊重每个社会的文化与历史的完整性的基础上，让这些不同社会的不同金融制度选择进行平等的对话，而不是视一方为中心、标准，把另一方当作偏离者。沿这种多轨制构造的研究视角，进而可以考察在金融发展和社会进步的关系中是否存在一些普遍性的结论，比如，经济与社会的发展在多大程度上与支付的设计相关？政治形态的演变对于金融的发展有何种影响？不同的货币制度中究竟有没有最优的选择？法治精神与文化传统对于一个社会的金融系统是否也存在明显的制约？这些问题将帮助我们找到提问历史的最佳方式，对于更好地把握以后的选择不无益处。

麦克劳斯基[1]曾说过，经济史的研究能够产生更多的史实、更好的经济理论、更好的经济政策以及更好的经济学家。他的话同样适用于本书的研究，这本书将抛开约定俗成的迷思，对人类金融发展的缘起和脉络进行史实和思辨的追究，对当下金融市场剧烈变革做克制和公允的评判，还将有相当篇幅对金融发展的未来做出趋势判断和逻辑论证，其中不免会闪烁作者自身长久以来形成的哲学思想，天地万物，周而复始，像老子《道德经》所云，“有物混成，先天地生，寂兮寥兮，独立而不改，周行而不殆”[2]，金融与支付的缘起与未来，也将万法归一。

1 参见〔美〕查尔斯·P. 金德尔伯格：《西欧金融史》，徐子健等译，中国金融出版社，1991年，第2页。

2 老子：《道德经》上篇第二十五章，上海书店诸子集成影印本，1986年。

我希望给读者带来更好的关于金融的故事和思考。

更为重要的是，我们每一个人，其实正置身不断奔涌向前的金融发展浪潮之中，尤其进入新世纪之后，自然科学技术的革命为金融发展提供了新的可能和准备。从更宏大的历史空间与时间的视角俯视，目前的历史位置可能正是一个关键性节点，像无数伟大的历史时刻一样，站在金融历史更迭的场景中，我们或许正在成为那个时刻。

目　录

第一章　轴心文明的货币缘起与呼应

一、关于货币起源的迷思

货币是如何在人类社会产生的？大多数人都了解，当人类文明和物质发展到物物交换阶段时，由于需求的双重吻合难以达到，整个社会生活的推进迫切需要一种能够和所有物品交换的媒介，于是产生了最初的货币。而对于用什么来充当货币，则经历了从黏土、贝壳、牛羊到贵金属的适应性进化选择的过程。这是一个从小到大经受的通识教育、学科训练都听熟了、说顺了并不曾有质疑的故事，并且越是接近金融专业，越有可能把故事讲得绘声绘色并充满学术高度。因为这样的金融故事在逻辑上是清晰的，在理论上也非常适合支撑其他学说的递进演绎。但是，放下这些认知来重新提问，货币真的起源于物物交换吗？文明起源中的人类真的经历过广泛的物物交换阶段吗？在物物交换中陷入过困境吗？有过这方面的历史细节、人类学证据吗？

追溯起源，可以发现最初讲这个故事的人是亚里士多德。

在《政治学》第一卷第九章“论家庭”中，亚里士多德在讨论家庭获得财产的技术时谈道：

> 从前人们各自所有的各种物品，或者太少或者太多，因此以有余换不足，“交易”（物物交换以适应相互的需要）原来是自然地发展起来的。
>
> 在社会团体的初级形式中，即家庭中，全家人共同使用一切财物，交易技术显然是不需要的。后来团体扩大（到成为村坊），交易行为就可能发生；一个村坊由各个部分（家庭）组合起来，每一部分（家庭）所有财物的种类和数量各不相同，这样，有时就需要进行交易。
>
> （钱币制度的来历是这样的：）凡生活必需品往往是笨重而难于运输的，大家因此都希望有某种既属有用而又便于携带的货物作为交售余物及购取所缺货物的中介货物。于是人们发现铁、银以及类似的金属合乎这种要求。起初这些金属就凭大小轻重来计值；最后，为了免除大家分别称量的烦劳，每块既经称量的金属就各各加上烙印，由这种烙印表明其价值。[1]

---

1 〔古希腊〕亚里士多德：《政治学》，吴寿彭译，商务印书馆，1997年，第25—26页。

作为人类历史长河中百科全书式的顶尖人物，亚里士多德涉足哲学、政治学、物理学、神学、教育学、天文学、法学、文学，是人类智慧皇冠上闪耀的明珠。很难想象，是什么样的天生资质和后天学习路径造就了亚里士多德，特别幸运的还在于，他的横溢才华得到了所在时代的肯定和传播，当然其中师承关系也发挥了作用。作为柏拉图的学生，亚里士多德在既爱老师又爱真理的道路上也收了一名重要的学生，就是日后的亚历山大大帝。亚历山大从13岁开始跟随亚里士多德，成长中的耳濡目染，带给他对多元知识的接受和认知，伴随他后来的雄才大略和军事征伐，这些知识体系得以传播到广袤的亚历山大帝国，这是横亘希腊、埃及、中东、波斯和印度河流域的雄伟帝国，囊括四大文明古国之三。亚里士多德在各个学科的成果还被翻译成拉丁文、希伯来文、阿拉伯文、意大利文等，影响了整个人类对世界的认知。

亚里士多德是高于一般人类智慧的顶级智者，但并非无所不知的神，他在物理学、天文学方面的很多理论被后世的科学家所否定，在货币起源问题上同样也存在很大的偏颇和局限。他所生活的公元前4世纪，正是雅典奴隶制度动荡不安、前途迷茫的时代，奴隶主和自由贫民之间斗争激烈，面对此情此景，亚里士多德的学说力图勾画一个优良的社会。因而面对货币起源问题，亚里士多德在缺乏历史证据的条件下，推论出以数个家庭为单位的村坊和谐共处，每个家庭一方面生产自己必需的生活资料和工具，另一方面以富余之物交换生活所需，并且不抱有积极致富的心态，在此过程中产生了金属货币。作为一个经验主义者的亚里士多德，深受其身为宫廷御医的父亲影响，有着实证的思路和偏好，但在货币起源的问题上，很遗憾不知为什么他却没有这么做。

后来的2000多年中，这种源于物物交换的货币起源故事没有受到很多挑战，并顺利成为各种经济学说和流派都具共识的理论基石。到了近代科学启蒙的18世纪，另一块人类智慧王冠上的宝石——亚当·斯密，在这个问题上为亚里士多德再次背书。亚当·斯密以难以置信的完整体系，通过对劳动分工和自由市场的深刻分析，在宏观经济和微观经济领域奠定了古典自由主义经济学的基石。他在开山之作《国民财富的性质和原因的研究》一书中，肯定了亚里士多德对货币起源的推导，认为自由市场发端于物物交换：

> 自分工确立以来，各时代各社会中，有思虑的人，为了避免这种不便，除自己劳动生产物外，随时身边带有一定数量的某种物品，这种物品，在他想来，拿去和任何人的生产物交换，都不会被拒绝。
>
> 不论在任何国家，由于种种不可抗拒的理由，人们似乎都终于决定使用金属而不使用其他物品作为媒介。
>
> 货币就在这情况下，成为一切文明国商业上的通用

> 媒介。通过这一媒介，一切物品都能进行买卖，都能相互交换。[1]

思维极其缜密的亚当·斯密既是一位经济学家，也是一位哲学家。他对自然秩序和自由市场的信仰，来源于他对人类基本动机的判断，自爱、同情、追求自由的欲望、正义感、劳动习惯和交换倾向是斯密归结的六项人类自然动机。正是这些动机经过社会机制的细致互动，才在一只“看不见的手”的引导下去达到社会的自然平衡。既然交换是人类的基本动机之一，那么人类远古的社会活动必然包含了交换行为，再加之劳动分工的趋势，交换不同劳动产品和服务成为逻辑上自然的结果。亚当·斯密的加持，使货币起源于物物交换的论断更加顺理成章和毋庸置疑，在历代经济学家中不断传承。

到了每个经济学学生都读过的萨缪尔森《经济学》[2]教材里，对货币起源的讲述则显得非常巧妙。一方面萨缪尔森承袭了货币来自人类社会的物物交换，另一方面他似乎又由于并没有这方面的考古证据而在表述中模棱两可：

---

1 〔英〕亚当·斯密：《国民财富的性质和原因的研究》，郭大力、王亚南译，商务印书馆，2020年，第23—28页。

2 〔美〕保罗·萨缪尔森：《经济学》，高鸿业译，中国发展出版社，1992年，第94—95页。

我们可以设想一个物物交换的状况，一种货物直接与另一种相交换。在原始的文化中，用实物来交换武器是很平常的事情，用盖房的劳动来交换开垦土地的劳动也是如此。

货币是便利交换的润滑剂。

其他不同学派的学者也借着物物交换萌发货币的逻辑来阐发其学派的学术立场，门格尔在奠定奥地利学派基石的《国民经济学原理》一书中，认为物物交换会遇到匹配困难，于是人们会想着用别人普遍喜爱的物品去交换，用门格尔的话说，就是符合别人主观价值的、销售力最大的物品，时间长了，这种体现他人主观价值偏好的物品种类会越来越少，直至集中于能够普遍交易的货币。门格尔所强调的是这个过程没有经过设计和制度的规范，而是单个人无意识行动的结果，个体的主观理解互动自发产生了社会秩序，而这正是奥地利学派的精髓：

货币的产生，在最初也是由于少数聪明而能干的经济主体为着自己的经济利益，长期接受销售力较大的商品，以与其他一切商品相交换。他们这样做而得到经济上的成功。其他人看见他们的成功，才逐渐认识这种利益而也来效法他们。[1]

其实，对于人类上古社会的生活状态和货币起源的推导，或许并不只有一种可能，也或许广泛接受的可能并不是最主要的可能，我们可以根据现有的考古发现和人类学证据重新展开另一种故事。

现在最早的关于货币体系的考古证明来自美索不达米亚（Mesopotamia）的苏美尔人。美索不达米亚也就是我们所说的幼发拉底河和底格里斯河的两河流域，从公元前3000年开始，这里经过苏美尔、阿卡德、亚述等不同民族的融合，形成了组成人类轴心时代杰出文明代表之一的古巴比伦（也就是今天的伊拉克），以及后来庞大的亚述帝国。美索不达米亚文明中，最让我们赞叹不已，也是最被频繁提及的是生活在5000年前的人们，居然已经拥有了楔形文字、天文历法、建筑技艺（古巴比伦空中花园）、医疗药品、神庙、法典、学校、图书馆，还能顿顿喝啤酒，黑啤黄啤白啤一应俱全。

那么买啤酒靠什么来交易呢？金融学家们很自然地在楔形文字中找到了线索。这种人类最古老的文字，大多刻在黏土板上，考古发现的数十万楔形文字写成的文章中，内容涵

1 〔美〕卡尔·门格尔：《国民经济学原理》，刘絜敖译，上海人民出版社，2013年，第160—165页。

盖极广，借贷、法律、赞美诗、祈祷、菜谱等等，于是金融学家们认为楔形文字和黏土板组成了人类历史最早的货币，用来解决物物交换时代的需求双重不吻合的困境。但是更多的考古证据显示，在以神的信仰为社会运转中心的苏美尔人时代，整个社会经济生活的供需依靠神庙和国王来调节，人们的耕种、放牧、手工业的成果要交给神职人员，再由专门的记录者把这些信息用楔形文字刻在黏土板上，神庙将根据整体经济的调控发放食物和日用产品，如果有需要借贷的居民，也以黏土板刻字的方式做记录。你一定觉得这个场景非常熟悉，那么你的思绪可能来自两个方面：一是20世纪下半叶社会主义国家严格的计划经济体制，二是21世纪第二个十年给金融市场带来巨大冲击的以区块链为底层技术的数字货币账本。

这是一个与亚里士多德、亚当·斯密所设想的完全不同的场景，不是在一个自然均衡的社会中，数个家庭组成村坊，继而发展成更大规模的城市，也不是靠居民天然的交换倾向和后天的劳动分工趋势形成普遍的物物交换，并进一步寻找到一般等价物——货币；而是村坊、城市都围绕在以神旨为核心的集体主义生活范式中，在信仰和王权的支撑下，虽然分工劳动，但并不在个人间彼此交换产品和生活资料，而是通过上交神庙获得分配给自己的所需物品，神庙的记录员负责记录所有的上交和分配条目，并允许出现借贷。当神庙力量渐渐削弱的时候，人们仍旧可以通过黏土板上书写楔形文字来进行借贷、买卖交易的记账，没有因此陷入双重需求吻合的困境。刚才提到，黏土板记账系统的存在，非常类似于今天没有实物不需要交割的比特币、以太币，所有的交易只需要在区块链分布式账本上进行登记和确认，或许人类社会并非必需一个实体的、被称为货币的金属块才可以顺利进行商品和服务的交换。

奇妙的是，距离苏美尔人时代5000年后的今天，在位于太平洋的雅浦岛（Guap）上有着类似的交易记账系统。雅浦岛是加洛林群岛中的一个小岛，属于密克罗尼西亚联邦，全岛面积102平方公里，有大约六七千常住居民。这里并不是什么荒山野岛，从上海出发经帕劳转机，只需要四小时就可以到达。但这里的原住民仍保持着传统淳朴的生活方式，尤其引人关注的是他们的货币体系。一直以来，岛上居民交易使用的是一种称为“费”（Fei）的大石轮，费的直径30厘米到3米不等，岛上并不出产制作“费”的石灰石，这些石头是从附近的帕劳岛上用独木舟运回雅浦的。交易数额小的时候，就把石轮从中心的圆孔处穿进木杆搬走，特别类似于我国一贯铜钱的穿法；数额大的时候石轮并不需要搬运，只是在“费”上做标记表示交易发生并且全岛的居民都认同即可。甚至在中途运输中不巧沉入海底的大石轮，经全岛居民确认也承认其所有权和相应的价值。

1899年德国人买下这座小岛后，陆续有一些旅行家和人类学者去访问，他们写成的游记和报告10年后被时任英国财政大臣的经济学家凯恩斯发现，雅浦石轮独特的交易体系才被人们所了解。又过了100多年，在比特币出现之后，这种被以猎奇眼光审视的货币形式，突然激发了很多金融学家和金融爱好者的浓厚兴趣，因为和楔形文字类似，“费”在逻辑上与区块链技术支撑的数字货币也有相同之处，于是雅浦岛的旅行在最近几年流行起来，大家特别想感受一下抛开我们想当然的、所熟稔的现有人类货币交易方式，还有怎样的交易可能。当然，你不用去帕劳岛寻找石材，现在雅浦岛上的消费可以使用美元，岛上的居民正在逐步接受与他们的世界平行的另一套交易系统，或许他们看待我们今天的货币体系，也会觉得不可思议和非常有趣。我们并不能说，两套平行的货币体系哪一套在人类文明序列中更先进。如果你没有机会前往雅浦岛，也可以在东京有乐町附近的日比谷公园里看到特别展示的神奇的大石轮“费”。

与此类似的，还有纽约联邦储备银行地下金库的交易管理方式。纽约联邦储备银行作为美联储系统内十二家组成银行之一,一直有着超越其他联储银行的位置，这不仅由于纽约联储的资产总量和活跃性在联邦储备体系居首，它承担了整个联储的公开市场操作和调控外汇市场等功能，纽约联储主席是不经选举的美联储常任副主席等，还有一个重要原因在于它的地下金库存放了国外中央银行、政府组织和国际机构的黄金储备。这是由于“二战”后布雷顿森林体系时期，各国货币与美元挂钩，并可按35美元一盎司的价格向美国兑换黄金，纽约遂成为国际黄金交易中心。和雅浦岛的特大号石轮相似，很多国家为了减少大宗黄金的运输和储备麻烦，索性选择将自己的黄金储备存放在纽约联储的金库。有60多个国家的8399吨黄金存放在这个金库，约占全球黄金储备的30%。

第一次对联储金库产生直观印象来自电影《虎胆龙威3》，片中杰里米·艾恩斯（Jeremy Irons）扮演的反派通过一系列精妙计谋在纽约警察眼皮子底下用14辆大卡车运走了金库中的黄金，当然好莱坞大片的套路最后肯定是依靠孤胆英雄布鲁斯·威利斯追回了这些金块。十几年后在纽约做访问学者时，经提前一个月的网上预约，我终于得以前往金库参观。金库所在的纽约联储大楼位于曼哈顿下城Fulton Street和Liberty Street交界处，与华尔街隔了三个街区。当时觉得眼前这座意大利风格的深灰色建筑与我想象中宏伟肃穆而又神秘莫测的纽约联储还是有很大差距的，文艺复兴色调的复古楼层与不远处的摩天大楼显得格格不入。金库位于这幢大楼的地下20米，我们通过一个没有层数按钮的电梯直达金库门口，金库的圆筒状大门的旋开方式、黄金的称量方式居然都是纯手工操作机械，这与预期中《黑客帝国》《碟中谍》等电影里经常呈现的闪烁着科幻色彩的炫酷场景相差甚远，也正因为没有依赖这些电子技术，自1924年至今金库也从没因为电力、电脑等原因出现故障。

金库里分成122个小间，每间大致属于一个国家或机构，拥有一个唯一的编号，也有几个国家或机构共用一间的。金砖以非常接近建筑工地的方式层层叠摞，当一整摞金灿灿的金砖展现于眼前时，还是不免晃神。不同国家和机构之间昂贵的黄金交易，依靠金库工作人员在不同编号的房间内移动这些金砖完成。这听起来和雅浦岛居民是不是有着相同的逻辑？

人类经济社会的发展，需要交换媒介、价值尺度和价值储藏，但这并不是必须以一手交钱一手交货的方式才能进行，我们恐怕也不能武断推测物物交换的趋势是金属货币的唯一起源。

二、税收、军队和主权：货币与政治

那么货币起源的故事究竟该怎么讲？既然老百姓的日常生活可以在没有金属货币的情况下进行交换和借贷，那么货币的出现还应该有其他迫切的需求。有这个迫切需求的正是统治者。

现在出土的人类最早一批金属铸币来自吕底亚（Lydia）王国的阿尔忒弥斯神庙，你今天去大英博物馆还可以看到它们的模样。吕底亚是公元前1200年到公元前500年左右存在于西亚的一座古国，相当于今天土耳其的位置，凭借富饶的资源一度成为经济繁荣和军事强大的国家，征服了大量迁徙的移民，控制了很多爱琴海一带的城市。大英博物馆这批最早的铸币大约铸于公元前600年以前，而当时也正是吕底亚频繁挑起战争不断扩大疆域的阶段。吕底亚当政者用来维持军队的开支非常庞大，战利品中有很多金银贵金属，而把战利品铸成货币成为动员军队、招募士兵的非常好的选择。由于是从金银窖藏转化而来的铸币，因此面额都比较大，并不适用于日常交易，但适合作为战利品分发和奖赏。除了招募军队，战争还需要很多其他的巨额费用，这需要从老百姓的税收中进行补充。这个过程以往通过记账和借贷账本系统能够完成，而现在动员老百姓逐步使用铸币并进一步规定只接受货币缴税成为统治者和政府的新选择。

军饷和税收在货币发展历史中的作用，也被一些今日的经济学家所关注和探讨。兰德尔·赖特（Randall Wright）曾经提出，法定货币的产生是由于需要用法定货币来支付强制性款项，也就是说在缴税和偿还罚款以及其他费用时，法定货币是政府接受的唯一货币，并且这些偿付是强制执行的，国民接受法定货币正是因为确定政府也会接受它，也就是具有“无限追溯”的性质。

在诸多国家的竞争性发展进程中，吕底亚率先使用的铸币迅速传播到其他地区，各国纷纷开发自己的铸币，并且排斥其他国家的铸币。在这个过程中，渐渐显示出货币与主权、国家法制之间的关联。新古典学派的法律限定理论就是在这种逻辑下探讨货币制度形成原因的，尼尔·华莱士（Neil Wallace）、托马斯·萨金特（Thomas Sargent）都主张货币金融体系并非市场力作用下自然演进的结果，而是很大程度上为政府的法律限制所决定。当然，这种认识与刚才提到的门格尔及他身后的奥地利学派大咖们所笃信的自发秩序是不一致的。早在16世纪，法国哲学家让·博丹（Jean Bodin）也曾论证过货币与主权的问题。博丹在当时欧洲民族国家正在兴起的过程中，比较批判了亚里士多德（Aristotle）、波里比阿（Polybius）、哈利加纳萨斯的狄奥尼修斯（Dionysius of Halicarnassus）的主权权利判定后，明确了一国的主权是国家的基本特征，而铸币又是一国主权所包含的一项特征性权力，只有主权者才拥有发布有关铸币的法律和规定币值的权力（Bodin）。

货币从国家主权和战争军饷以及征税中兴盛起来后，逐渐对民间的交易活动和市场秩序产生渗入和影响，货币越来越具备了在商品与服务交换中的作用，推动人类社会发展进入新的阶段。而这一阶段，货币同时在轴心时代（the Axial Age）的各个文明中演化，并带来经济、艺术、文化、建筑等社会生活多方面的进步。轴心时代是卡尔·雅斯贝尔斯（Karl Jaspers）提出的一个概念，指公元前800年至公元前200年之间，人类文明在不同地域都取得了重大突破，主要文明都出现了伟大的精神导师，孔子在中国，释迦牟尼在印度，犹太教先知在波斯，苏格拉底、柏拉图、亚里士多德在希腊不约而同地奠定了影响至今的人类精神基石，引领了世界性的同步演进。货币也在各个轴心文明中不同程度地缘起、发展，并彼此呼应。

三、轴心文明的货币呼应

在吕底亚货币发轫的时候，中国的货币历史也开始了萌出和发展的进程。《史记·平准书》中有“农工商交易之路通，而龟贝金钱刀布之币兴焉。所从来久远，自高辛氏之前尚矣，靡得而记云”[1]“及至秦，中一国之币为‘二’等，黄金以溢名，为上币；铜钱识曰半两，重如其文，为下币。而珠宝、龟币、银锡之属为器饰宝藏，不为币”[2]，《汉书·食货志》中有“洪范八政，一曰食，二曰货。食谓农殖嘉顾可食之物，货为布帛可衣，及金刀龟币，所以分财力通有无者也。二者，生民之本，自神农之世”[3]等记载。中国在西周时期，已经经历了原始社会和奴隶社会的演化，完成了第三次社会大分工，手工业和农业都有很大进步，手工业和农业内部出现分工不

1　司马迁：《史记》卷三十，中华书局，1996年，第1442页。
2　同上。
3　班固：《汉书》卷二十四上，中华书局，1996年，第1117页。

断细化的趋势，商品交换可以说已经比较发达。今天国内很多博物馆里我们可以看到那个时代的贝类，传统意义上认为从商朝开始已经有贝币作为货币的原型充当交易媒介，但实际上贝类用作装饰或是收藏也有非常大的可能。这个时期也有各种借贷，与苏美尔人不同的是，中国此时的借贷不是运用文字记录（如今考古发掘的中国最古老文字的用途都是围绕占卜而不是债务账本），而是通过农作物、种子、工具来进行，在物物交换的操作中似乎也没有遇到瓶颈。此后，货币的载体又发展为布币、刀币等等。到了东周春秋和战国时期，也是中国最典型意义的封建社会，围绕周王的诸分封国开始有了铸币的出现。没有史料可以证实春秋的货币缘起同吕底亚一样是源于军队的军饷和其他开销，尽管这个时代中国的战争和吕底亚一样频繁。不过货币用作价值储藏和官员俸禄的考古证明是很确凿的。而且这个时期劳动力水平上升，有了越来越多的手工业产品和劳动分工的倾向，在民间生活当中使用货币也逐渐能够带来便捷和效率。秦王统一六国后对币制的改革，确定了方孔圆钱半两的标准制式，从秦王的角度来看这是主权宣示的需求，随后货币也成为维持秦国大规模基础设施建设所需要的税收方式。

春秋时期起于公元前770年，至战国时代秦王统一的公元前221年，正与雅斯贝尔斯的轴心时代契合。此时的希腊也经历了差不多的货币发展历程，根据欧洲钱币学家和我国钱币学开山之师彭信威先生的研究，古代中国和古代希腊在这阶段的货币发展还刚好彼此呼应，分为三个阶段：古中国为古体、自由体和秦体，古希腊为古体、自由体和希腊体。古体阶段铸币的图案都比较简单和幼稚，自由体阶段是铸造技术和艺术创作高速发展的时期，到了第三阶段就基本定型，希腊货币上多为统治者头像，秦体货币上则是李斯优美工整的小篆文字。两个民族在货币铸造上经历了同时期的文明崛起的轴心时代，从最初的铸造过程中，我们看到了希腊货币上自由奔放的艺术创作与造诣，和中国货币上一丝不苟的严谨书法，这也是不同民族文化和审美旨趣在货币上的体现吧。

古印度大约在公元前800年至公元前400年间出现了最早的货币。古印度包括了今天的印度、巴基斯坦、孟加拉国等国，在其形成过程中不断被外族侵入，雅利安人、波斯人、希腊人、大月氏人先后统治这里，所以货币有可能是从古希腊和古波斯传入。但现在发掘的古印度金币和银币在铸造手段上显示出其独特之处，古希腊古波斯货币是两块冲压模具间打造，古中国是通过模具浇铸制成，而古印度是通过模具在金属块的一面进行敲打成形。所以如果制造货币的场所西方叫作“造币厂”的话，中国应该是“铸币厂”，而印度确切形容应该称之为“敲币厂”。这种敲打出来的铸币具有高昂的价值和神圣的宗教图腾，所以也有学者在论证古印度最初的货币是用以祭祀和供神，而不是解决物物交换的困境。

人类社会是如此有趣。几种制约人类未来几千年走向的不同文明，跨越地球的经纬，几乎在同一时刻发端在不同角落，货币也在这个神圣的轴心时代正式涌入历史的河流，奔腾开去。

第二章　不同统治理念下的货币发展差异

一、欧洲原子化政治中心与封建时代

在以货币起源为标志的最初金融活动之后，人类社会的金融工具、金融市场演化在世界的不同位置呈现出并不一样的走向。在这个过程中，政治模式往往成为其他社会体制生发的基石和制约，也就是成为用来决定社会、经济基本规则的“基础性制度安排”（fundamental institutional arrangement），这种基本制度决定、影响了其他制度安排。

从古希腊的城邦国家开始，欧洲大陆的政治观察就着眼于某种方式组织起来的公民共同体。476年西罗马帝国灭亡后的相当长时间里，欧洲虽然是在天主教神权影响之下，但仍具有封建形式的原子化特征。构成欧洲中世纪国际社会基本政治单位的，除了当时一些区域的“帝国”和王国外，还包括众多的公国、伯爵领地和其他由小领主统治下的封邑，以及佛罗伦萨和威尼斯等著名的城市国家。这些形形色色的王国、公国、领地共同形成一个相互交织的区域和政治网络，不同的政治单位名义上虽隶属于国王或皇帝，实际基本处于自治状态。这些多层次的、分裂的国际政治体，使欧洲秩序呈现出各个政治行为体之间既相互联系又没有彼此束缚的多元格局。这种格局下，各个政治团体各自实行经济金融政策，但由于地域上的网状交织，这些政策又在互相影响着。到中世纪，欧洲大陆人口不断扩张，城市里各种行业纷纷兴起，经济水平逐渐提高，市场交易慢慢地发展起来。欧洲这种严格意义上的封建社会，在这个阶段随着货币化的出现和深化，整个社会对于商品货币的需求日益增加。

在大多数欧洲地区，分属于不同原子化政治权力中心的封建主们，随着城市规模的扩大和人口的增加，都面临着共同的问题，就是财政开支越来越大。不论依靠征税还是借债来维持开支，都需要商品货币关系的进一步发展，从而使经济更快增长，以缓解财政危机。于是货币被越来越多地使用，货币经济开始普遍起来。封建领主们通过货币经济增加收入，在满足军事防御和政治统治需要的同时，也改善了自身的生活质量。此时的农业得到了前所未有的开拓，佃户对领主的徭役义务已经淡化，其繁重程度和频率都有所减轻，越来越多的农民开始租赁土地劳动，这就区分了领地劳动和租赁土地劳动。逐渐地，不仅领地劳动可以用货币来代替，租赁土地的地租也由固定的货币地租取代了实物地租。农村地区农产品和工业产品日益商品化，城市工业也通过专业化生产扩大商品的需求。同时，城市中出现的新兴劳动力很多都是从农村出来的农奴，他们得以来到城市，正是因为他们允诺通过缴纳货币向领主履行义务。相对于封建主维持统治的暴力机构，城市居民使用货币来组建自己的武装力量，从民兵到雇佣军再到常备军，市民阶层逐渐有了与封建主进行谈判和斗争的资本，不断争取自治权力。

这一点，在与此同时但遥远的中国，是无法想象的，正像下面我们将要探讨的传统中国统治理念中所要讲到的，在秦之后的中央高度集权的统一中国，君主依靠天然的权力面向全国吸取资源，由中央来面对众多的自耕农，而没有四处散落的其他统治中心，普通居民不可能拥有组建武装的权力和空间，在这个方面他们没有货币关系的需求。

欧洲此时复兴的古典哲学中的享乐主义也在给人们提供时代的养分。手工业者、商人、普通市民、自耕农，他们的伦理观念都在发生转变，从拥有人身权到财产权，之后更是普遍认为依靠自己的辛勤劳作和市场商业活动能够使自己过上更好的生活，享受更幸福的人生，因而对于货币的流通和商业的流转持有一种积极的态度。

对于商业活动的发展和商人团体的出现，欧洲的封建领主们表现出相对平和的心态，没有像传统中国的统治者那样紧张。在欧洲相对小的地域之中，活跃的商人阶层似乎没有发展为与统治中心对峙的又一个权力中心的可能。在封建时期存在的其他具有影响力的组织，比如教会、行会等机构，虽然或者出于教义或者出于保护生产者的缘由，曾经采取过一些抵制商品货币关系的举措，但是随着市场因素的改变和城市经济的进步，也已经必须要依靠商品货币来更好地完成其机构的职能。

这些为欧洲内部的商品销售拓宽了道路，城市市场和农村市场的活动都更加频繁起来。可以说，整个欧洲的货币化进程和货币体制的演进加快了。货币的历史演变，一般遵循的是这样的方向：一要在数量上满足市场流通的需要，二要在质量上做到无须花费精力辨析良币劣币就可投入使用，三要使这种使用是便利的，避免大规模运输和保卫。在这三方面标准下，金银融铸币逐渐成为各个地区对货币材料的偏好。使用铸币是有成本的，在当时的欧洲，各个货币当局往往都是通过征收“铸币收益税”来解决成本问题，如果铸币当局暗自降低货币成色而“铸币收益税”不变的话，就可以赚取额外的利润。民众是非常智慧的，这种成色的变化，一般都会逐渐被民众所发现，因而民众会按照实际成色进行铸币的估价，这就实际上使铸币的购买力降低了。同时，即使铸币当局不在成色上做手脚，铸币本身也会在流通中经历磨损，使铸币贬值。

到了13世纪商业革命时，为了配合经济的发展，需要重新建立一套货币体系，以适应贸易的扩张。这时的铸币应该面额更大、价值也更加稳定。于是，1252年，欧洲的第一批金币在佛罗伦萨开始铸造，这种被称为“弗罗林”的金币以及其他的大额银币适应了当时贸易的需求。由于商人们都不愿意带着成千上万的小银币做生意，金币和大额银币的观念很快传遍了欧洲的其他地区。尽管这样的发展并没能解决铸币固有的贬值问题，但在便利商业方面确实发挥了作用。此外，商业革命在需要大额铸币的同时，也需要一种信用工具，避免从一个地方往另一个地方运送贵金属，于是汇票、银行等金融工具和金融机构也开始有了发展，这一点我们留在后文再讲。需要说明的是，这两个方面的发展是同时的，即一方面是铸币本身的发展，另一方面是信用货币的发展，两者平行发展，并不是取而代之。

二、传统中国[1]统治理念下的货币发展

货币萌发后在传统中国的发展与西方文明有着不同的逻辑和轨迹。中国从秦汉开始，直至清朝终结一直是一个大一

1　在本书中，“传统中国”将指代从秦王朝建立至1911年清朝灭亡的中国，即中央集权的统治时期。

统的中央集权制帝国。虽然在形成过程当中，中国也曾有过与欧洲类似的分封与封建[1]时期，比如在更早的商、西周和春秋时代，整个中国版图上曾有过众多散落的权力中心。当时以分封制作为一种政治统治形式，取得统治权力的宗族在拥有一个共主的基础上共同享受对整个国家的统治权力。不过中国还是过早地脱离了封建社会，分封的思想最终让位于郡县。秦始皇统一中国后，开始在全国范围内推行郡县制，地方行政区划分为郡县两级，以郡统县。两汉基本上沿袭了这一制度。东汉末年，为了加强对地方的控制，统治者开始将作为监察区的州改成行政区，成为郡以上的一级行政建制。隋朝时期，撤郡，改为州县二级制，其长官皆由中央任免。此后，州县作为中国封建社会的地方行政单位就一直存在着，其性质同郡县制一样，是中央集权政治组织的一部分。因此，从秦朝开始，中国基本上一直保持一种顶端为中央集权，底层为无数分散小农的统治体系，这种模式加强了国家统一、集中了中央权力。这些小农通过编户齐民的体制成为国家的一分子，有相应的身份和义务，在一些民事权利方面受到国家许诺的保护，但与欧洲政治制度安排当中的公民、市民有着明显的不同，并不能分享国家的主权。并且，中国

1　封建（feudalism）在目前有两种所指：（1）指中国从古代延续到近代的“封建社会”；（2）指欧洲中世纪和中国在春秋之前的分封的、权力分散的等级体制。在本文中，“封建”一词都是在第二种意义上使用的。

作为一个王朝国家，其合法性根源，即法理基础是“宇宙王权”[1]，文化和社会形态是靠儒家伦理[2]来完成的，这种国家合法性的神秘来源支撑着社会伦理和政治信仰，也决定了国家对社会的一元化控制。这个庞大的帝国在经济发展和金融演进的每一步上都有着统一的步伐，并且往往是以国家为主导完成的。

中央集权的帝国统治促进了统一的多民族国家的形成、巩固和发展，为经济文化流通、交通往来创造了便利条件。不同于近现代民族-国家的主权集中，在当时的统治理念下，中央集权对于经济发展持一种独特的态度。一方面，鼓励发展经济；另一方面，非常坚定地认为只有农业发展才是经济发达的所在；与此同时，还出于统治的需要，对于新生的经济势力保持警惕。战国以后一直存在的商业化和城市化进程，在中央集权的统治下逐渐失去了很多原有的发展可能，农业文明越来越根深蒂固。统治者对商业活动所创造的财富和创造出的商人群体其实并不是很喜欢。要知道，这部分群体很可能成为游离于专制政体之外的资源。异常强大的中央集权管理体制往往会对私人经济进行制度上和思想

1　张灏先生以“宇宙王权”指称维持传统中国统治秩序的意识形态，是一种将地上的王权根植于神灵的世界、将王制视为人世与宇宙秩序缔结的枢纽的体制。

2　关于儒家伦理的内容参见第五章的讨论。

上的干预，在促进经济进步的同时，也维持着对资源的控制，并尽量减小生产资源的群体自主性。这在相当程度上造成促进传统商业经济方面动力不足，以及私有产权欠充分发展。

其实在宋元时代，中国经济已具备了完整的商业手段。在集权的政治架构之下，国家控制工商业，垄断盐业、铁业等有利行业，主导社会财富和资源，这既为国家财政谋得大量特权收入，也限制了私营工商业对农业的侵害。那个时代富人们的投资方式非常局限，只有把资本用于购买土地，进行安全的投资，剩余资本形成有利可图的投资空间比较狭窄，国民财富、收支盈余与金融体制的勾连在一个较低层面，表面意义上的财富难以很好地深化和长久，形成一种呆滞状态。在中央集权的统治模式下，普通民众对于君权绝对性有着强烈的信仰，潜意识中相信依靠这个卡利斯玛[1]（Charisma）是最富效率的发展途径，在独立创新精神和财产权保障方面的需求都不强烈，商品经济的繁荣更多是服从君主的需要。所以即使传统中国商品经济和金融起源很早，后续实质性突破发展却比较有限，金融工具早慧的最突出代表，可能就是在宋朝出现的人类历史上最早的纸币。

---

1 这是马克斯·韦伯的用语，指一种具有个人魅力的英雄人物，譬如先知、圣徒和革命领袖，这些卡利斯玛的统治仅仅依靠其追随者确信他们的神授天赋。

当时的中国正处于赵匡胤所建立的北宋时期，中央集权统治已经日臻成熟，全国性的货币制度统一起来，商业规模空前庞大，商品经济出现了前所未有的兴盛。全国城镇过千，首都汴京人口超过了一百万，商店、酒肆、戏院遍布，日常交易时间从天明至深夜。无数文人墨客书画词家都赞叹这幅热闹非凡的商业图景，柳永描述："烟柳画桥，风帘翠幕，参差十万人家。云树绕堤沙。怒涛卷霜雪，天堑无涯。市列珠玑，户盈罗绮竞豪奢。"赵师侠感叹："路入神仙宅，翠锁梵王宫。俯晴郊，增胜概，气横空。云林城市层列，知有几重重。"更不用提张择端高度现实主义手法的《清明上河图》展现的风俗长卷，井井有条的市场秩序和姿态万千的市井生活扑面而来。与这部长卷互为映衬的书籍《东京梦华录》中，孟元老更是细致灵动地描写出宋朝城市的宫阙、桥巷、瓦市、寺观，和市民百姓的风土、仪礼、营生、物产："雕车竞驻于大街，宝马争驰于御路，金翠耀目，罗绮飘香。新声巧笑于柳陌花衢，按管调弦于茶坊酒肆。八荒争凑，万国咸通，华四海之珍奇，皆归市易，会寰区之异味，悉在庖厨。"这些诗词书画无一不描绘着传统中国的经济文化巅峰状态。在此情此景之下，货币媒介必须适应流通的要求，满足市场的需要。一场潜在的货币制度革新正在悄然孕育。

这个时期，农产品的商品化程度大大增强，中央集权的国家对盐、茶、矾等实行专卖，并且在全国推行以两税法[1]为标志的财产税，国家财政中的税收从主要依赖直接税逐渐转向更多地依赖间接税，货币收入占到全部财政收入的一半左右。王安石所推行的著名的青苗法、市易法[2]等改革，也都是着眼于以货币形式增加财政收入。因而宋朝对于货币的需求量大大增加了，客观上要求增加货币供应量。

宋朝的货币基本上以铸币为主，绢帛已经不再使用。流通的铸币称为通宝钱，种类繁多，每隔一段时间就有新的通宝钱种出现。而且，宋朝的货币制度是铜钱、铁钱并行，铁钱比铜钱成本低，二者之间作价不统一，流通比较混乱。负责铸钱的机构是由政府在适宜铸钱的州设立的“钱监”，分为铜钱监和铁钱监，全国也分为铜钱流通区（比如北方、沿海）、铁钱流通区（比如西南、成都）和铜铁钱兼用区（比如陕西、河东）。

随着宋朝商业的发展和贸易的拓展，客观上需要一种比

---

1 两税法是公元780年由唐朝的宰相杨炎建议推行、实质上就是以户税和地税来代替租庸调的新税制。其特点在于，它改变了租税徭役据丁口征收、租税徭役多出自贫苦的劳动群众头上的做法，而是以财产的多少为计税依据，不仅拓宽了征税的广度，增加了财政收入，而且由于依照财产多少即按照纳税人负税能力大小征税，相对地使税收负担比较公平合理，在一定程度上减轻了广大贫苦人民的税收负担，这对于解放生产力、促进当时社会经济的恢复发展，起到了积极作用。

2 青苗法和市易法在第四章中还将深入探讨。

铜钱和铁钱更贵重的货币时，皇室已经逐渐开始把黄金用于赏赐、开支、纳税等用途。不过黄金自东汉以降，产量就在逐渐减少，不能够满足市场的需要，于是白银此时的地位逐步提高，除能够发挥黄金的以上作用外，更成为一种越来越经常的支付手段。白银慢慢形成一定的样式，比如50两为一大锭，小锭则较为随意，使用时按重量为衡量标准，当然也要查验成色，此时的白银应该说初步具有了货币性。不仅在宋朝，白银取得了历史的一大进步，在与宋朝同时存在的其他地区（这些地区后来也成为中国的一部分），像辽、金以及北方少数民族，也都大量采纳白银作为计价流通的手段。中国此时的币制正在完成向贵金属的过渡。

但问题在于，北宋的黄金、白银数量极为有限，皇室和豪门大户有窖藏黄金的习惯，也把黄金用于馈赠和装饰等，而白银又多用于支付战争赔偿，像1005年“澶渊之盟”[1]规定北宋每年输供辽白银十万两，后又增至二十万两；之后每年又输供西夏七万二千两白银等，这使得黄金、白银无法大规模替代铜铁钱的流通地位。即便是铜钱，也有困境，此时铜矿开采与冶炼技术比较落后，铜的产量不能满足铸币需

1　公元1004年，辽族入侵北宋，兵抵澶州，直逼宋朝首都汴梁，宋朝皇帝真宗一味求和，于1005年1月与辽签订和约，规定宋朝每年向辽输送岁币十万两、绢二十万匹，史称“澶渊之盟”。这项赔偿成为北宋的巨大财政负担，也加剧了对于白银的需求。

要，铁钱价值又过于低下，流通中非常不方便，尤其是在交通不太便利的地方更是如此。譬如像四川地区，当时已经物产丰富、商品交换发达，但自古“蜀道难，难于上青天”。据《宋史》记载，“淳化二年，宗正少卿赵安易言：尝使蜀，见所用铁钱至轻，市罗一匹，为钱二万”[1]，就是说赵安易在蜀地买罗一匹竟需要铁钱2万，这2万铁钱差不多重达130斤。这样的货币制度非常不利于商业和人们日常生活，客观上产生了对于一种便于携带周转、价值稳定的货币的需求，以应付“钱荒”造成的商业资本流通之难。另一方面，从唐朝开始就已经非常盛行的汇兑业务此时有了进一步发展，除了即时当面交易以外，远距离的汇兑非常兴盛，但即使是这种汇兑，也被金银货币的短缺和铁钱的繁重所拖累，商人们迫切希望找到一种便捷的途径来便利汇兑或替代汇兑。

宋朝成熟的中央集权统治，为短时间内在广大地区实行新的货币制度和管理手段提供了这种可能，这与欧洲各国在若干年后始自商业银行发行银行券的渐进的纸币发展道路不同，中央集权政府的权威政治资源的介入，使中国的崭新货币制度能够在广阔范围内很快实现推广和深化。

纸币产生的历史时机出现了。“真宗时，张永镇蜀，患

1 脱脱：《宋史》卷一八〇，中华书局，1974年，第4379页。

蜀人铁钱重，不便贸易，设质剂之法，一交一缗，以三年为一届而换之。六十五年为二十二届。谓之交子，富民十六户主之。”[1]这种纸币，最初是在1005—1022年由民间自然生发，由当时四川地区的16家商号联合制造，被称为“交子”，用来代替笨重的铁钱的流通。四川地区的经济发达和交通不便之间的矛盾产生了对货币制度创新的需求，促使中国的纸币制度在此最先出现。这16家商号的金融工具创新发生在传统中国的昌盛之时。在中央眼皮底下自创货币的勇气，和一千年后小岗村的18个红手印揭开改革的序幕，颇有点相似的意味。

当时的交子由同样质量的纸张印制，上面有一些房屋、人物图案，金额由发行商户临时填写，领交子的人交来多少现钱，就填多少数目到交子上，再由商户签押，持有交子的人此后可以随时以交子向发行的商户兑换现钱，或者拿交子在市面上流通。由此看来，交子的信用保证完全寄托在发行交子的商户身上，当这些商户周转困难无法兑现交子时，就会引起诉讼。宋朝政府很快意识到了问题，1023年正式禁止了私人发行交子，并从第二年开始由政府发行官交子。这种官交子以两年为一届，届满则收回旧交子，发行新交子，每届发行的最高限额为1256340贯，由36万贯铁钱作为发行准

1　脱脱：《宋史》卷一八一，中华书局，1974年，第4403页。

备，准备率为28%。至此，交子正式成为了一种可以兑换的国家纸币。[1]宋朝政府主导纸币制度变革当中所采用的设置发行准备、限制最高发行额度、规定使用期限的一系列管理方法，当时称为“称提之术”，可以说是货币当局货币政策工具的最早尝试。从交子当时的使用和流通方法上看，其实并不是金融理论意义上的纸币，而是具有兑换券的意味。到了宋神宗时期（1068—1085年），由于宋朝被周围辽、夏、金所侵略，军费开支扩大，政府财政日益窘迫，交子的发行量便逐渐加大，但却并没有相应比例地提高准备金，于是交子开始贬值。

南宋时期，商业更加发达，首都临安的繁华超过汴京。在货币流通上仍旧存在铜钱流通区和铁钱流通区，但由于铸币材料非常缺乏，铸币数量已经大减，更加促成了纸币的使用。交子此时已经被称为“会子”，仍是一种收钱、取钱的凭证。到12世纪初，由于遭遇宋朝与金国之间的战争，会子不可避免发生贬值，随着政府的财政恶化，更是一度没有发行准备，增发不已，且不能按时换届，从而导致了恶性通货膨胀。

对于纸币的这段开创性实践，总的来说，交子、会子作

1 交子面值从一贯到十贯不等，之后改为五贯和十贯两种，后来还出现过500文和一贯两种。其流通范围从最初的四川慢慢流传到河东和陕西，最后到整个铁钱流通区和一些铜钱区。

为中国历史上最初的纸币形态，是适应当时商品经济发展和市场秩序需求而出现的，便利了贸易往来和日常生活，为今后的货币制度演进扩展了新的路径，管理当局的“称提之术”也成为非常具有开创精神的货币政策工具实践。

三、新兴资产阶级的经济主张：重商主义

视线拉回西方社会的货币与文明进展。在最初的城镇化之后，伴随着商品货币关系的发展和城市经济的增长，渐渐壮大的欧洲市民阶层中慢慢生发出了最初的资产阶级。他们通常是靠经营运输业、采矿业、纺织业、制造业以及对外贸易起家，拥有较多财富、进行雇工劳动的市民。他们一方面与封建政权进行政治权力的斗争，另一方面也希望政权能够进一步保护他们的财产和合同的合法性，并扩大本国的贸易和市场。随着人们不断增长的商品货币需求，以及欧洲市场与世界市场日益紧密的关联，逐渐形成了货币市场上贵金属的稀缺。对金银的渴求和聚敛成了当时封建领主和资产阶级的共同特征，他们都希望增加贸易余额，以获得别国以金银支付的贸易逆差。资产阶级认为政权当局应该通过政策支持资产阶级工商业发展，积累货币和财富，这种经济主张和社会风气也在学理上孕育出了相应的经济理论与政策，即著名的“重商主义”。

重商主义最初于15世纪出现在意大利、德意志、法国、

英国等地，政权当局采取了一系列措施来维护国家货币供给，以避免贵金属流失导致的商业萧条和大量失业，其中包括规定禁止金银和铸币出口，外国商人不得把贸易所得货币带走而必须购买本国商品，同时对于本国商人的出口贸易采取保护政策等等。这源于重商主义往往认为全球的财富争夺是一个零和博弈，因而维持贸易顺差、保证贵金属的流入大于流出成为国家的发展大计。重商主义学者托马斯·孟（Thomas Mun）态度就非常决绝，认为黄金外流必然带来货币贬值和经济衰退，要限制进口贸易，发展出口贸易，国家的繁荣最终取决于收支是否平衡。[1]这些看法当然与斯密、李嘉图的自由市场认知相左。在崇尚自由贸易的古典经济学家眼中，国际贸易将改善全球的财富水平，从而促进各地区的发展。尤其是李嘉图，在追随斯密思想的道路上，他对重商主义的贸易保护主义进行了淋漓尽致的批评，并在斯密论证的不同国家在生产效率方面“绝对优势”的基础上，阐发了“比较优势”的概念，从而解释了在很多方面都不具备“绝对优势”

1　根据厉以宁先生（《资本主义的起源：比较经济史研究》，商务印书馆，2003年）的观点，重商主义在不同时期有着不同的侧重点。早期重商主义大约从15世纪到16世纪后期，是以货币差额论为基本思想，认为货币就是财富，要禁止金银出口，并且多卖少买。晚期重商主义大约从16世纪至17世纪末，是以贸易差额论为基本思想，认为限制的货币不会带来更多的货币，只有将货币投入流通，才能增值，因而禁止金银出口不利于经济发展，而要既出口、又进口，多出口、少进口。

的国家与地区为什么也能通过出口而使贸易双方都受益。[1]时至今日，很多经济学家认同李嘉图的想法，但凡受过大学经济学教育的学生，也都意识到重商主义的主张显然对于国际贸易和支付机制理解得过于片面，但在当时，重商主义确实反映出了人们对于铸币的一种敏感，也一定程度缓解了欧洲的通货紧张状况，在某种意义上也为英国的工业革命奠定了基础。

重商主义在货币制度上带来的重要产物是金银复本位制（Bimetallism）。当时欧洲大部分地区已经同时流通金币和银币，金、银两种铸币均为本币，都可以铸造并且无限清偿，贵金属开始充当世界货币。两种货币同时作为交换媒介，其效率比一种货币作为交换媒介要低，因为按照一定价格将一种货币兑换为另一种货币会产生交易费用，在一定时期内，只要这种兑换价格是固定的，也不会太影响货币职能的实现。在这种货币制度下，由于流通中的货币既有金币也

1　绝对优势，是亚当·斯密在《国民财富的性质和原因的研究》中最先提出的概念，如果一个国家在生产某个商品上耗费的成本绝对低于其他国家，那么就具备绝对优势，可以成为出口国，如果情况相反那么就是进口国；各国按照绝对优势形成国际分工，彼此进行贸易。比较优势，是李嘉图在《政治经济学及赋税原理》中提出的概念。如果一个国家在两种商品生产中都处于绝对劣势，那么劣势较小的商品依然具有出口获利的机会；这解决了斯密绝对优势理论的一个缺陷，即在各方面都没有绝对优势的国家依然可以参与到国际贸易中。

有银币，每一种货币都根据计算来确定货币价值，往往就出现了官方金银比价与市场实际金银比价的不同，而后者是由市场供给与需求决定的。此外，金、银之间的相对价值在不同政治中心、不同时期也都在发生着变化，也就是说，复本位制的存在使同一个地区或国家内不同金属货币的以官方记账货币表示的价格在长期内无法维持，市场的波动就造成在欧洲各个政治中心之间有了利用各地差价来牟利的套利机会。像表2-1所显示的1450年的西班牙与英格兰，金相对于银的比价，在西班牙是5.82，而在英格兰是10.33，那么套利的商人可以在西班牙用5.82磅的银兑换一磅的金，然后将一磅的金运往英格兰，在英格兰兑换10.33磅的银，这样的毛利将达到80%多，当然其中要除去运输的成本，以及运输过程当中比价变化的风险成本。这种套利行为会一直持续到两地的金银比价达到一致或是一个地区的一种金属枯竭。有时候，政府还会人为地故意高估某种货币，以试图吸引这种货币。

表2-1　1300—1900年的欧洲金银比价

时间	英格兰	法兰西	威尼斯	德意志	西班牙	平均
1300	9.29		10.84	10.00		10.04
1350	11.57	11.11	14.44	11.33		12.11
1400	11.15	10.74	11.69	11.37		11.24
1450	10.33	11.44	12.10	11.12	5.82	10.16

续表

时间	英格兰	法兰西	威尼斯	德意志	西班牙	平均
1500	11.15	11.83	10.97	11.12	10.01	11.02
1550	12.23	12.07	11.07	11.38	10.76	11.50
1600	10.90	11.68	12.34	11.50	12.29	11.74
1650	13.34	13.50	15.37	11.64	13.52	13.47
1700				14.81		14.81
1750				14.53		14.53
1800				15.68		15.68
1850	15.70					15.70
1900	26.49					26.49

数据来源：〔英〕约翰·乔恩：《货币史：从公元800年起》，李广乾译，商务印书馆，2002年，第22页。

从上表可以看出，到了17世纪，金对银的比价不断上升，已经从14世纪初的大约1∶9上升到17世纪的1∶15。[1]通常人们对这种变化的反应需要一定时间，但货币商人可以敏

1　在复本位制时期，欧洲的贵金属来源是这样的：15世纪时期，黄金主要由非洲经由西班牙和葡萄牙进入；到了16世纪，由于新大陆的发现，则主要来自新世界；进入18世纪后，逐渐转向从巴西进口。在白银方面，15世纪和16世纪初期，主要经由匈牙利、德国等地进入欧洲；16世纪中后期开始，最主要来自墨西哥和秘鲁，并且一直持续到17世纪。受这种不固定的产地和产量的影响，金银的比价不可避免地变化着。尤其是美洲白银的大规模发现与生产之后，白银数量急剧增加，而黄金仍停留在原始的手工生产阶段，因而总的趋势是黄金越来越稀少。

锐迅速地察觉并且从中获利。同时，由于欧洲的白银和黄金都要通过西班牙和葡萄牙进入，西班牙的白银和葡萄牙的黄金都是在阿姆斯特丹与北欧的商品进行交易，所以17世纪时，阿姆斯特丹成为欧洲贵金属贸易的中心，并逐渐形成了多边贸易和支付的国际体系。北欧与西北欧的贸易、英国与波罗的海的贸易所需的贵金属都由阿姆斯特丹提供，这也与当时阿姆斯特丹银行的发展息息相关，这家银行是金融发展史中叱咤风云不可小觑的一个重要角色，在后面章节我们还会详细讨论。

总的来说，17、18世纪欧洲的复本位制，是新兴资产阶级的商业资本支配各国经济并向世界扩展市场的结果，不仅使世界市场的运行初具规模，也为大工业的兴起积累了充足的原始资本。但复本位的弊端也随市场扩张而日趋显现。此时的欧洲经济正经历快速发展，人口急剧增多，土地不断开拓与利用，对外贸易也日益频繁，这些都产生了对货币的迫切需求。欧洲金属货币存量虽有增长，但仍不能满足日益增长的流通和支付的需要。再加上欧洲与亚洲地区的贸易一直处于逆差的位置，每年要支付大量白银，到了18世纪，通过东印度公司（这家有着神奇履历的公司随后会讨论）的贸易，白银流失更加严重了。金属货币的供给是缺乏弹性的，不能够无限增加，欧洲越来越面临现金的极度短缺。根据布劳德尔与斯普纳在《1450—1750年欧洲的价格》[1]中的研究，到1500年的时候，欧洲黄金存量约为3500吨，白银存量约为37500吨，其后16、17世纪期间随着欧洲本土的帝罗尔银矿与萨克森银矿的发现，以及瑞典、洛林、匈牙利等地金属矿的进一步开发，欧洲的黄金与白银又有了很大增量，可还是到处有商人在抱怨铸币稀缺，甚至有些商人因现金周转不灵而破产，尤其是17世纪“价格革命”时期表现得尤为突出。

这场价格革命的缘起是新航路[2]的开辟。西欧与亚洲、非洲、美洲之间由此建立了直接的商业往来，欧洲人的贸易范围空前扩大，海外贸易不再只是少数传奇式的冒险商人的行为，开始面向广大居民的需要贩运大宗商品。市场上商品流通种类大为增加，烟草、茶叶、甘蔗、咖啡、可可、白糖、大米等以往欧洲的稀罕物件，都大量输入欧洲，一个世界性的市场开始形成。新航路带来的新世界廉价劳动力开采的贵金属也大量流入西欧，这种贵金属供给的变化，必然引起物价的上涨。到16世纪末上涨最高的是西班牙，平均上涨了4倍多，英国和法国平均上涨了2倍多，这就形成了我们所说的“价格革命”。价格革命给欧洲社会经济带来了极大的影响。

1　参见〔英〕E. E. 里奇、〔英〕C. H. 威尔逊主编：《剑桥欧洲经济史》第四卷中的“1450—1750年欧洲的价格”，张锦东、钟和、晏波译，经济科学出版社，2003年。

2　新航路的相关内容参见第五章。

由于封建贵族收取的货币地租额固定不变，他们的实际收入相应地大为减少。受“价格革命”的影响，英国封建贵族从自己土地上所得到的地租实际只相当于过去地租的十分之一。许多封建贵族地主周转不灵，欧洲各个政治群体中都产生了阶级分化，并普遍出现了土地转让现象。同样重要的还有，这场价格革命把长期以来金属货币的短缺问题尖锐化了。货币短缺的问题在13—17世纪甚至18世纪初的欧洲，都是反复数次出现的。这种状况不仅影响流通，还使一些商人破产。当欧洲面临货币供应不足的情况时，一个不稳定的复本位制只能使局面更加糟糕，因为复本位制不能适应两种金属材料真实价值的波动，这些金银材料本身又要与毫无定数的开采和其他地区的交换比价紧密联系。这些现象的出现，使人们开始思考解决金属短缺的问题。人们逐渐把眼光投向如何摆脱对白银和黄金的依赖，如何不使用硬币，如何尽量减少用现金进行交易。于是，各种信用工具和手段的创新呼之欲出。

使用信用进行借贷，原先只是少数专门职业者，主要是意大利人和犹太人的事情，但此时已经不断发展，逐渐成为西欧各国的普遍现象。伴随着随后章节将要讲到的集市贸易的兴起，信贷技术的种类和适用范围迅速扩大，从一开始的贷款、汇票、信贷转让券直至纸币，到18世纪初，欧洲国家基本上都已在使用信贷工具。这有力地支持了欧洲的货币存量，使经济的发展不致受货币存量的桎梏。另一方面，信贷技术的使用，还逐渐发展为一套系统的金融机构、金融市场与金融制度，不仅便利了货币供应，更提供了发展经济所必需的商业信贷，所以有些学者称其为“金融革命”。这种金融革命的准备，为18世纪的工业革命奠定了基础；或者说，没有金融革命作为先导，就没有工业革命的顺利出炉。

四、白银在传统中国社会经济场域中的终结者地位

中国采取纸币制度，时间上比欧洲早了几百年，但在欧洲发生以上的支付与金融演进的时候，纸币这种货币形式在中国尚不成熟的社会经济条件下并没有逐渐深化和稳定下来，而是在货币制度的延展中阶段性出现，形成了纸币与铸币的轮回。

13世纪元朝统治时期，海陆交通都比较便捷，有了完备的驿传制度，此时中国的货币制度是延续宋朝以纸币为主，无论公私都规定使用纸币，当时称为“中统钞”[1]，全国各地通用。并且“每一贯同交钞一两，两贯同白银一两”[2]，也就是以白银作为发行准备，两贯中统钞价值白银一两，货币朝着银

1　元世祖忽必烈于1260年（中统元年）发行中统元宝交钞，史称中统钞，分为10文、20文、30文、50文、100文、200文、300文、500文、1贯文、2贯文十种面值。

2　宋濂：《元史》卷九十三，中华书局，1974年，第2369页。

本位方向过渡，实际上是白银在发挥着价值尺度的职能，因而可以说是一个历史性的变迁。元朝深化了宋朝形成的纸币管理制度，设计和推行了一套相应的规则安排，在立法上取得很大进步，结束了货币流通的混乱状态。元朝的纸币制度也影响了周边一些国家，日本、波斯、朝鲜、印度都曾在此期间效仿元朝发行纸币。当时在元朝任职的意大利青年马可·波罗对于中国的货币制度充满仰慕："制造此种纸币以后，用之以作一切给付。凡州郡国土及君主所辖之地莫不通行……个人皆乐用此币，盖大汗国中商人所至之处，用此纸币以给费用，以购商务，以取其售物之售价，竟与纯金无别。"[1]

14世纪末，元朝被农民起义所推翻，朱元璋建立了明朝。此时农业技术发展，经济作物比例增加，农产品商品化程度很高。手工业者也由于当时的匠籍制度而减轻了官府的束缚，进一步提高了生产率，推动了棉织、冶矿、丝织等手工业的发展。北京、南京、苏州等大城市更加繁华，商品经济蓬勃活跃。在货币制度的选择上，明朝初年统治者回到宋朝初期的铸币制度，以铜钱作为通货。后来由于铜钱的产量难以满足商品经济的需要，运输、贮藏、支付都不方便，甚至出现

---

1 〔意〕马可·波罗：《马可·波罗行纪》，冯承钧译，商务印书馆，1936年，第382页。

“是时有司责民出铜，民毁器皿输官，颇以为苦”[1]的状况，而且“商贾沿元之旧习用钞，多不便用钱”[2]，所以宋太祖很快重新回到纸币的道路上。“七年，帝乃设宝钞提举司。明年始诏中书省造大明宝钞，命民间通行”[3]，也就是仿造北宋、元朝时期的纸币制度设立宝钞提举司，专门负责纸币事宜，并于1374年（洪武七年）发行了大明宝钞[4]。值得一提的是，在整个明朝统治的200年中，仅发行过大明宝钞这一种纸币，并且由户部统一印制，各个地方不许私印，依靠强大的中央集权保持了相当大程度的纸币连贯性和统一性。而此时的欧洲，在金银复本位制的货币制度中发展，还没有出现欧洲最早的纸币。

明朝的大明宝钞并没有设立发行准备，也不像交子、会子、中统钞、至元钞那样分届发行、定期回收，而是长时间在市场上流通，时间长了自然造成了日渐凸显的通货膨胀，直到最后大明宝钞已经变得毫无实际意义。1436年，“英宗即位，收赋有米麦折银之令，遂减诸纳钞者，而以米银钱当钞，弛用银之禁。朝野率皆用银，其小者乃用钱，惟折官俸

---

1 张廷玉：《明史》卷八十一，中华书局，1974年，第1962页。

2 同上。

3 同上。

4 其面额分为100文、200文、300文、400文、500文和1贯六种，并且规定1贯宝钞相当于1000文铜钱或是相当于1两白银，4贯宝钞相当于1两黄金，但是金银并不流通，只是用来领钞。

用钞，钞壅不行”[1]，至此明政府解除了钱禁，允许白银流通。宝钞是铜钱的价值符号，解除银禁后铜钱尚已不能与银相敌，更何况作为它虚拟代表的宝钞，而且政府的财政收支也转向了以用银为重点，政府收钞的范围不断缩小，这就使得保证纸币流通的必要条件逐步丧失，明朝社会开始用银普遍化，在中国实行了四百年的纸币制度兜兜转转又回到了铸币的道路上。

白银虽说在宋朝时期就具有了货币的部分功能，在民间的流通也一直没有停止，但始终没有在法律层面得到肯定。直至明朝政府解除银禁，使得白银的流通公开化、合法化，白银才同时具有了流通手段和价值尺度两种基本功能，成为正式的通货。白银的开采随之掀起了一个高潮。从明朝开始的海外贸易中，中国长期处于出超地位，外国白银也能够大批涌入。此时，中国社会已经无法封闭在一个东方帝国中完全自我发展，必须要面对一个正在成型的世界体系。根据阿布－卢格霍特（Janet L. Abu-Lughod）的研究，1250—1350年通过大城市的联结已经形成一个这样的世界体系，包括亚欧大陆和北非，由八个次体系构成，分别是西欧、地中海、欧亚大草原、埃及－红海、中东波斯湾、阿拉伯海－西印度洋、东印度洋－东南亚、中国南洋，各次体系相互重叠构成一个整

1 张廷玉：《明史》卷八十一，中华书局，1974年，第1964页。

体。[1]当然，中国的统治者和精英们并不知晓普天之下已经形成如此的结构和图景，时势使然，我们离开眼看世界还有一段道路要走。

到了晚明时期，也就是16世纪至17世纪中叶期间，西方国家受新航路发现以及新大陆发现刺激，更加快了经济“全球化”，各个国家之间开始通过资本、商品、信息、观念、人员、军队，以及与生态环境相关的物质的流动而发生互动影响，贸易市场从欧洲拓展到美洲、亚洲和非洲等许多地区。世界各大洲和各国之间的经济联系大大加强，国际贸易迅速增加，世界市场初现雏形。弗兰克（2000年中译本）在《白银资本》[2]中重新审视了1400—1800年经济全球化中的中国，提到了当时的明朝在世界经济中的主导地位问题。他的论断虽然有一些过于自信，但其中关于当时的中国在经济全球化起步阶段确实占有一定地位的看法仍可部分认同，不仅邻近

1　参见Janet L. Abu-Lughod, *Before European Hegemony: The World System A. D. 1250–1350*, New York, Oxford University Press, 1989。

2　这部著作的基本观点是，世界体系的历史可以推至500年前，至少在公元1400—1800年间，世界已经成为一个具有严密结构性特征的整体，并且没有霸权和严格意义上的“中心”，如果一定要一个中心的话，这个中心也在亚洲，尤其是中国，而不在欧洲。因为当时的欧亚贸易联系中，大量“白银资本”作为平衡国际贸易收支差额的手段，不断从欧洲流向亚洲，不是欧洲的发达导致了亚洲的不发达，而是亚洲的发达及其偶然性的衰落成就了欧洲19世纪以后暂时的上升，而150年后的今天，历史正重新向亚洲中心的状态回归。

的国家在保持传统的朝贡贸易[1]，民间走私贸易也日趋兴旺，遥远的欧洲国家如葡萄牙、西班牙、荷兰等国以及它们在亚洲、美洲的殖民地都卷入与中国的远程贸易之中。中国出口的商品以生丝和丝织品为主，而进口的只有少量香料之类商品。为了弥补这种结构性的贸易逆差，对方不得不支付货币——白银。这种“丝-银贸易”持续了两个半世纪，使以生丝与丝织品为主的中国商品遍及全球。作为支付手段的货币是占世界产量四分之一或三分之一甚至更多的白银，美洲和日本的巨额白银在这段时期源源不断地流入中国。[2]

很难清晰地论证明清时期对白银的大量需求是资本积累的表现或是商业扩张的意识，此时官僚体系的集体腐败或许也是造成白银耗散和短缺的原因，土地兼并、军屯失败，又将危机转嫁给最底层的农民，税收压力增加、纸币贬值，乃至纸币经济的破产，都层层加剧了货币白银化的需求。在获得了大量所谓“白银资本”后，由“官僚经济”主导的国家经济体缺乏将资金用于投资扩大社会生产的制度安排，而是

---

1 朝贡贸易的内容参见第四章。

2 关于这种白银涌入的情况，日本学者百濑弘（1980年）的著作《明清社会经济史研究》曾有详尽论述。他指出，流入中国的白银逐年增加，最初的年额是30万比索，1586年（万历十四年）达到50万比索，1598年（万历二十六年）达到一百数十万比索，其后数年超过200万比索，1604年（万历三十二年）达到300万比索，1621年（天启元年）一艘商船就打破300万比索的纪录，1622—1644年间每年都在200万至300万比索。

由各权力阶层贮藏、消费或用于土地投资，社会有效需求仍显不足，繁荣停留在表层。

到嘉庆中期的时候，白银与铜钱的比价形成了银价下降、铜价上涨的态势，白银的购买力开始减弱。一直到鸦片战争时期，由于鸦片贸易的进行，中国对外贸易处于入超，同时也由于中国纹银成色高于外国银元而引起投机活动，白银大量外流，银价大幅上涨，造成一种白银恐慌，甚至动摇了白银的货币地位。这种银贵钱贱的情况，对中国国内农民、手工业者、小商人是灾难性的，他们用铜钱表示的农产品和手工业品价格不变，收入保持不变，但是面对银价的高涨，他们就必须用更多的铜钱才能换取和过去一样多的白银，用来交纳赋税。银贵钱贱还影响到中国的对外贸易，降低了中国商品的竞争力，促成了国外商品的倾销。

这个时代，银两制度的落后性已经显露。形状和重量种类过多，成色纷杂不一，铸造分散各地，增加了货币制度运转的交易成本。这些缺点在清后期对外贸易日益发展时，愈加无法适应市场的发展，无法满足全国统一市场和国外资本主义国家市场的需要。加之此时国外的银元开始对银两制度进行冲击，流通区域广大，已经冲出对外商埠进入内地流通，中国的金融业整体都面临挑战。面对这种情况，1889年清朝政府开始铸造第一批银元，并规定作为中国的法币，商品交易、完粮纳税均需使用这种银元：这成为中国历史上铸造银元的开端。银两也仍旧在市场上存在和流通，通货和计价都是银元和银两并存的，这种状况持续到了1911年清朝的终结。

五、货币制度的近现代性转换：金本位、大萧条和布雷顿森林体系

欧洲的民族-国家体系建立起来后，欧洲的金融格局与初期的分散化地区权力中心形成的多元化体制有所不同，经济和金融发展涉及各个主权民族-国家的关系。随着欧洲与外界贸易的深化，以及整个世界经济水平的发展，商品交易、资本转移、债务清算等牵扯到各国之间货币兑换、各国汇率制度安排以及国际收支调节的问题，慢慢产生了对于国际货币体系的需求，即以什么作为国际货币（这里的国际货币含义为一国政府可以用于国际支付的金融工具）；各国货币之间的汇率如何，各国货币与国际货币之间怎样换算；以及如何来调节国际收支中的不平衡等这几个方面的问题。

这种国际货币体系的尝试从国际金本位制开始。对于金本位的界定，通常是指当一个国家的货币单位由且仅由黄金来定义，公民能够自由地将法定货币兑换为黄金，并且可以自由进口和出口黄金。这时，银行券对商品经济发展的作用仅仅停留在作为交换的媒介物阶段上，还无法利用它来调节宏观经济的运行。

此时国力最为强盛的当数英国[1]，尽管不列颠不产多少金银，但它在国际分工和国际贸易中占有主导地位，于是英国率先开始了货币制度上的尝试。最早在英国创立金本位制度的，是我们在物理课本上最耳熟能详的、那位留着拉风的披肩卷发的艾萨克·牛顿。是的，回顾金融历史时会不断遇到跨越多学科知识领域的人类精英，牛顿勋爵即为其一。除了在物理学、数学、天文学上的卓越成就，他还在中年时期勇于冲出舒适圈，不执着于在苹果树下思索人生，而是下海来到了英国皇家铸币局。在1699年成为铸币局局长后，他面对着英国银本位货币制度的诸多困境——币值不足、货币短缺、金银兑换率失衡等种种问题。牛顿勋爵从黄金定价入手，在1717年将黄金价格规定为每金衡盎司3英镑17先令10便士，使英国实际迈入金本位时代。到1816年，在利物浦第二伯爵的领导下，金本位成为英国正式的货币制度，规定一英镑纸币含金量为7.32238克纯金；1819年英格兰银行的金元券可以兑换金条（1821年）和金币（1823年），金币、金条可以熔化或出口。至此，英国率先实施了金铸币本位制。这种以银作辅币的金本位制在其后的几十年内，在整个欧洲普及，德国

1　由于英国早从18世纪50年代起，就首先开始工业革命，到拿破仑战争于1815年结束时，英国已成为“世界工厂”，而世界沦为英国市场。从此，英国成为世界最大的商品、技术和资本输出国，在对外贸易中占有强大的地位。

（1871年），瑞典（1873年），法国、意大利（1874年），俄国、日本（1897年）和美国（1900年）都实行了金本位制，并且一直运转到一战以后。黄金成为世界货币，各国货币的汇率由它们的含金量比例决定，在此过程中，欧洲各国的银行券发行制度日渐完善，中央银行垄断发行权，银行券可以自由兑换为金铸币。牛顿当年规定的黄金价格也竟然一直稳定到1931年。而此时的中国中央集权帝国统治刚刚经过康乾盛世的繁荣而进入嘉庆年间，也在另一种惯性之下一直保持银本位制。

由于英国的绝对经济优势，伦敦成为全欧洲乃至全世界的金融中心，国际贸易大多使用英镑计价，英镑成为实际上广泛使用的国际货币和储备货币。英镑规定含金量，各国货币根据含金量与英镑挂钩，实行固定比价。如果中央银行没有相应的黄金准备，就无权发行货币。在这种机制下，没有通货膨胀，汇率稳定。而且由于1820年以来世界金产量持续增长，澳大利亚和南非又非常应景地发现特大金矿，既满足了同期世界工业产值增长对货币的需求，又没有增加到足以引起主要工业国通货贬值的地步，因此在金本位制全盛期（1873—1914年），欧洲各国人均实际工资持续增加，国际贸易得到发展，有利于国际收支的调节和资本流动，给欧洲各国带来巨大的经济利益。很多人怀念和向往这个特殊存在的金本位时期，因为各国货币含金量的对比就是决定汇率基础的铸币平价，再加上黄金输出点的限制，使汇率波动非常有限，带来了外汇市场的稳定和世界市场的统一。但人类挖掘黄金的速度永远赶不上人类生产商品的增长速度，同时黄金越来越集中到强国手中，削弱了小国和弱国的流通机制，战争爆发时黄金的自由流动也受到钳制，这些都注定了金本位制终究只适合存在于特定的历史阶段。况且即使在金本位的黄金时代，贸易赤字国家的日子也不好过。由于损失大量黄金，货币基础出现收缩，物价下降，购买力平价的变动会进一步促进出口，减少进口，以恢复国际收支平衡，但却无法顾及就业和产出的迅速调整。

一战后，由于黄金生产与需求的矛盾日益突出，1902—1909年世界金银市场的比价已经突破了1：40。在缺乏严格的国际监管机制下，盈余国倾向于将盈余冻结以获得更多利润，这使得纸币与黄金的自由兑换难以维持。在金本位制度瓦解之后，多数国家实行了短暂的金汇兑本位制（德、意）或是金条本位制（英、法），这两种都是没有金币流通的、不完全的金本位制，黄金也不再是世界货币，而是用英镑、法郎等储备货币作为黄金的补充和世界货币的象征，从而恢复国际贸易和经济发展。自此，不兑现银行券的货币制度开始在欧洲及世界各国兴起。这种金汇兑本位相较之前的金本位，稳定性大大降低，因为潜在的规则往往得不到遵循。黄金流入国经常没有按照规则扩张国内货币供给实行通货膨胀，而是进行黄金储备，价格-铸币机制无法发挥作用。但黄金流出国为了避免储备损失和本币丧失可兑换性，只能服从规则减少货币供应，实行通货紧缩。对游戏规则遵守的不对称性加剧了赤字国的经济问题和恶性循环。这种不对称性其实在一战前的金本位体制下也存在，但当时的大英帝国统领整个金本位系统，对于不生息的黄金储备英国不会持续大量囤积，只通过适量的储备确保可兑换性，但到了一战过后的这些年，英美两个新老霸主正在交替，局面有点混乱，失去了核心的金汇兑本位由于结构性问题越来越导向通货紧缩。

对金本位和金汇兑本位的致命一击来自于1929年的大萧条，这是人类社会近现代历史中第一次大规模的世界性经济危机。如果按照熊彼特和康德拉季耶夫的周期理论，这次危机的源头可能要上溯到1870年开始的电力技术革命，重大的技术创新通常在一段时期内是一件大好事，会带来人类生产关系的改变和生活面貌的焕然一新，以及政治、阶级和国家形态的某种转变。这次电力技术创新很快便带来大规模模仿和投资，内燃机、纺织、钢铁、汽车、造船产业空前繁荣，带动了就业增长和经济发展。而随着经济周期的发展，此轮创新扩展到相当大范围的企业时，盈利机会开始减少，工业产能持续过大与国内外市场需求停顿不前出现了矛盾，经济便开始趋于衰退。到了20世纪20年代，衰退的趋势日益明显，在此过程中，美国和欧洲的货币政策正处于一个极其宽松的阶段，消费信贷和分期付款也刚刚成为人们生活中的时髦选择。从1921年到1927年，美联储的贴现率从7%骤降到3.5%，而实体经济的乏力使这些过多的钱汹涌流向股市，更高的股票价格需要更多的货币，用到实体经济的钱就会越来越少。金融各行业混业经营的状况很难在信贷市场与资本市场之间进行有效的风险隔离，凯恩斯所提出的“动物精神”所展现的非经济动机和非理性动机也在这场经济波动中推波助澜。此时的金本位和金汇兑本位不仅引发了通货紧缩，其游戏规则还进一步限制了危机中各国进行货币政策调节的选择余地，此时的中央银行无法发挥最后贷款人的作用，也不具有公开市场操作的权力，国际间还尚未形成进行协调的经济与政治组织，于是，一场旷日持久的人类社会经济大萧条爆发了。

这次大萧条造成众多金融机构倒闭。1930年1月至1933年3月，美国有9096家银行破产——占到了原有银行机构总数的一半[1]——这使大量企业无法获得贷款，导致13万家企业最终倒闭。大萧条期间美国工业产出整体下降37%，1933年整个资本主义世界工业生产较1929年下降高达40%，全球贸易也下降65%。各国央行针对危机显得有些懵懂和彷徨，没

1　Eichengreen, Barry Goldern Fetter, *The Gold Standard and the Great Depression*, Oxford University Press, 1992.

有及时干预市场和救助金融机构，国际金融市场也没有形成一位国际最后贷款人（Lender of Last Resort），此时大英帝国已经有心无力，年轻气盛的美国还没有意识到自己应该承担的角色。各国应对危机的一些结构性经济调整并未消除实质性危机，复苏的步伐迟缓，1936年再次陷入“二次衰退”，很快第二次世界大战就爆发了。

第一次世界大战和大萧条对金融市场更重要的后续影响，就是加速了国际经济力量的转换，国际金融中心从伦敦转移至纽约。美利坚这个国度，虽然历史并不悠久，却有着让人称奇的国运，几乎每一次重要的选择和契机，都被历史证实是有利和正确的。先是聚集了数位站在人类智慧皇冠上的开国先知们，他们从建国之初就为美国搭建了科学和近乎完备的政治体制、金融制度、市场秩序，兼顾分权与集权，体现民主与制衡。如果对这几位人类精英如此巧合地出现在1776年的美国心存不解，那么唯一的答案就是偶然性，这就是历史的“看不见的手”。随后美国经历了几次大的事件与挑战，每一次的结果都是使这个国家的实力更上一个台阶。南北战争的纷乱中，林肯为了吸引人到西部拓荒，颁布了《宅地法》，而恰逢19世纪70—90年代欧洲大萧条，欧洲的失业者和剩余资本奔赴美国西部，带来巨大的经济腾飞。第一次世界大战中，美国远离战场，大量生产军需物资出口到欧洲，在战争结束的时候已经成为世界最大的债权国，纽约也成为闪耀世界金融市场的新核心。没过多久的第二次世界大战，美国虽然卷入了战争，但同时投入大量的军需生产，还利用珍珠港事件推出国债，不仅趁着战事走出了1929年大萧条开始的经济低迷，而且在战争结束后工业总产值已经占据世界总产值的一半。此时，整个国际货币体系一片混乱，金融市场动荡、汇率急剧波动，严重影响了世界经济的发展，世界新霸主美国是时候在金融领域进行大刀阔斧的变革了。

在美国新罕布什尔州紧邻美加边境的白山国家森林公园里，有个叫作布雷顿森林的小镇，这里是冬日的滑雪胜地和夏天的高尔夫天堂。镇上有一座建在华盛顿山山腰上的白砖红瓦的传统酒店，这家悠久的酒店直到今日仍在正常运营，2010年还装修一新，老钱（Old Money）的大气和派头不减，价格与国内五星酒店持平。第二次世界大战刚结束的1944年7月，就在这家华盛顿山酒店，美国邀请44个国家的经济代表共商国际货币新秩序，坐拥全球四分之三黄金的东道主颇有华山（华盛顿山）论剑之意味。出来拆招的高手主要是美国财政部长助理哈里·怀特和英国财政部顾问约翰·凯恩斯，没错，就是那位写出《就业、利息和货币通论》的宏观经济学之父凯恩斯，无论伟大的经济学家有多么深邃和睿智，在没有实力支撑的国际战场也必然铩羽而归。最终，一个以武林盟主美国推出的怀特计划为蓝本的、“可兑换黄金的美元本位”的布雷顿森林体系（Bretton Woods Monetary System）掀开了新的历史篇章。在这种国际货币体系下，黄金与美元挂钩，1盎司黄金价格固定为35美元，美国无限制承担美元自由兑换黄金的义务，其他货币与美元挂钩，按含量不同确定固定汇率。国际货币体系的核心已经确认从欧洲转移到了美国，美国取代英国建立以美元为中心的国际货币体系。当然，虽然凯恩斯的金融计划在布雷顿森林小镇没有得到认可，但他的凯恩斯主义从1929年大危机后兴起，到罗斯福新政的红火，直至布雷顿会议后达到了在世界范围内普及与实践的顶峰。与古典经济学家和哈耶克领衔的奥地利学派的不同在于，凯恩斯对于市场的自我调节能力有着迥然不同的看法，认为由于工资的黏性和非自愿失业的存在，市场缺乏灵活性，因而需要政府增加投入，促进市场需求，从而实现经济增长。

布雷顿森林会议之后，三个政府间的国际金融组织——国际货币基金组织（IMF）、世界银行（The World Bank）、关税及贸易总协定（GATT）相继成立，它们的宗旨虽然各有侧重，但都是基于战后经济重建，围绕促进国际货币合作，减少贸易壁垒，支持国际贸易的发展和均衡增长，稳定国际汇兑以及提供融资、支持基建，帮助各国调整国际收支的暂时失调。但在日后贯彻这一国际金融合作宗旨的过程中，这三个组织从来没有脱离过来自政治权力领域和全球力量角逐的影响，所受到的争议直到今天都非常激烈。

由于美元的币值稳定，布雷顿森林体系在一定时期内起到了使西方各国汇率稳定、价格稳定的作用，国际货币体系再次进入一个暂时的均衡时期。但是，森林体制也有其无法摆脱的死循环——“特里芬难题”：美国国际收支如果持续出现顺差，国际间就会缺乏国际货币；反之，如果美国国际收支持续出现逆差，美元泛滥成灾，超过了黄金储备，美元就会垮台。20世纪60年代以来，美元危机不断，美元的泛滥大大超过了美国持有的黄金储备，各国对于货币制度变革的动机和需求日渐明显。1971年，美国时任总统尼克松做了两件都被称为“尼克松冲击”的事情：其一是派出美国乒乓球队与基辛格博士一起前往中国，开启日后两个庞大强国的破冰之旅，并在最后一刻才知会日本政府，日本历史学界将此界定为“尼克松冲击”；其二是尼克松于同一年宣布美国的“新经济政策”，停止履行美元兑换黄金的义务。随后1973年西方各国实行浮动汇率，布雷顿森林体系宣告瓦解，国际货币基金组织1978年将黄金条款确定为黄金不再是定值标准，废除黄金官价，成员国之间不再用黄金结算债务，黄金的国际储备资产地位由特别提款权SDR取代。从此黄金失去了世界货币功能，各国之间不再用黄金结算账务。尼克松总统的两个冲击，现在看来，都成为历史后来发展的重要转折点。此后的国际货币体系被称为“牙买加体系”，这个体系可以说是没有体系的体系，实行多元化的储备货币，各国都发行信用主权货币，当然美元依然是主导，同时浮动汇率制、固定汇率制以及介于浮动和固定之间的形式多样的其他汇率制度共存，各国有了丰富的国内货币政策、外汇政策和国际间的金融协调，但国际收支失衡的问题仍没有最优解答。

布雷顿森林体系解体的时期，也是美国与欧洲通货膨胀率和失业率同时飙升的年代——与1958年以来新西兰经济学家菲利普斯通过他的同名曲线所描述的失业与通货膨胀的交替关系出现了不一致——这同20世纪70年代石油危机引发的新一轮经济衰退有关，也使很多国家开始重新检讨一直实施的凯恩斯主义是否有效。在这个过程中，弗里德曼和他身后的芝加哥学派逐渐显露身影，他们反对政府对经济过多介入，认为政府唯一需要控制的是货币供应，其他的应该交给自由市场，这在某种程度上是向古典自由经济学派的回归。弗里德曼主义最生逢其时之处在于，此时美国和英国的两个领导人里根总统和撒切尔夫人非常坚决地落实了该主义的灵魂，个人取代政府再一次成为市场的核心。

临近公元第三个新千年的时候，货币制度的变迁在欧洲出现了新的可能，即向货币联盟迈进的尝试。这种尝试在理论上的最先突破其实来自于加拿大经济学家蒙代尔1961年提出的“最优货币区域”（Optimal Currency Area, OCA）。在此之前，无论金融学者还是普通民众可能都没有考虑过这样的问题，不同国家形成的区域，是不是可以使用一种共同的货币？蒙代尔提出的认知是，国与国之间的货币兑换存在交易成本，在满足一定条件的一定区域内，如果使用同一种货币，对于要素流动、产品和服务流通都将产生重大意义，通过节约成本可以实现更为有效的经济安排。当然，这里的一定条件还是蛮复杂的，既需要区域内不同国家大致处于相似的经济周期，也需要灵活的资本市场和劳动力市场，还需要各国货币政策和财政政策的妥协。蒙代尔的这套想法通过1967年欧洲煤钢共同体、欧洲经济共同体和欧洲原子能共同体合并而成的欧共体、1979年的欧洲货币体系、1989年的《德洛尔报告》和1991年的《马斯特里赫特条约》，最终在欧洲勾画出了建立欧洲货币联盟和欧洲单一货币的设想，并在千禧年即将到来的时候付诸实现：欧洲中央银行和欧元分别于1998年和1999年正式出现，欧洲完成了区域货币一体化。这种制度超越了近代以来民族-国家的货币主权观念，各国均放弃本国货币，采取统一的区域货币，这不仅对于欧洲的汇率、就业、平衡国际收支都具有重要意义，对于货币理论从早期的主权、税收、法律限定等多种衍发根基也形成了新挑战。同时，货币与主权的分离、各国缺乏货币政策和财政政策主动权、各国贸易的不平衡，以及欧元区内缺乏财政转移安排等问题也埋下了不稳定和日后出现危机的种子。欧洲至此完成了货币体系的近现代转化过程。在这种变迁中，基本上是按照原有制度的路径和既定方向进行转变，所参考的是各个参与国际货币体系的民族-国家的共同利益和经济原则，总体来说是自发的、渐进性的。当外部环境变化、资源条件改变、国际关系变更影响到原有的制度无法实现最大净效益的时候，亦即出现制度非均衡的时候，欧洲国家渐进地探索了新的市场规则的有效供给。但这种货币制度的创举是否能成为人类货币史一个稳定的新阶段仍充满不确定。在经济繁荣时期，也就是欧元刚刚实行的十几年里，欧元区里不那么发达的南部地区可以凭借欧元的低利率取得大量国外借款，实现本国的经济发展和福利目标。但是在发生经济危机时，不同就业市场、公债水平和国际收支状况的国家奉行相同的货币政策，就会产生问题。金融市场对这些国家违约的担心与日俱增，但共同的货币政策和财政约束使很多陷入困境的政府无路可退。在次贷危机后，数据清晰表明，欧元区国家的复苏速度明显低于美国和英国，原因可能部分在于货币不能贬值和没有独立预算能力。未来的欧元区会不会分裂为规模更小但经济政治文化更接近的区域？这个问题还需要很长的时间去探索和观察。

封建王朝同样也面临货币近代化转变的挑战。在清嘉庆朝后统治一直比较败落，勉强维持一个世纪之后，清朝最终从历史舞台消失，中国结束了两千多年的帝国统治，进入近代化时期。中国的货币体制逐渐向着近代化和现代化转换。

中国与欧洲两个原本各自独立发展的货币体系，在并非主动的情况下，开始出现最初的对话。

清朝之后是短暂的北洋政府时期，实行银本位制，仍是银两银元并行流通，给贸易和流通带来诸多不便，不利于当时全国统一的商品市场和货币市场的形成与发展。南京政府时期，中国已经是世界上最大的银本位制国家，但本身又没有大量的白银出产，必然会经常受到其他国家白银政策的强大冲击。1929年西方国家开始的大萧条使英（1931年）、法、美（1933年）完全放弃金本位制，世界银价下跌快于物价，使采用银本位的中国出口商品成本下降而进口货价上升，这意外地成为一段有利于民族工业发展的时期。但这段好光景并不长久，1934年美国实施购银法案，哄抬银价，伦敦、纽约银价暴涨，造成中国不但不能进口白银，反而白银大量外流，外流共计二亿多两。国内银根紧缺，物价下降，各行各业都缺钱，金融无法正常运转，很多银行、钱庄出现倒闭，银本位制难以为继，国民政府主导的货币现代化改革应运而生。

20世纪30年代南京国民政府进行过两次货币制度改革，1933年的废两改元和1935年的法币政策，这两次改革都是以当时欧洲和美国已经建立的国际货币体系为参照，把中国的货币体制推向近代化的转折点。第一次，通过废两改元，本土银行业与钱庄业并峙的局面被打破，尤其是通过两元兑换、控制洋厘和拆息，钱庄控制金融市场的传统优势开始崩溃，近现代银行业的地位有了非常显著的提高。第二次，1935年，政府推行著名的法币政策，对纸币的发行和流通进行规定，除中央、中国、交通三家银行以外，其他银行的发行权均被剥夺，所有非政府银行的发行权不复存在，这在逻辑上与欧洲的中央银行制度是相通的，可以肯定，这是中国近代金融发展中的一件大事，推进了中国货币制度的进步。[1]整个法币改革作为一次学习欧美货币体系的过程，其积极意义可能没有受到特别广泛的认可，但是改革所提供的制度选择和主导方向，包括流通纸币的政策，集中发行、集中准备等等措施，改变了长久以来混乱的货币流通状况，促进了统一货币市场的形成，对于社会经济的发展、金融市场的复苏、对外贸易的改善起到促进作用，是中国金融制度现代化中的一个重要步伐。

如果要反思法币改革在执行之中的失误，可能就是货币制度的改革并不是一种可以单项冒进的制度，需要与财政制度、政府为稳定货币和发展经济所采取的宏观调控政策机制等相互配套，相辅相成。如果把稳定货币和发展经济这一根本宗旨抽去，把财政制度的合理化撇在一边，单单

---

1 参见“中央银行”经济研究处编：《金融法规大全》，台北台湾学生书局，1971年，第2页。

强调纸币改革，就可能会为滥发货币、引发金融危机埋下隐患。

法币改革之后的国际环境没有给国民政府更多的转圜空间。随着抗日战争爆发，军费支出巨大，财政有些入不敷出，法币发行量逐年增加，物价上涨、购买力下降，通货膨胀无法避免地出现了。面对这种局面，有些慌神的国民政府，在缺乏现代金融理论与实践的指导下，没有采取恰当的控制措施，通过实行无限制买卖外汇政策来维持法定汇率，试图以出售外汇和黄金回笼法币的办法很快败下阵来，法币的贬值更是以令人扼腕的速度发展。

这次近现代化的货币改革没有达到预期的成果，1949年新中国成立后，全国的货币发行流通统一于人民币，中国货币体系重新开始了一次面向现代化的转变过程。不过这次的参照体系是苏联建立的高度集中计划体制下的货币体制，实行的是不兑现的银行券制度，这个体系为创建新的国民经济体系、恢复发展国民经济、完成社会体制的过渡奠定了基础。国家的预期效用函数中，除了经济因素以外，也有复杂的政治社会因素、意识形态刚性、国际生存环境的考量。这种考量持续到1978年的改革开放，现代中国的货币体系才逐渐摆脱计划经济的思路，分步骤地扩大了金融制度选择集合，最终融入现代金融市场的轨道，完成了货币制度的现代化转换。

而当时间来到21世纪第一个十年即将结束的时候，整个世界相对平稳的货币体系面临来自自然科学技术的重要突破，无论西方还是东方，一场新的货币变革即将带来人类社会支付历史的迭代。

第三章 货币理论的更迭、演绎与突破

一、从货币到法定货币

从公元前3000年苏美尔人楔形文字和黏土筹码展现的人类最初交易方式，到公元前600年吕底亚的第一批铸币，再到不同轴心文明几乎同一时代的货币起源与其后不同轨迹和方向的发展，伴随着上一章所讨论的这些货币实践的历史，货币理论也逐渐在时间上形成演绎、更迭的发展脉络，在空间上形成不同理念和主张的学术流派。

前面提到过博丹在16世纪最早论证了国家发行货币的正当性和必要性。作为法国近代著名的宪政专家，博丹一生致力于政治学、法学、医学、经济学和占星术，能同时于这几个学科徜徉，其思想自不寻常。他的政治主张充满了中世纪后期新兴资产阶级的诉求，要求保障财产权利，同时又极为拥戴君主制，因而设计了凸显主权的中央集权国家体制。博丹的著作和同时代的马基雅维利思想一起成为国家主义的先驱，他的很多论述都围绕国家主权学说展开方方面面的探讨，认为主权是不受法律限制的最高权力，主权把国家与其他各种形式的社会组织相区别，发行货币正是其最高权力中的一部分。除了货币主权的讨论，博丹甚至是货币数量论的最初探索者，他对于货币供给和通货膨胀的认知、对于货币数量增长率的测算都给之后的金融学研究奠定了坚实基础。

其后几个世纪以来，很多对于货币起源的探讨都与博丹思想在逻辑上紧密相承。20世纪初的德国经济学家弗里德里希・克纳普（G. F. Knapp），提出了在现代信用货币制度下，不兑现纸币是唯一依靠国家法律和人民对国家的信任产生的支付手段，因而具有的不是物质价值，而是社会认同和国家立法的价值。克纳普的这种货币国定论提出后引起很大的争论，因为他完全没有按照套路出牌，没有加入那个时代各国经济学家关于选择哪一种金属作为本位的热火朝天的讨论中，而是认为货币就是一种票券式（Chartal）的支付手段，它的载体不需要具有内在价值，而按照名义价值来流通的不兑现纸币是国家赋予了其效力。克纳普引来不少评判，尤其是后来德国的通货膨胀问题，人们会鲁莽而不严谨地把一些责任推到他身上，但是克纳鲁作为一名经历过统计学和历史学历练的经济学家，他的理论还是被后世众多学者所传承和借鉴，在实践中也不乏深度影响。他的想法也在相当程度上为后来凯恩斯的国家干预主义奠定了理论支点：既然国家可以创造货币，那么当有效需求不足时，国家当然可以扩大货币发行、实行财政赤字来对经济进行刺激。时至今日，当代经济学家兰德尔·赖特（Randall Wright）的税收驱动理论，尼尔·华勒士（Neil Wallace）和托马斯·萨金特（Thomas Sargent）的法律限定理论也都秉承博丹的思路，铸币是一国主权的应有之义包含其中，展开其流派的有效论证。

从另一个视角，以上这些理论，我们都可以认为在货币本质认识上立足于自18世纪即兴盛的“货币名目主义”（Chartalism）。这个流派以尼古拉斯·巴本（Nicholas Barbon）和詹姆斯·斯图亚特（James Steuart）等学者为基石，论证了国家主权和强制力赋予货币名义价值，货币的购买力和支付能力与其金属成色、重量以及商品属性无关，货币作为一个名目上的存在，能够在一国范围内履行支付职能，它只是一个表征商品价值的符号，而不是财富本身。这与同时代古典经济学派的翘楚男团——亚当·斯密（Adam Smith）、威廉·配第（William Petty）、大卫·李嘉图（David Ricardo）——推崇的“货币金属论”（也称作货币实物论、金属主义）所强调的货币必须具有金属内容和实质价值截然不同，名目主义不从货币的使用价值中探求货币本质，使货币同金银等贵金属脱离了关系，也不强调货币的价值尺度和价值贮藏，货币只是便利财富交换的技术工具，在这个意义上，货币价值依赖于国家主权和强制力的背书。

可以看出，在跨越不同时代的经济学家的讨论视野中，是否具有实质价值与是否成为货币的判定能够相分离，也就是说，如果是由国家发行、依靠国家信用和强制力来支撑的货币，可以没有任何由劳动凝结而形成的价值，其职能只需满足交易媒介和记账功能，而不必承担价值贮藏的作用。

二、从法定货币到私人竞争性货币：货币的非国家化

20世纪70年代，货币理论开始在另一个方向上进行革命性飞跃，即向不置可否的政府排他性货币发行权力发起质疑。长期以来经济学家和社会大众对于政府垄断货币发行已经习以为常，缺乏对货币发行权力独占与竞争的反思。奥地利学派经济学家弗里德里希·哈耶克（Friedrich Hayek）就此提出了一种通货制度的可能，即用竞争性私人货币取代国家发行的法币，类似于自由市场可以提供资源有效配置，竞争性货币也会提供健全稳定的货币环境。在哈耶克的视野里，货币与其他的商品并没有不同，依靠私人竞争来供应会产生比政府垄断更好的结果：即一方面使政府权力失去了随意膨胀货币的机会，另一方面也会减少由于政府供应货币而带来的商业周期的波动，这将更好地保护个人自由和市场自由。在哈耶克生活的时代，周期性的萧条和失业困扰着整个社会和经济学家，同时，对国家与政府职能的警惕源于哈耶克一直

以来的古典自由主义观点，这是从休谟和苏格兰历史学派、亚当·斯密，到奥地利学派一脉相承的认知，国家的角色就是维持法治，因而要避免进入其他领域，让自由市场形成自发秩序。哈耶克之后的经济学家劳伦斯·怀特（Lawrence White）、尤金·怀特（Eugene White）、休·罗考夫（Hugh Rockoff）等人对苏格兰、法国大革命，以及美国的竞争性货币进行的研究也呼应出相同结论，对货币来说，竞争比垄断更有效。这种对于政府权力的限制与货币主义学派宗师弗里德曼也有相似之处，弗里德曼的货币数量论中有个理想的假设：以自动化系统取代央行，从而实现以稳定速度逐年增加货币供应量，以避免通货膨胀。

那么，在货币已经脱离实质价值而只是作为交换的技术手段存在的情况下，私人发行的货币如何建立信任机制呢？在这里，很多人对哈耶克有一些误读或是想当然的解读。尤其是这个理论提出几十年后，在21世纪初数字货币成为金融市场热点的时候，哈耶克《货币的非国家化》这本已经在市场上绝版的边缘读物突然火爆起来，我十几年前花25元购买的这本书在旧书交易平台上炒到上千元，在朋友圈里也炙手可热，被借来借去，甚至在北京地铁车厢里也看到有人在专注地阅读。很多没有读过哈耶克哲学和政治学著作的金融人士，开始认为从哈耶克大师那里找到了私人发行货币的理论基石。其实，哈耶克并不认为所有私人机构都能发行货币，而是只有私人银行适合发行货币，因为银行有一定的资产来作为信用背书，在私人货币消亡时能够得到清偿。哈耶克认为与其他私人机构与客户之间的信任建立相似，私人银行会基于其经济实力和所需承担的全部发行责任，在竞争中出于利己之心调整其货币最适数量，避免滥发货币引发的信誉下降和破产倒闭，这种强有力的内在约束机制最终使货币供应弹性与货币价值稳定之间实现和谐。同时，不同的货币供需之间不能够互相替代，所以在多元通货体系当中货币需求总量的概念是没有意义的，那么弗里德曼和货币学派的货币数量论也就不具解释效力。货币管理目标不再是确定一个流通量，也就不会再扰乱价格致使劳动力和其他生产要素被错误投资方向驱动，那么，凯恩斯学派所持有的货币量适应价格和工资刚性的立场也将缺乏根基。看到哈耶克这番论证的特别厉害之处了吧，他同时把弗里德曼和凯恩斯抛在脑后，既然你们研究的内容都缺乏存在的合理性，那我们奥地利学派根本没有必要跟你们进行理论的争鸣和辩驳。

我们还可以看到，哈耶克的货币非国家化体系，同时还修正了国际收支平衡的概念，因为在一个主权疆域内不再只有一种法定货币，而所谓国际收支平衡是各个主权国家各自拥有单一本国货币才形成的问题。在一国范围内，不同种类的私人货币可以有不同程度、不同范围的流通性，各种货币之间会形成各自的兑换比率，只要这种比率的设定不是强制的，就不会出现“劣币驱逐良币”。同时，私人竞争性货币可以跨越主权边界，使区域性货币成为国际性货币。

当我们审视哈耶克的论断时，一方面，需要代入哈耶克所处时代的背景因素，他漫长的一生亲历第二次工业革命（电气革命）、大萧条、两次世界大战、美苏冷战和苏联的崩溃，他是在新自由主义的基本理念之上来论证什么是好的，什么是不好的，从而对经济金融行为的善恶是非提出价值判断。在哈耶克的理论体系中，国家干预是一种“恶”，因为政府没有办法获取由千万个个体决策所形成的市场信息并进行相应的分析，也没有办法确定恰当的激励机制，正是由于这种“社会主义计算”的困难，所以无论是产品生产还是货币创造，都应交由自由市场机制。但是，具有伦理价值崇高性的设想，是否适合现代货币制度的运转，在哈耶克这里是缺乏实证的。另一方面，我们长久以来对哈耶克的解读，有时又会过多地把政治化内容代入经济学讨论。对于哈耶克这样的一位人类历史上超越凡人的通识型智者，他很多卓越的见解有着深刻的哲学溯源，或许我们应该更加全方位地巡视与他同时代其他精英的思想——他学术上的异见者凯恩斯，他的朋友卡尔·波普尔，秉持他思想的撒切尔夫人和里根总统，甚至他的表哥维特根斯坦——来更接近读懂哈耶克很难言说的逻辑与洞见。如果我们仅仅戴着武断的政治化或抽象化的眼镜去看哈耶克的经济原理，恐怕才是真正的致命的自负。

三、支付手段和记账单位的分离：新货币经济学的BFH货币体系

除了货币的本质问题，还有一个论题深刻地影响到古典经济学家，那就是对于货币与经济关系的判定，货币的数量和功能究竟对于就业、产出、收入、利率等实体经济要素有无影响、怎样影响？要回答这个问题，以下讨论是一个注定枯燥的论题，但我们还是需要来剖析一下。

古典经济学派通常持有货币中性论（Neutral Money）[克努特·维克赛尔（Knut Wicksell）]，即认为货币只是覆盖在实体经济之上的面纱，不对实际的经济活动产生任何实质性影响，其仅为一种便利交易的工具，没有价值贮藏职能，经济在不受货币因素的干扰下由实物因素决定其均衡[1]，这也与古典经济学的基石萨伊定律（Say's Law）和瓦尔拉斯定律（Walras' Law）的理论相契合，从而形成了影响久远的将货币理论与经济理论相分离的两分法。

但是，将货币理论与经济理论割裂的两分法在经历不同年代的社会经济实践后，越来越多的经济学家困惑于货币理

1 这种货币面纱对实体经济没有影响的货币中性论，到了哈耶克时期深化为应当消除货币对实体经济的影响，让市场在不受货币因素干扰下正常工作，当然哈耶克的实现路径是废除国家对货币发行的垄断权和控制权，同时通过有硬约束的货币发行制度来保持货币供应的总流量不变。

论缺乏有效微观基础，并进行探索与反思。首先是唐·帕廷金（Don Patinkin）运用“真实余额”概念，把货币作为第N+1种商品加入瓦尔拉斯、希克斯N种商品的一般均衡的分析框架，以阐释物价水平变动，从而尝试将货币理论与经济理论结合起来。英国经济学家弗兰克·哈恩（Frank Hahn）接着提出没有内在价值的信用货币如何在商品与劳务的交换中具有价值的问题，这个至今被称作“哈恩难题”（Hahn Problem）的诘问不仅使帕廷金-希克斯-瓦尔拉斯体系究竟是一种货币均衡还是物物交换均衡存在疑问，而且引发了后续学者重新认识货币的本质。克劳尔的货币先行约束理论（CIA模型）、萨缪尔森的世代交叠模型（OG模型）、帕廷金的效用函数中的货币理论（MIU模型）、后凯恩斯主义的货币内生论，各种大咖们都在从不同角度尝试着回答哈恩难题，但都不太能让人满意。

最终的救赎居然来自自然科学的演进。20世纪70年代以后，伴随科技进步和金融创新，电子货币开始进入经济生活，新货币经济学（NME）的相关理论越来越引起关注，尤其是布莱克、法玛和霍尔前后相继的一系列论文所形成的“BFH体系”，他们提出的在自由竞争市场中货币的记账手段和交换媒介功能可以相分离的开创性设想，终于规避了哈恩难题，同时为电子货币、虚拟货币以及日后的数字货币提供了理论基础。

BFH体系是由费希尔·布莱克（Fischer Black）、尤金·法玛（Eugene Fama）、罗伯特·霍尔（Robert Hall）三位经济学家开创的经济研究方法。费希尔教授就是金融学系学生都言之顺口的B–S（布莱克–斯科尔斯）模型中的布莱克，作为一名定量分析大师他用衍生品和数学模型引领了华尔街的重大转型，在他因病离世后一年，诺贝尔经济学奖颁给了期权定价模型，但只有健在的斯科尔斯和默顿得以一起分享[1]。尤金·法玛，更是无法逾越的人物，其有效市场假说（Efficient Market Hypothesis, EMH）下的随机游走模型，成为世界范围内进行经济分析和资本市场研究共享的学术贡献，法玛教授也在2013年获得了诺贝尔经济学奖（同一年获奖的罗伯特·希勒教授的学术主张和他刚好相反）。罗伯特·霍尔教授没有太多显赫的称谓，但他在消费理论、货币理论、经济周期波动方面都有扎实的成就。我特别推荐他的宏观经济学教材，在读完曼昆和萨缪尔森之后，会发现这本书带来的不一样的清晰视角和应用方法。

这三位响当当的经济学家联手，开创了新货币经济学和BFH体系。其不同于既有货币理论的预设在于，在完全自由竞争的市场条件下，货币的记账单位和交易媒介的功能将分别由两种商品或资产担任。这种思想可以追溯到孟德斯

1　诺贝尔奖只颁发给健在的科学家。

鸠1784年在《论法的精神》中谈到的非洲人使用没有实际物质载体的“马居特”（Macute）作为价值尺度，以及重商主义时期的斯图亚特明确提出过的脱离交易媒介的“记账单位”；而在BFH体系中，记账单位由一个被选为“价值标准”（Mumeraire）的合适的商品篮子来充当，只是用来比较商品和劳务价值的一个概念，就像衡量长度为“米”、重量为“磅”一样，我们并不需要也没有去纠结具有实质物理形态的“米”和“磅”是否存在。而交易媒介是私人竞争发行，这些私人的交易媒介可以是股票、货币基金等资产，其各自有市场决定的收益率，由完全竞争来调节供求，价值随之波动，流通秩序建立在发行者的信誉之上，法玛为此起了一个好听的名字“精密的物物交换体系”（Sophisticated Barter）。由于多种交易媒介共存，没有法定货币的流通，因而也就不存在货币供给的概念、不需要央行的货币政策。正因为没有央行的干预，从而不会出现货币滥发及其带来的经济周期问题。政府在货币领域的作用在于提供抽象的记账单位、统一度量，而不是干预货币经济继而造成社会福利损失。

新货币经济学在英美取得进展的同时，德国和奥地利的经济学家也对此做出同步贡献，其中泰勒·考文（Tyler Cowen）、兰德尔·克罗茨内（Randall Kroszner）对交易媒介和价值尺度分离的历史渊源进行了考察；乔治·西美尔（Georg Simmel）、罗伯特·利夫曼（Robert Lifemann）在讨论记账单位时，有了更加突破性的主张，认为在一个信用经济中，所有交换都通过簿记系统来完成（这在后文基于区块链的数字货币交易中会发现共同的理论基石），在政府法规允许的条件下，竞争性交易媒介使私人成为金融中介，那么货币将最终消失；弗莱堡学派的经济学家欧根在区别交换经济的“秩序形式”时以“核算尺度”和“货币”作为着眼点，认为在货币经济中存在两种形式，既有货币同时也作为核算尺度的形式，也有货币和核算尺度不同的形式；奥地利学派的兰德·伊格尔（Land Yeager）、罗伯特·格林菲尔德（Robert Greenfield）、路德维希·米塞斯（Ludwig Mises）则从他们学派特有的视角为新货币经济学发展做出探索，他们的理论与奥地利学派先驱哈耶克的货币非国家化在理论精神上实现了隔空交汇。

如果我们总结一下BFH学说为代表的新货币经济学的理论核心，那就是货币的记账单位和交易媒介两种功能的分离，这是在货币名目主义提出价值储藏与记账单位、交易媒介相分离后，第二次在货币职能判定上的革命性主张；同时还有货币的非国家化和去中心化，私人竞争将产生多种交易媒介，并在自由市场上实现平衡。但BFH理论在20世纪末之前并没有找到支撑其应用的现实环境，因而没有实践上的突破，有待于新世纪即将到来的支付手段和科学技术的进一步演进。

四、多重属性货币的共存体系：补充性货币与替代性货币的实践

除了以上货币理论中关于货币本质、货币职能、货币发行权力的理论演进，还有一些研究着眼于法定货币与其他货币共存的货币体系展开。

补充性货币（Complementary Currency）这个概念，是指已经在一些国家某个时期存在与发展的交易媒介，通常是指在一个主权国家内，为满足社会经济的需要，作为法定货币的补充进行流通的支付手段。这类货币通常是得到政府允许的，并且能够在特定的商品和劳务支付中被接受。

比如中国20世纪50年代至1985年实行的粮票、布票、油票等购买凭证，这是在当时新中国成立后物资紧缺、供不应求的市场条件下，由于不能敞开供应，所以造成的这种以票证形式出现的补充性货币，购买物品需要同时支付票证和货币。当时，吃饭要有粮票，做衣服要有布票，喝酒要有酒票，抽烟要有烟票，甚至细分到鸡鸭鱼肉各自有票，汗衫、背心、手纸、火柴也不例外，工业品中更是有缝纫机票、自行车票。当我写下这些文字的时候，正值2021年春节，一部贺岁电影《你好，李焕英》当中女主角在20世纪60年代购买电视机需要电视机票的桥段成为观众爆笑的笑点，年轻一代对于这样的生活场景可能觉得特别魔幻。但所有米面油票只

供应城市居民，实质上夯实了城乡二元的割裂状态，农民根本不可能流动到城市，因为没有他的口粮供应。票证在改革开放后退出历史舞台，现在可以在各种博物馆和古董市场上看到它们的身影，也成为很多收藏家追逐的藏品。

计划经济体制下长期需求大于供给的“短缺经济”（科尔内，1986年中译本）使票证这种制度普遍化，但票证不只是计划经济的特有产物，在市场经济国家的战争和济贫时也曾使用。美国国会山工作人员曾在20世纪70年代演绎了经济学中的著名案例“国会山照看婴儿合作社”（Capitol Hill Babysitting Cooperative）。合作社大概有150对夫妇成员，大家难免有外出应酬和娱乐的需求，于是采用“保姆券”来支付/收取婴儿互助照看的费用：需要别人照看孩子，要支付保姆券；为别人照看孩子，可以收到保姆券。这样一个看上去互助互利的设计很快就遇到了问题，很多夫妇都想储存一些保姆券以备不时之需，造成了保姆券流通的短缺，大家都想为别人看孩子，孩子不够了！国会山精英们思考问题所在，加大保姆券的发放，解决了流通问题，愿意请别人看孩子的需求逐渐增多，合作社可以继续运转。后来经济学家克鲁格曼从这个案例中论证了由需求短缺导致的经济萧条，以及如何通过货币的技术性方案来解决经济问题。

为了增强区域认同、互帮互助、助残扶老、睦邻亲和等社区公益目的，日本在一些社区内流通“社区货币”。这些货币通常是在社区内为别人提供帮助后获得，可以在社区内进行购买，这类补充性货币的流通并不追求商业上的意义，而是希望改变邻里之间越来越冷漠的关系，营造社区内温馨亲切的关联，尤其是对老弱病残等需要帮助的居民。货币的名称即体现这番深意，大和地区的社区货币叫作“爱”，岗村岛的社区货币叫作“谢谢你”，用“爱”和“谢谢你”购买一杯关东煮或是一盒寿司便当，比使用日元更加温暖吧。

瑞士WIR银行则在补充性货币的道路上走得更彻底，20世纪30年代瑞士深陷经济衰退，信贷配给严重，两名瑞士商人发起“瑞士经济圈协作组织”（Wirtschaftsring-Genossenschaft，简称WIR）帮助中小企业融资，后来它逐渐发展为私人银行，直接发行和管理称为WIR法郎的私人货币，与瑞士法郎一同被视作瑞士合法货币，成为瑞士官方货币的重要补充，至今已覆盖瑞士超过1/4的公司和业务，并且WIR法郎和瑞士法郎之间有明显的互补性，显示出其逆周期的特征。WIR法郎这一类型补充性货币与法定货币共存的货币体系，在货币理论上有更加深刻的意义，它会扩大法定货币原有的货币乘数，补充性货币与法定货币的兑换方式也将影响到货币存量、货币流通速度和价格水平（贝多广和罗煜，2013）。

与补充性货币接近的另一个概念，是替代性货币（Alternative Currency），是指在一定区域内完全替代法定货币流通的地方性货币，这种替代同样获得政府的许可，通常是在特殊的经济、政治和地缘条件下发生的。与补充性货币最大的不同，在于新货币完全替代了法定货币，法币在这个特定的时空内不再流通。20世纪90年代阿根廷在贫民集中区域兴起了内部交易信用券，用于交易自制物品、生活品和劳务，并且这种民间交易体系中不能使用法定货币。阿根廷当时混乱的金融市场造成很多贫民的生活状态每况愈下，一些NGO在扶贫过程中采用以物易物的方式帮助贫民解决日常生活物资，后来逐渐发展为交易信用券，在一些特定市场信用券完全替代法定货币，并且还可以使用信用券进行部分比例的缴税。温铁军（2006）先生曾经深入研究这个案例，他提出这种替代性货币的产生源于贫富加剧的拉美社会中，正规金融机构不能提供普遍服务，底层贫民获得正规货币的能力下降，替代性货币可以满足广大贫民对低质生活必需品的需求，同时调动闲置劳动力。

与这种社区自治、扶贫救济、应对经济衰退不同，经济发达国家为了促进区域性经济发展，也曾有过类似的货币制度实验。2008年英格兰刘易斯市（Lewes）曾发行“刘易斯镑”取代英镑，在当地的商品和劳务支付中使用，用于支持地方商品的销售，增强区域经济活力。刘易斯市是英格兰东南部东萨塞克斯郡的首府，其实就是个小镇，当地政府就接受刘易斯镑能够比较容易地与商户达成共识，刘易斯镑兑换英镑的时候可以打折，并且随时可以反向兑换回英镑，因而得到小镇居民的欢迎，带动了一拨地方商品和服务的销售。这些替代性货币其实是区域化的法币，并不是竞争发行的私人货币，它基于地方易货系统，不产生利息、信贷和货币乘数，具有时空的特定性，并没有普遍的仿效性，所以此类货币发行实践没有形成大的突破。

多重属性货币共存的货币体系，其最大的价值在于，在实践中检验了私人货币、竞争性货币、非单一交易媒介、交易媒介与价值尺度相分离等多种前期理论的可行性，在特定时间与空间中，呈现出相对稳定和均衡的货币环境。而且，多重货币共存体系也提供了一个难得的视角，让我们能够观察国家权力和社会权力此消彼长、动态平衡的过程，当货币体系的演进在偏向国家还是偏向社会的两个方向上进行调整时，其原则基本呈现“良币驱逐劣币”（贝多广和罗煜，2013）。

从20世纪后半叶开始，货币职能、货币形态和支付手段的阶段性进展很大程度开始趋附于自然科学领域的进步，伴随着密码学、数学、信息学等学科的发展，以及计算机、互联网的普及，人类社会各方面生活图景发生剧烈变化，货币领域中电子货币、虚拟货币、数字加密货币陆续出现[1]，紧跟着货币实践的步伐，货币理论也即将开始新的演变历程。

1 对这三种货币类型内涵的认识有诸多不同视角和判断，在本书的探讨中，我们进行如下界定：虚拟货币，产生于与现实经济没有关联的网络虚拟空间或是组织机构内，由中心化的组织发行，使用法定货币进行充值或使用法定货币的消费行为附带产生的虚拟货币，用以购买特定的商品和服务，比如游戏币、QQ币、航空里程和信用卡积分，虚拟货币通常不能逆向兑换法定货币；电子货币，是把法定货币的物理形态改变为电子化的存储和支付形式，其性质和职能与法定纸币没有差别，由货币当局发行，具有无限法偿的性质，也具有被赎回的保证，比如卡基支付、移动支付、电子银行支付；数字货币，则是一种资产价值的数字化表现形式，它基于密码学分布式账本技术，采用去中心化的点对点支付机制，货币当局和私人机构都可以作为数字货币发行人。

第四章 以支付为轴的金融工具演进：从货币、证券到衍生品

一、信用工具在欧洲集市贸易中的产生

货币这种最基本的金融工具开始普及、发展之后，伴随人类社会经济、文化、政治诸方面的演进，以支付为轴的其他金融工具逐渐生发、交织和演化。欧洲的集市贸易将成为这部分讨论的切入点。

欧洲进入中世纪黑暗时代（Dark Ages）后期以后，城市生活逐步恢复活力，商业复兴开始了。贸易和商业的恢复不仅促使城市激增，各个分散自治的新市镇还发展了自己的具有行政和保护职能的政府，并带来了一系列旨在减少市场不完善的制度安排，以解决新情况引起的争端。随着人口和贸易的不断发展，意大利、德意志的城市已经成为繁荣的商业中心。欧洲各个政治中心的统治阶层和各个地区的文化传统对于开展商业经营和对外贸易，一直保持比较积极的姿态，

这些使得欧洲的商业贸易和市场体系与同时期以中国为中心的亚洲朝贡贸易不太相同，并逐渐发展出独特的集市贸易。

当时欧洲商人通常以旅行者的方式，带着货物和随从一起长途跋涉，寻找利润。这种跋涉很快就有了相对固定的地点，那就是此时正在渐渐兴起的集市，集市的举行时间和频率往往决定了这些旅行商队的往来计划。集市贸易给提供集市市场的封建领主带来了收入，这些领主因此乐于保护集市安定，并用其政治影响与其邻国谈判，以保证商人们安全地通行于各个集市与其家乡城市之间，这都为集市的发展铺平了道路。正是这种集市对于近现代金融工具和金融机构的缘起起到了关键作用。[1] 从12、13世纪的香槟集市，14世纪的日内瓦集市，15世纪的里昂集市，16世纪的布鲁日、安特卫普、贝桑松到17世纪的皮亚琴察和热那亚，集市贸易不仅地域广泛、物品丰富，涉及人们生活物资的各个方面，商业经济通过这种市场体系也得到很大发展，形成一系列金融工具的创新。首先是汇票的发展，其后还有海上保险、合伙公司的缔结以及15世纪初发展成熟的商业簿记（book-keeping）。这些新的商业技术提高了效率，减少了成本，便利了交易双

1　虽然现有的文献显示银行的起源最初开始于12世纪的热那亚，那时专职于此的商人们已经不再局限于兑换钱币，而是已经涉足一般意义上的银行业领域，他们给予顾客信用、接受现金存款等简单的合作关系。但是真正的金融技术层面取得的一系列进步还是从当时的集市贸易开始的。

方。如果忽略集市贸易，就无法把握西方金融工具发展与中国所走的不同路径的起点。

这个起点就是12和13世纪的香巴尼地区，在今天法国的香槟省，这里是香槟酒的发源地，苛刻的爱酒人士至今坚持只有这个产区的才叫作香槟酒，世界上其他地方相同工艺和配方的只能叫起泡白葡萄酒。暂时忘掉清冽醇美的香槟酒，来看看比香槟酒早五个世纪出现的香槟集市。集市开市时期，来自法国、意大利、德国、佛兰德斯的旅行商队都集中在这里进行交易，集市成为当时欧洲的经济中心。贸易集市组织得相当有章法：定期举行，一年两次或是四次；有一套标准的程序，譬如集市开始的前9天进行布匹贸易，其中6天展览，3天销售；布匹贸易结束后的11天进行皮革贸易，再往后两周则是需要进行重量称量的货物交易；在集市开市的最后一段时期，有固定的天数用于结算。交易的货物有德国的皮毛、香巴尼的亚麻、普罗旺斯的皮革、佛兰德斯的布匹等，此外还有香料、棉花、葡萄酒（这个时候郝特威尔修道院的修道士还没有发明香槟酒）、马匹等品种繁多的物品，但最主要的还是意大利人在此购得布匹再售卖到整个地中海地区，这种物品交流加强了香巴尼作为欧洲经济中心的地位。而法国国王（最初阶段是香巴尼的伯爵）作为集市的主人在贸易集市中通过收取租摊费、通行费、度量衡费等也可以说收益不菲，不用费什么事就获得大笔收入。集市管理者，还受理集市中出现的诉讼案，他们将违反市场管理规定的商户逐出集市，并要求违约者原所在地的司法部门帮助迫使违约者偿还债务，否则便会驱逐违约者的同乡。在集市上，可以现金交易，也可以用货物互相抵消，还可以签订契约，承诺在下一次集市上支付款项。逐渐地，这些契约还可以被转交给第三方，这些商业手段的进步渐渐汇聚成欧洲金融工具发展中的多条小径。

经常举行的贸易集市，给香巴尼带来旺盛的人气和巨大的商业利益，也带动了当地的服务业和旅游业，许多国家的商队开始考虑在香巴尼或是附近的地点建立长期的办事机构，减少长途跋涉的麻烦，便捷日常的经常性贸易。意大利商队率先行动，在香巴尼附近的巴黎设立永久办事处，不少商人稳坐意大利国内，通过向办事处的代理人发出指令而完成交易。这种常设机构和代理关系的发展，也影响到香巴尼的定期集市：有了不必奔波的便利，亲自前往定期集市的商人迅速减少。意大利人的这种商业制度逐渐成熟，便利的商业组织和高效的代理人机构帮助意大利控制了君士坦丁堡、亚历山大、布鲁日以及伦敦的贸易活动。

在集市贸易的市场活动中，随着贸易品种和交易规模的扩大，对于信用工具的需求凸显，这部分需求指向都是解决市场交易当中的信息不对称问题，尽管这个时候的商人并不知晓后世的这个经典经济学理论，但是实践中的摸索使他们逐渐领悟，需要在不同的交易过程中通过金融中介和金融工具建立信任机制。这种领悟是分散的市场主体自发的、由下而上生发的。在集市贸易中通过信用中介建立信任、减少风险、获得更高利润的可能性，成为商人们寻求制度创新的动力所在，而找到减少风险的途径很大程度上也正是金融工具演进的过程。

最先行动起来的又是意大利商队。他们前往香槟集市的过程中，逐渐形成提前在意大利热那亚举行聚会的习惯，来自帕尔马、皮亚琴察、佛罗伦萨、米兰、锡耶纳的商队往往先在热那亚自发地通过信贷、汇票等金融工具筹集前往集市的资金，这成为对汇票的最初使用。这种具有法律效力的书面承诺，规定了将在未来的某一个时间向另一个地方的某个人支付一笔款项。其重要之处在于发出汇票的地点与支付汇票的地点是不相同的，而在当时的交通情况下，从汇票出发点到支付地往往需要较长时间，因而它相当于一笔短期贷款。汇票使用方式与近现代的汇票已经比较相似。[1]汇票贸易减少了易货贸易、当面结算、携带大量金银块支付的不便，并且，

1　首先是商人A在本地找到银行家B，银行家B给另外一个地点的联系人C开一张票据，即汇票，再由联系人C在当地向商人A的债权人D偿付这笔款项。商人A将款项交给银行家B，同时还要付给银行家B一笔手续费，汇票随即被送到联系人C处，一段时间后联系人C通知债权人D款项已到，D即可到C处取回款项。

汇票提供的信贷其实规避了一个限制，因为在当时的欧洲，简单的有息贷款是被天主教国家所禁止的，教会一直不允许利息的存在，无论是有抵押的或是没有抵押的商业信贷都不存在；而汇票业务中所隐藏的有息贷款的实质，却被天主教会默许。

与汇票同时出现的金融创新还有本票。在市场中的交易过程是，A向B开具本票，随后将票据卖给一个经纪人，承诺在票据到期时用外国货币向B偿付债务。汇票和本票的共同基础是一种资金兑换和转移的契约，是作为一笔信用交易的再兑换的结果，在再兑换时，利息隐藏在汇兑率中。逐渐，在香槟集市上，发展出了钱币兑换业务，至13世纪中叶钱币的交易甚至超过了货物的交易。香槟集市上不同货币的兑换比率和汇票价格很快会传到世界各地，这里的报价成为国际投机的一个关键组成部分，集市的货物贸易功能正在转向资金管理功能。无论票据经纪人还是钱币兑换商，都是以金融中介的角色发挥着建立交易信用的作用，从而降低交易之前的逆向选择和交易之后的道德危害。这种转变对后来15世纪的里昂集市、16世纪的贝桑松集市以及17世纪的皮亚琴察集市的金融体系产生了深远的影响。

香槟集市于1320年左右开始渐渐走向衰落，因为这个时候海上航线的拓展，使得香巴尼不再是连接欧洲贸易的唯一中转站。同时，之前我们提到过，黄金此时开始代替白银在国际贸易中使用，原先在香槟集市上经营货币兑换业务的公司很多由于贵金属相对价值的波动而生意不佳。更重要的是，由于经济的发展和生活水平的提高，此时的香槟、佛兰德斯等欧洲大陆西北地区已经对永久性贸易——而不是这种定期召开的集市——有了强烈的需求，那些常设性办事处逐渐转变为提供这种永久性贸易的机构。于是，更加符合航行线路和经营模式的集市开始在其他地方出现了。这些集市不再位于意大利—香巴尼—佛兰德斯这条轴线上，而是东移至欧洲大陆东部还不太发达的地区，那里还是需要在集市上出售农产品以换取该地所需要的工业品的。此后的集市发展，伴随着金融知识的积累和社会、法律、商业的进步，金融中介和金融工具的创新也日益成熟。

14、15世纪最引人注目的是日内瓦集市[1]。原来在香槟集市时期就已经形成的永久性商户机构有一些已经形成最初的银行，此时的集市俨然成为国际清算中心，其中活跃的就有美第奇家族银行（Medici Bank）。整个美第奇家族的兴起正是源于乔凡尼·美第奇在此时通过兴建银行而奠定的财富和政治基础。没有美第奇银行，就没有称雄佛罗伦萨四个世纪的美第奇家族；而没有美第奇家族，我们可能就感受不到完整

1　这个集市在每年的主显节、复活节、8月份和万圣节举行四次，吸引着来自意大利、法国、荷兰、西班牙等欧洲较发达国家的商队。

的意大利文艺复兴。所以当你想起马萨乔、波提切利、拉斐尔、达·芬奇、米开朗琪罗，当你沉浸在《圣母子与诸圣徒》《维纳斯的诞生》《圣礼之争》《蒙娜丽莎》《大卫》中时，不要忘了美第奇银行的历史功勋。

在这里，商户们广泛接受金衡制重28盎司的金马克成为稳定的标准，这就使得国际支付和借贷抵消十分便利。从美第奇银行的账户还衍生出商业汇票，所有的票据汇兑，都以日内瓦的金衡制重28盎司的金马克报价。这样，金马克便利了商业交易结算，主导了票据汇兑市场，形成了支付方式上的一大进化，有利于国际贸易和金融多边清算的进一步发展。美第奇银行在此时显示出不同于其他银行的特点，还包括其在欧洲各地的庞大分支行机构设置和经营思路，在引进地方合伙人的同时保持绝对控股权和监督管理，专业化知识、规模化效益和分散化风险正是后世银行的基本逻辑。

当时的清算体系和集市结算的结合，还形成了“集市银行”（Fair Banks），银行家们被授权在特定的集市期间为其委托人执行银行业务，比如提供赊账购买担保或者购买资金，商户在取得利润之后，再将销售收入偿还给银行家。这种银行家有着非常规范的职业经理人做派，每天定时召开会议，会议期间商户们向其债务人的银行家提供到期的期票和汇票，同时也通知自己的银行家，银行家们就在债务人顾客的账目上记入借方，而在债权人顾客的账目上计入贷方，由此进行借贷抵消和汇兑结算。此时另一种流行的商业支付中介是支票，商人把支付款项的口令通过口头或是书面的形式告诉银行家，由银行家进行账户之间的转移以偿付债务。这样的行为并不引起实际上的货币流动，而只是银行划账，很大程度上节约了交易成本。

由于法国国王路易十一的主导和其本身优越的地理位置，里昂在15世纪末取代日内瓦成为欧洲的集市中心。里昂地处法国东南部，位于罗纳河和索恩河交汇处，随着中世纪时期河道的开辟，里昂集市越来越规模宏大，并依靠香料贸易和丝绸业于16世纪到达了全盛期。在里昂，国际清算和转账系统得到进一步发展。伴随着每次商品集市，总有着汇兑市场的出现，到后来，汇兑市场逐渐脱离商品集市的限制，开始独立开市。通常是通过召集会议的方式，来商议出当期集市所缔结的合同的汇率，并以当地的价格报价（也是以金马克为单位），这样所有的债权债务都有了共同的记账单位。承兑汇票的比价也是在商议中产生。承兑汇票已经成为很普遍的信贷方式，它以一定的利息在本次清算市场上为下一次的集市筹集资金。里昂在很长时期内，成为国际货币和汇兑中心，在经济发展的同时，也孕育了浓重的文化与艺术氛围，那个时代形成的里昂老城现在是联合国教科文组织认定的世界文化遗产。

在里昂之后，接过集市接力棒的还有布鲁日[1]、安特卫普、贝桑松、皮亚琴察和热那亚。这些集市不断南移，在不同的地方停留，这种变化有时是贸易网络的延伸与重新定位，有时也与各种政治斗争和战争相关联，无论怎样，各个地方的集市在欧洲的贸易交流和经济发展方面都曾具有很大的影响力，同时在金融手段上继续进化。集市贸易中生发的对于金融工具的需求，在有利的市场环境和不断进步的法律规范、社会服务的条件下，引起制度创新的供给曲线不断右移，提高了原先集市中市场主体的收入分配和资源配置效率，同时为欧洲银行和信用体制的近代化发展奠定了良好路径。

二、集市向近现代银行体系的最初过渡

在16世纪的安特卫普，金融中介和金融工具进一步融入集市活动，各式创新让人眼花缭乱。那些具有基本金融常识的银行家开始从事现金保管业务，为商户们保管现金，并进行一些代收代付服务，这其实已经开始向存款银行体系过渡，而存款银行正是金融历史演进中极其重要的金融中介角色。

1　布鲁日集市的商人是欧洲北部和南部商业交流的中间人和买卖人，商品有羊毛、布匹、盐、香料、染料，这些对于大的工业区来说都是必不可少的，在布鲁日，除了商品交易，还进行货币的接收、兑换和借出，布鲁日集市成为一个金融中心。但布鲁日固守成规的传统和坚持商业禁令的做法，使其最终在16世纪的时候被勇于创新的安特卫普集市所取代。

如果债权人和债务人是同一家现金保管者的客户，那么他们之间的结算就变得简单。如果某个商户暂时缺乏资金，现金保管者有时还会在存款账户上给这位客户预付款。更值得关注的是，安特卫普尝试了保护信贷工具转让的做法，即对本票持票人的法律保护，它授予本票持票人在起诉破产的债权人时与原始债权人同等的权利，如果持有未来才到期票据的商人决定现在就要现金，它可以把票据出售给别人。这极大促进了附有持票人条款的本票的流通。据当时的商业记录，这些本票往往会流通10—12次，这种流动性使本票作为一种支付手段，促进了债权债务的抵消，有利于国际清算。

频繁转让本票肯定具有一定的风险，于是渐渐又发展出了对本票进行背书以作为一种担保，背书担当的中介建立了扎实的信用体制，这使得持有本票的人有了更多的金融保证，也使得本票更加容易转让和兑现。安特卫普不仅出现了现代背书的起源，还由于频繁的转让证券和商业的迅猛发展，生发出了近代第一起贴现行为。即在到期日之前，以低于票面价值的价格把一项商业所有权转让给第三方，在此过程中货币经销商用现金以一定贴水收购汇票和本票以从中牟利。

安特卫普的金融创新能力还不止于此。由于当时的航海风险、货物安全等问题仍困扰着商户们，所以当地的一些博彩业开始以此为标的展开赌博业务，比如就这批货物能否安全抵达下注、就货物抵达时的价格下注等。这与当时欧洲本身具有的赌博传统密不可分，但却成为一个金融技术扩展的机缘，在这种投机的氛围下，最初的期货交易出现了。关于一些价格会出现大幅度变化的物品，像鱼类、粮食等，会有人购买商品，并约定在以后某个时间付款，当它预期交割日的价格上涨时，就卖掉商品，以挣取差价。安特卫普令人称叹的金融思维能力，引导了金融衍生品的发端，同时，投机也促进了保险业的发展，许多商人参与保险，希望通过保费收入获取利润。

1531年，安特卫普集市建立起第一家证券交易所，再次在金融历史中留下一座里程碑。1551年前后，伊丽莎白女王的皇家汇兑人，提出著名的“格雷欣法则”的托马斯·格雷欣爵士开始常驻安特卫普，他在安特卫普的基层工作与实践观察直接影响了他于1571年在伦敦筹备建立的皇家交易所，伦敦交易所基本仿造了安特卫普的原型，作为经营国际票据的场所，促进了汇票的普遍使用和商业票据的日益流通。

安特卫普善于采纳新的形式与技术，它所取得的这一系列金融工具创新，成为西方金融发展中的重要环节。商业票据的频繁转让为本票的发展铺平了道路，现金保管业务、本票汇票的贴现为近现代贴现银行业打下了基础，担保和背书也进一步提升了金融信用机制，这些技术层面的变革在实践中真真切切地解决了日益复杂的市场交易中的信息不对称问题，通过金融中介机构和金融产品为资本朝着更有生产性投资机会的方向流动提供了保障，为其后欧洲金融体制的发展做了充分的准备，也为工业革命的最终发生埋下伏笔。

到了贝桑松和皮亚琴查集市时期，频繁的交易使各国都觉得需要一个统一的货币单位，于是像前面货币理论演进中提到过的，支付手段和记账单位的分离出现了。集市中记账单位发展为一个假想货币，称为“盾”，它是安特卫普、西班牙、佛罗伦萨、热那亚、那不勒斯、威尼斯和法国几种金币的平均价值。汇票交易也发展为普通汇票交易和连锁汇票交易。普通汇票交易的费用包含在再汇兑中，利息累计；连锁汇票交易是出借人和立票人达成一项协议，指定第三方为汇票的付款人和受益人，第三方承兑汇票并付款给自己，同时开立一张新的由最初立票人付给最初出借人的新汇票，这实际上是一种有息贷款，有助于商人们获取较长期的信贷。还可以看到，此时集市上的结算与里昂时期有所不同，不再依靠到期汇票的双边或多边结算来进行，而是互相签发汇票，以及使用连锁汇票信贷来完成。热那亚集市所实现的金融发展体现在对于国际清算的控制和票据交换上，银行家们在集市上集中进行汇兑，确保了通过抵消为商户提供国际货币和金属货币的流动服务。[1]在贝桑松和皮亚琴查集市上，商人们

1　这种汇兑业务只允许40—60家汇兑银行从事，由它们来确定汇率，并有一个称为热那亚技术银行家协会的机构来严格控制这些汇兑银行。

已经可以很轻松地只带少量现金和大量票据来参加，经常会在不发生相应数量硬币易手的情况下完成价值上百万元的交易，商户们往往只需要汇总出承兑的票据和各种应付款的数目，用可支付的票据进行平衡，最后用现金支付很小的差额。

在这个时期，欧洲商人们也已经能比较容易取得贷款，因为一直以来在舆论上的关于有息贷款的歧视此时得到了修正。[1] 在欧洲各个国家、各个教区，对于利息的认识已经真正被教会和广大民众所接受，放贷的现象十分普遍，利率也降低很多，出现了卡洛·奇波拉教授所说的“利率革命”[2]。在欧洲的主要商业中心表现得尤为明显，在尼德兰，安特卫普的贷款利率从1500年的25%降到了1550年的9%；西班牙所允许的最高利率在16世纪是15%，1608年之后降到了5%；在英国，利率由1571年的10%降至1624年的8%，1714年之后又

1　中世纪以来，欧洲人对于放贷的心理感受一直难以摆脱古老的教条。因为教会长期以来一直强烈抨击高利贷和以钱挣钱的方法，无论天主教还是新教，按照教义，贷款必须是无息的，如果以高于原来数量的钱收回贷款就犯高利贷罪。人们很长时间以来对于放债人抱有敌意，不敢也不愿把闲置的钱借给那些急需的人。不过后来，教会的规定也发生了一些松动，比如说如果放贷人在发放贷款时冒丧失款项的风险，或是放款人由于借钱给别人而丧失了在其他地方赚钱的机会，那么放款人可以要求某种补偿。这样，教会便容忍了某些利息的存在。不过由于长久以来的看法，使放债人觉得自己因放贷而名誉受损，在利息上也会要得高很多以为补偿。但是到了16世纪，这种高利率的状况得到了改善。

2　参见〔意〕卡洛·M. 奇波拉主编：《欧洲经济史》第二卷，徐璇、吴良健译，商务印书馆，1988年，第462页。

降至5%；在意大利的热那亚，到了16世纪初，人们已经能普遍获得低于5%的贷款。[1]这种变化，更加便利了商人的贸易活动。

这个时期的集市，其原有的性质正在发生巨大的改变。永久性贸易机构越来越多，贸易活动不必局限在集市内部，任何时候都可以通过永久性办事处来完成交易。商人之间和代理人之间做生意的方式更为直接，露天贸易已经转为室内贸易。继而集市所在地区涌现出一些常年设立的交易所，集市的历史使命至此告一段落。

三、从集市、交易所衍生的欧洲近代银行体系

欧洲发展出的集市贸易体制中产生了诸多金融工具的创新，这些新兴的工具为欧洲金融在16至17世纪时期进入一个新的发展时期铺设了既有路径。欧洲的集市贸易逐渐衰落后，让位给更能适应经济发展需要的交易所，欧洲金融展开从集市转向交易所、再转向银行的信用中介发展历程，这种发展为18世纪后期开始的工业革命做出很好的准备，并且在工业革命中，银行业与工业化积极互动，迈向了现代化的进程。

最初形成的交易所有很多。安特卫普的交易所在1531年成立，伦敦交易所在1571年成立，阿姆斯特丹交易所在1611

1　参见〔意〕卡洛·M. 奇波拉主编：《欧洲经济史》第二卷，第462页。

年成立，其中阿姆斯特丹交易所的报价单影响到整个欧洲很多商品的价格，这种影响在17、18世纪一直持续。随着衍生品继续发展，投机交易在交易所频频出现，一开始集中在谷物，后来发展到更多类型，形成了包括买卖特权的交易与期货交易。当交易所的数量和品种越来越复杂，交易所又逐渐转变为分门别类的商店。欧洲各大城市的繁华市区商店遍布，这些商店对金融机构的发展提出了新的制度需求。因为常年都不曾间断的商品贸易和汇兑结算，需要一种组织严密、机构完整的大型银行，而非以往散落的私人银行家，这样商户们可以把闲置的资金存放在银行，并在需要使用时随时取出。很多地方的政府参与了这一历史进程，创建了一些“公共银行”，以满足商户们的需要，进行存取款业务和信用转让，并且由政府来对其信用进行担保、对其运行进行监督。1587年威尼斯银行、1593年米兰圣安布罗焦银行、1605年罗马圣灵银行、1606年阿姆斯特丹银行、1616年米德尔宝银行、1619年汉堡银行、1621年纽伦堡银行、1635年鹿特丹银行等相继建立，这些银行都接受有息存款、进行账户之间的转账、接受汇票，银行账户的所有者可以随时处置自己在银行的结余，取出现金或是转账至第三者账户，从而为常年存续的经营活动提供流动资本的可靠存放处，为信用票据提供有效的交换场所。可以判断，此时银行的各种功能都与近现代银行业非常接近了，这进一步促进了欧洲的金融制度发展，而且这些公立银行还有一些新的特点，一是在市政当局的控制或是严格监督之下，或是与公共福利机构密切关联；二是全体存款人成为银行的主人，银行管理者仅仅执行管理功能。

1694年新建的英格兰银行在之前这些银行发展的基础上又迈出了崭新一步。这是一家根据政府立法建立的私人股份银行，之所以成立就是为了借钱给政府，当时英法的“九年战争”正把英国政府拖入苦海，所以通过政府立法、由国王授予特许权而开办的这家私人股份银行，获得了货币发行权，为政府筹措军费，开了向政府贷款和发行银行券的先河[1]，同时还为政府转移海外的财富。英格兰银行有权出售股票、接收存款、发放贷款并发行货币。该行贴现率为4.5%—6%，而当时私人银行年利率多为20%—30%，这就打破了高利贷对货币市场的垄断，对当时稳定金融市场、促进国际贸易起了重要作用。英格兰银行建立后，英军的装备令战场上的法军羡慕嫉妒恨不已，英国政府打仗的兴致也一直没有减弱，九年战争好不容易结束后，又接着与路易十四、东方神秘的莫卧儿王朝、闹独立的美利坚和不可一世的拿破仑打仗，英格兰银行成为不列颠王国纵横四海的坚定的金融支柱。在世界金融

1　到1720年时，英格兰银行已经发行了248万英镑的随时可兑现的银行券。到了18世纪初期，加上其他银行业仿效发行的银行券，英国共发行各种信用券价值总计1500万英镑左右，而其硬币与金银的总存量只有1200万英镑，英国在实际的通货量没有增加的情况下，总货币存量增加了。

史上，英格兰银行也有其独特的地位。它是第一家股份制商业银行，标志着现代银行制度的开始。到了两百年后的19世纪，英格兰央行更是越来越多地承担了中央银行的公共职责，在白芝浩（Walter Bagehot）的《伦巴第街》一书中我们能看到充当“最后贷款人”的英格兰银行在整个伦敦金融市场乃至世界金融市场中的地位。同时，在金融、政府、公众的关系界定上，英格兰银行也形成了新的契约典范，在随后英国公共革命的部分对此会再谈到。

在17世纪兴起的所有这些银行中，力量最为强盛、最勇于创新的其实并不是英格兰银行，而是阿姆斯特丹银行。第二章欧洲货币演进中曾经谈到，17世纪葡萄牙和西班牙的白银和黄金大都在阿姆斯特丹进行交易，使阿姆斯特丹在很短的时期内成为欧洲贸易与支付的中继站，并逐渐形成多边贸易和支付体系，代替了货币汇兑商和现金保管者的地位。与英格兰银行成立初衷是为了服务政府财政需求不同，阿姆斯特丹银行的存在是为了给东印度公司这类的工商贸易进行金融服务，这家银行并不借钱给私人，但却以短期贷款的形式向贸易公司提供贷款。到17世纪中叶，阿姆斯特丹银行在国际结算领域和票据交换领域的影响达到非常高的程度，它处理汇兑业务所使用的标准使它成为欧洲主要的汇兑中心，所承兑的汇票在国际商业交流中起着越来越大的作用，所有价值超过600盾的票据都必须在阿姆斯特丹银行进行清算，这就使得大部分的商户都要在那里开立账户：1660年曾经超过了2000人。国际商业贸易不论是否在荷兰发生，不论是否有荷兰人参与，都越来越多地使用阿姆斯特丹银行的票据进行支付，而大型的商户则都在阿姆斯特丹的账户中留有结余用以偿付国际债务。除了这种多边国际清算外，阿姆斯特丹银行还承担外汇汇兑功能，向各国商人提供有信用保证的金属货币。阿姆斯特丹银行的这种国际地位，不仅使荷兰的金融得到迅速发展，也带动了汉堡、伦敦等地的贸易经济。从17世纪开始，阿姆斯特丹银行开始经营正规的证券业，从事政府公债的买卖，还参与东印度公司的事务，经营一系列期权、期货交易。总的来说，阿姆斯特丹银行的利润主要来自开立账户和转账业务的费用，来自对违背反透支条例的罚款，来自经营银行货币的交易。阿姆斯特丹银行的各种金融技术并没有像安特卫普集市等地方取得突破性创新，但是在阿姆斯特丹银行里，以往出现的各种金融工具和金融机构得到一次整合，各项功能和作用都在逐步理顺，慢慢成熟，这同样是金融发展中重要的一步。

阿姆斯特丹银行的成功不仅促进了欧洲金融经济的发展，还带动起欧洲一批公立银行的建立，建有银行的国家都体会到银行作为重要的金融中介组织对社会的好处，它在缓解资金需求方和供给方的信息不对称方面发挥了关键作用，能够通过规模效应和专业技术进行信息的收集和处理，成为资源配置的润滑剂，提高市场的整体效率。18世纪初，欧洲大陆已经拥有30多家公立银行。瑞典银行是其中著名的一家。它于1656年成立，这家银行从一开始就划分为两个部分，一部分是汇兑银行，另一个部分是贷款银行。当时瑞典的货币储备是铜，作为金银的替代物，铜在国际贸易中使用并不方便，但是有些工厂发给工人代替铜币的“铜票”在使用中却很受欢迎，于是银行也开始发行铜票。1661年，瑞典银行在欧洲率先发行这种银行券，成为仅次于汇票和存款的硬币替代物。1668年瑞典银行被收归国有，从而成为欧洲以及全世界历史上最早的中央银行，这成为这家银行置身世界金融史的重要标志。当然，瑞典银行如今被我们所熟知，是由于1968年它成立300周年纪念时设立、延续至今的诺贝尔经济学奖。诺贝尔先生1895年在他的遗嘱中提到的奖项只有物理学、化学、生理学或医学、文学、和平五项，其中并没有经济学奖，究其原因，很多人分析诺贝尔的遗愿是要奖励那些“对全人类做出巨大贡献”的科学家，但经济学家是否做出了这样的贡献是有很大怀疑的，这种怀疑可能延续至今。瑞典银行在300年庆的时候，为了纪念民族英雄诺贝尔而自作主张增设了这一名为“瑞典中央银行纪念阿尔弗雷德·诺贝尔经济学奖”的奖项，当然，奖金也由瑞典银行自个儿出。即使这样，很多人并不认同，诺贝尔的后人感觉经济学家的贡献没有到那个排面，就连我们前面谈及的不拘一格的哈耶克先生在得奖后仍坚定认为这奖就不该设立。抛开诺贝尔奖，瑞典中央银行仍旧在近现代银行发展史上闪耀着光辉。

四、银行业与工业革命的互相激励

一系列银行的发展，对于促进经济和贸易发挥了重要作用，为即将到来的工业革命也进行了金融技术上和观念上的准备。这些金融工具和金融技术从贸易活动逐渐融入欧洲普通的城市和农村生活中，信贷在地方经济中已经有非常大的发展。商人们通常在农作物收获之前，以部分现金或是全部现金的形式从农民那里预订买断他们的农产品，从工人那里预订买断他们的纺织品；这样工人和农民就以他们的未来劳动为保证，获取了一笔信贷。如此的信贷方式在当时已经颇为流行。在城市和农村的零售业中，也有着周期结算和使用票据转让结算的方式。期票、本票、债券、借据等都成为可转让的债权。年金也逐渐成为一种普遍的投资信贷。债务人将从某种资源中获取收益的权利以定期年金的方式卖给债权人，通常年金从中获益的资源为一种不动产，而且在某些条件下可以赎回。当时的欧洲，无论农民、城市手工业者、中产阶级还是官员、教士，持有年金的人都有很多，年金成为一种长期信贷的工具，并且年金的所有权可以转让，它往往为农民开荒种地、培育果蔬提供经费，也为手工业者购买土地建立房屋提供保证。同样地，在城市居民的普通生活中，也出现多种信贷工具。1462年意大利佩鲁贾地区成立了第一个官办当铺，向人们提供贷款，只需要贷款人愿意拿出一件财产作为抵押，立下字据就可以进行交易，到1509年在整个意大利已经有近百个这样的当铺。逐渐地，除了发放个人贷款外，当铺还充当储蓄银行与保险公司，为想要进行投资的人寻找货币出路。当然，欧洲的当铺发展，比起同时期的中国明朝就逊色很多，它在国家经济生活中的地位远远不及当铺在中国的影响：当时中国已经有几万个当铺遍布全国，成为政府税收的一大来源和百姓日常融资的主要渠道。

欧洲这些官办当铺和上文提到过为适应永久性贸易而设立的官办银行有相通之处，它们受到国家的严格监督和限制，不是经营贴现或贷款的银行，而是服务于一个百分之百储备的体制。也就是说，它不可以让一般的居民储户、普通商人进行账户的“透支”，这就使那些急需周转的人不得不求助于私人银行和商业银行家，银行家们从同行那里得到存款，再转贷给自己的客户。17世纪初，这些在需要贷款的人和欲做现金投资的人之间充当中间人的“掮客”，生意格外红火，而且越来越多的金匠加入这种商业银行家的队伍，直至1720年的南海事件[1]。

进入18世纪后半段，银行业的发展与此时开始的工业革

1 这个古今共赏的超级资产泡沫我们后面再讲。

命[1]紧密相联。工业革命在完成传统农业社会向近代工业社会转折的同时，它的经济组织和金融市场必然也作为原因和结果发生着改变，工业革命的过程，包括经济组织变革、技术变革和工业结构变革。英国工业革命的产生确实与它的棉纺织、采煤、炼铁、蒸汽机等技术变革和自然资源储备有密切关联，但是发达的对外贸易和已经日渐成熟的金融技术也为英国和欧洲走上近代工业化的道路、与世界其他农业经济分流奠定了基础。工业革命期间，对资金的需求不断增加，因而承担信贷和筹措资本的金融媒介是一个重要角色，银行和商业银行家承担了部分提供工业化资金的任务，尽管在不同的欧洲国家力度差别很大，但能够观察到的是，此间银行业与工业化互动发展，取得显著进步。

股份制银行就是在这个时候走向迅速发展的。因为大型工业企业的投资不是单个银行和商业银行家有能力和胆识完成的，依靠股份制银行的机制，资金更容易聚集，风险也更为分散。1830年以后，股份制银行已经在比利时、法国、德国等欧洲各国普遍出现。这些银行一方面吸收储蓄，另一方面把资金投放市场，同时银行也热衷于利用其机构出售政府

1　根据迪安（Philis Dean）的定义，工业革命是指“复杂的经济变革，这些变革蕴含在由生产力低下、经济增长速度停滞不前的、传统的、工业化前经济向人均产量和生活水平相对提高、经济保持持续增长的现代工业化发展的转变过程。”参见〔意〕卡洛·M.奇波拉主编：《欧洲经济史》第四卷上册“工业社会的兴起”（迪安撰写），王铁生等译，商务印书馆，1989年，第131页。

公债和债券，为工业筹集资金。如果没有银行，依靠工业自筹资金，必然会影响生产的发展和效率的提高，且无法应用工业革命所产生的技术革新。

从19世纪后期到20世纪初期，强大的工业化势头和普遍的经济增长把银行业推向又一个发展阶段，此时形成小商业银行逐渐合并、组成大银行的浪潮，这些大银行形成广泛的机构网络，增强了银行的资本实力，以便与工业企业的规模扩张相适应。工业与银行业的关系到了20世纪已经变得丝丝相扣，二者之间没有一个完整的界线，金融家和工业家通常有相熟的朋友圈或者根本就是相同的人群。在30年代的世界性危机中，欧洲的银行主要为政府的需求服务，帮助经济摆脱萧条，大约有一半的存款都用来直接或是间接借给政府进行经济复苏的举措。二战后，欧洲的现代化银行体系随着世界经济的发展也在不断发生新的变迁，银行资本越来越集中，金融工具不断创新，银行的国际化趋势日益加快。

通过对历史的审视，我们可以清晰地认识到，建立完善的金融机构、富有弹性的货币供应以及便利的信贷，这是工业发展所必需的条件。所以在这个意义上说，如果没有“金融革命”作为先导，欧洲就不可能出现“工业革命”。

五、中国的朝贡贸易：同欧洲集市贸易的比较

在谈到欧洲通过集市贸易创新了各种金融工具、解决了

金融市场的信息不对称问题的时候，你也可能会产生另一方面的思虑，这个时期我们中国在经历什么样的市场体制与金融演进？

此时，在亚洲早已经存在一种以中国为中心、以朝贡关系为轴而形成的特殊贸易关系，以及由此形成的一种有别于西方的、传统的地域经济圈——“前近代亚洲市场”[1]。所谓朝贡贸易，简单说，就是海外之国朝见中国天子，同时进纳珍贵物品的贸易体制。其具体的外交流程是通过两国官方使节的往返，以礼物赠答（朝贡及给赐）而进行，这实质上也就是中外官方的贸易往来。朝贡本身兼具官方外交和贸易的双重内涵，可以理解为传统中国统治者将中央与地方的统治关系扩大到了外围和四边，按中央—各省—藩部（土司、土官）—朝贡诸国—互市诸国的顺序排列，按邻接的中心—周

1　“前近代亚洲市场”是滨下武志先生在《近代中国的贸易契机：朝贡贸易体系与近代亚洲经济圈》（朱荫贵、欧阳菲译，中国社会科学出版社，1999年）一书中提出的概念，他认为以中国为核心的与亚洲全境密切联系存在的朝贡关系，以及在此基础上形成的朝贡贸易关系，是亚洲而且只有亚洲才具有的唯一的历史体系。由朝贡关系促发和推动的亚洲各国各地区的交易活动中，产生了连接亚洲各地的交易网路、交易中心地、汇兑渠道和金融中心地等，这些因素“形成了朝贡贸易关系的交易网络”。这个交易网络不仅在与外部世界进行商品交换时，对亚洲和中国市场的价格动向发挥一定的制约机能，更重要的是，它成为西方国家面对东方时不能不受到制约的“冲击”。

边关系的同心圆的方式交错产生的一种体系。[1]到了宋朝，朝贡贸易已经多了很多和平外交的意味，在制度上也已完全成形，并且在16、17世纪达到成熟阶段。据《宋会要辑稿·蕃夷》所载，宋代来华朝贡的国家已经有26个，朝贡次数302次，其中，除东亚的高丽外，交趾、占城、三佛齐、大食等东南亚和西亚国家也来华频繁朝贡。[2]著名汉学家彭慕兰教授对朝贡贸易曾经有个比方，认为其类似联合国，其存在意义在于确认不同政治体的地位与身份，保持区域稳定，并发挥着顶尖高等学府、国际传媒公司、时尚潮流前线的作用。朝贡贸易中的贸易只是一种达到目的的途径与媒介，而不是目的本身，因而朝贡贸易与当时西方的集市贸易有着明显不一样的地方。

朝贡贸易不是民间商人自发的贸易，而是由政府与海

---

1 先秦时期，朝贡就已经作为一种政治理念开始出现，具体体现在西周王朝处理与周边各个部落酋邦关系的政治观。它以周王朝为中心，根据距离的远近，把周围各个部落酋邦分为甸服、侯服、绥服、要服和荒服，即五服。要服和荒服是对处于最外围者的要求。规定：要服者贡，荒服者王。就是说，要服者必须向周天子纳贡礼品，荒服者不论在位或即位都必须承认周天子的统治地位，并且履行朝见。不贡不朝者，就要修刑或以武力征讨。到了唐朝，中国的强大已经从武力征服发展为文化的吸引，先进的政治、经济、文化、教育制度乃至风俗习惯都深深影响着周围的朝鲜、日本和越南，逐渐形成一种以儒家文化为特征的中华文化圈。这种文化的传播使得朝贡体系有了更深一步的发展，周边地区“来贡”的记载和往来贸易也明显增多。

2 参见徐松辑《宋会要辑稿》，中华书局，1957年。

外国家、地区建立。在朝贡贸易的兴起发展过程中，中国政府在道路设施、交通保障方面做了大量的工作，非常有代表性的就是丝绸之路和海上丝绸之路。这是在汉朝武帝年间就凭借张骞出使西域而逐渐开辟的，陆路从长安出发途经甘肃、新疆到达中西亚；海路则是以南海为中心，从广州、泉州、杭州出发，到达阿拉伯海，以及非洲东海岸，另外还有一条东北亚海路通往朝鲜和日本。在丝路承载的朝贡贸易之外，还生发了一部分借贡兴贩的中继贸易，有部分类似欧洲集市贸易的榷场贸易、互市贸易以及民间走私活动。在20世纪后半叶我国和亚洲邻国相继进行的水下考古活动中，"南海1号""南澳1号""新安沉船""黑石号"的相关成果，为这段丝路历史提供了充分的线索，广东阳江的海上丝绸之路博物馆即呈现了"南海1号"的打捞场景和整船的金银财宝。朝贡贸易确实带来了异域对于中华富饶物资的需求，也引发天朝对外夷新奇商品的兴趣，很多涉及朝贡事务的官员和民间商人加入丝路贸易当中。在我们朴素的历史概念中，丝绸之路似乎在中外贸易中发挥了重要作用，其实从贸易数量上来看，在大航海时代之前，丝路重要性非常有限。黄仁宇曾经有个估算，1570—1590年前后明朝的国际贸易税收为7万两白银，占杂色收入（田赋、盐课和杂色收入共同组成明代税赋）的1.86%，如果把田赋和盐课收入也一并算入，则国际贸易税仅占全部税赋的0.22%[1]，可见朝贡贸易和衍生的民间贸易在经济上的贡献很小。其实最早命名“丝绸之路”的德国地理学家李希霍芬也是在交通线路的意义上来提出丝路的概念的，根据李伯重先生的分析，在地理大发现之前这条洲际道路可以说是连接了世界上最发达的经济核心区——中国和西欧，就旅行人员数量和贸易体量来说，丝绸之路尤其是陆路的丝路表现可能并非卓越，而在政治统治、民族关系、宗教传播、文明交流与对话的层面，影响重要而深远。

大部分时间内朝贡贸易的范围主要是周边各国，并且设立贡期和随贡贸易监视等，尤其是在明清两代大部分时间里，除朝贡贸易以外，民间与海外的经济联系是被严厉禁止的。明初一直实行“海禁”，规定“片板不许下海”[2]“滨海居民不许与外洋番人贸易”[3]，颁布了凡“将人口军器出境及下海者绞”[4]的严刑峻法。洪武二十七年（1394年），又以海外诸夷多诈，诏命严禁私下诸番互市，绝其往来。沿海居民私下与诸番贸易，引诱蛮夷为盗，命礼部严加禁绝，违者必绳之以重

1 〔美〕黄仁宇：《十六世纪明代中国之财政与税收》，阿风等译，生活·读书·新知三联书店，2001年。

2 《明太祖实录》卷七〇，“中研院”历史语言研究所校，中国书店，1983年。

3 陈寿祺等：《福建通志》卷二六七，台北华文书局股份有限公司，1968年。

4 薛允升：《唐明律合编》卷八，法律出版社，1999年。

法。凡番香番货均不许贩卖，其现有存货限令两个月内销罄。至于两广所产香木，听土人自用，也不许越岭货卖，“盖虑其混杂番香销售”[1]。英宗正统十四年（1449年），因濒海居民私通外国贸易番货，常泄露“事情”并引海贼劫掠边地，故特命申禁。景帝景泰三年（1452年），命刑部出榜禁约福建沿海居民，“毋得由贩中国货物，置造军器，驾海船交接琉球国。招引为寇”。[2]直到隆庆年间（1567—1572年），这种禁令才逐渐部分开放，允许个人从事海外贸易，贸易的主要内容仍以“珍奇”“异物”为主，相当于今日的奢侈品贸易，不过，贸易的开放很快就因明王朝的灭亡而中断。清朝初年重新贯彻严格的海禁制度，之后的一段时期政府对海外贸易的管制时紧时松，但总体上依然对私人从事对外贸易施以很大限制。清王朝还严格控制有朝贡关系的国家范围，把它们称为属国，双方的政治经济文化交往比较频繁，但是对那些与清王朝没有朝贡关系的国家，则不予往来，甚至冷漠拒绝主动提出要来朝贡的国家。

其实随着16、17世纪以来世界体系的形成，不管自身有什么立场坚持和自我定位，以朝贡为特征的亚洲区域必然要受到来自欧洲的影响，欧洲国家相继跨海而来。前期以葡

1　王圻：《续文献通考》卷二十六，台北文海出版社有限公司，1984年。

2　同上。

萄牙和荷兰为主，后期以英国、法国和美国为主，中国东南沿海成了中国和西方国家交锋的前线。中国和欧洲的关系不仅表现为欧洲单个国家与中国的双边关系，诸如中葡、中荷关系和中英关系等，从18世纪末期开始，还出现中国与多个欧洲国家同时发生关联的多边关系网。这表明不管你情不情愿，中国再也不能对欧洲发生的事件置身事外。这些多边关系，加上英国在1795年、1816年分别遣马戛尔尼和阿美士德使团访华，要求与中国平等来往，已经对东亚朝贡体系发起了强力冲击。但由于当时的历史条件，直到鸦片战争之前，中西关系的发展依然没有突破原有的格局。在“天朝”体制下，在“夷夏”观念的制约中，清朝官员对于“逆夷”主张“进剿”几乎是出于本能。到了19世纪，随着国力的相对衰微，清朝对于希望进入朝贡贸易体制内的国家更是严加选择，对于在地缘政治之外的国家采取一种防范和不予往来的政策，排除于朝贡贸易体制之外，因而这些国家也就不可能与中国发生对外贸易。

朝贡贸易与集市贸易另一个明显的不同之处在于贸易的物品。中国对于朝贡贸易的物品作了严格的规定，对贸易的范围加以限制，将金、银、铜、铁、缎匹、兵器等规定为违禁品。在朝贡贸易中，周边国家向中国朝贡的物品大致可分为五大类：第一，香料类，如胡椒、苏木、丁香、沉香等;第二，海外奇珍类，如玛瑙、水晶、象牙等；第三，手工业类，如金属器皿、贴金扇、金系腰、盔、弓、枪等；第四，药材类，如人参、阿魏、大枫子等；第五，珍禽异兽类，如孔雀、象、白鹿等。在这些贡品中，尤以香料为重，而且可以看出基本上围绕着中国皇室的消费需要。中国源源不断地输往前来朝贡的国家的商品，也多是奢侈品或是对于其他国家来说较为珍稀的物品，包括各种丝绸、棉布、瓷器、铁器等，其中以丝绸、瓷器的数量最大，从近些年世界各国拍卖行成交的中国古董瓷器就可看出当时出口朝贡国的物品之精良和优美。从贸易物品可以了解到，朝贡贸易是一种政治化的贸易，把政治威慑和文化征服赋予贸易之中，并非维系现代结构性经济关系的大众消费品贸易，很难说对国家日常经济生活产生了多大影响。此时欧洲的集市贸易，相对而言是一种更加纯粹的贸易，是为了民众平常物资的交换而贸易，它的兴旺发展对于推进欧洲的商品经济和金融水平有着不可忽视的作用。

站在今日视角对朝贡贸易进行评价难免有失公允，朝贡制度是儒家关于对外事务的一种主张和办法，本身的目的并非贸易，在厚往薄来的不等价交换原则下，以德感召吸引外国到中国的朝廷上来才是开展朝贡制度的本意，所以也无法用“贸易究竟对经济产生了多大促进”作为评价标准。传统中国社会始终重农轻商，对商业行为严格控制，海外贸易的盲目扩大会影响国内经济的稳定，所以中国政府本能地用以自己为中心的“朝贡贸易”体系抵制西方国家的对外贸易体系，实行一种奢侈品贸易而非必需品贸易。在西方民族-国家形成的时候，中国的统治者与人民的思想中暂时还没形成国际体系和民族-国家这样的概念，只是一种朴素的地区性的帝国处理与周边民族关系的理念与制度。在这种制度下，没有主客体互动的观念，不会很热情地积极寻求商贸往来。传统中国统治者对于外来者的态度始终也充满矛盾，一方面，近千年的文化优越感使得他们相信依靠朝贡传递的奢侈物资和大国威严能够感化周围的蛮夷；另一方面，当有别的贸易方式试图进入中国的时候，统治者们对文化和统治受到侵扰颇为忧虑。

六、中国传统市场构成的金融发展

在国内市场体系中，传统中国一直形成的是一种以农业经济为本的贸易。从都市到一般城市再到小集镇，市场地点按照农业分布的区域呈现层级状分布，这些不同层级的市场与农业居民之间存在着复杂的关系。由于农民的自给自足性，当外部形势比较有利的时候，他们就积极参与市场体系，而当社会动荡的时候，农民就缩回自己的村落，取消与外界的联系。

在可进可退的层级市场，农产品和手工业品成为人们进行贸易的基本内容，金融工具的创新和发展也一直围绕人们日常生活和基本生产展开，像灾荒时期的国家信用、富裕阶层的放债取息以及钱币汇兑机构等，这些传统市场中信用的产生和发展，时间还是相当早的。在中国有史记载的最初的几个朝代都已有发生。早在周朝，当时的政府就专门设立“泉府”来处理金融事务，负责办理赊贷和稳定物价，百姓可以向政府借贷，期限视借贷用途而定，政府从中收取利息，用作国用，这是中国最早的信用。春秋战国时期，借贷已经从政府层面扩展到奴隶主、贵族、新兴地主等阶层，像孟尝君之所以能够豢养上千食客就是凭借放债取息，不过当时的借贷都是信用放贷，没有抵押品，只是逐渐发展出了契约之类的凭证。到了秦汉，由于商业的进步，贫富差距的扩大，信用事业得到较大的发展，有了专门从事放款生息的人，一些富商把持放款市场，商人资本和高利贷结合在一起。此时，人们对于钱财的贮藏，基本上处在窖藏阶段，还没有出现从事存款业务的机构。此后，南北朝时期，随着佛教传入中国并且得到统治者的支持，寺庙的地位与日俱增，财力非同小可，遂逐渐成为放贷机构，也有些富商、高官把自己的钱财交给寺庙进行放贷盈利，这样就具有了存款性质。在此期间还出现了最早的“典质”，即一种专门经营放款的正式金融中介机构。典质到唐朝发展为“质库”，已经脱离寺庙的经营，成为商人、官吏、贵族都可以开办的机构，所进行的抵押放款从动产发展为不动产，房屋、田地都可以拿来抵押。此时市场体系的发展需要使用大量款项进行支付，携带这些大量金属货币非常的不便，因此出现了一种商店，专门替商人们保管、暂存现金，这种接近于存款业务的机构被称为“寄附铺”和“柜坊”。在寄附铺和柜坊的业务开展中，常常出现存款人自己无法亲自去取款，委托别人去取或是将所存款项的所有权转给其他人，于是出现“书帖”，即向寄附铺和柜坊发出的要求付款的通知书，这可以说是中国版支票的雏形。但仅此还无法满足商业的需要。一些商人在市场完成交易之后，觉得从寄附铺和柜坊中取出笨重的铜钱再辗转带回老家非常不方便，因此产生对汇兑的需求，在当时被非常形象地叫作“飞钱”。办理飞钱的机构叫作“进奏院”，商人们可以把款项交给交易所在地的进奏院，由进奏院开出一张票据，双方各持一半，商人返回老家后，到当地的进奏院办事机构合券核对，就可以领回款项。在当时的交通情况下，这种合券过程需要一段时间，这实际上就与欧洲商队前往集市时候的汇票一样，包含了利息。在钱币的汇兑方面，也有了金银铺专门经营兑换业务。这种金银铺最初是打造金银首饰的店铺，后来由于黄金白银开始作为支付手段，金银铺就逐渐开始从事兑换业务，有了信用功能。以上这些金融创新和金融工具的实践，在传统中国经济文化高峰的宋朝时期已经初步成型，中国传统金融的发展在解决金融市场信息不对称问题和提高资源配置效率中探索出了自己的途径，已经在存款、放款、汇兑、货币兑换等方面具有完整的形态：

信用的发展集中体现在国家信用的制度化、法律化，也就是王安石变法当中的青苗法和市易法。青苗法是政府向农民提供的农业贷款，具体实施方法是，以存粮和存钱为信贷资金，一年放贷两次，农民可以自愿向政府请贷，贷钱贷粮皆可，然后一次是在正月三十日以前随夏税归还，一次是在五月三十日以前随秋税归还，利率每次2分。[1]青苗法在一定程度上帮助了农民的生产，但它的高利率在当时还是引发了社会舆论的批评。

市易法立足于解决商人的流动资金问题，是政府向民间提供的一种抵押信用。其内容是普通民众可以以田宅或金帛作抵押，向政府赊贷财物，没有抵押物的也可由五人来联合担保，年息2分；商人还可以在货物滞销时将货物卖给政府，在市场需要时，又可以分期付款购回货物。市易法规定的这些事务均由专门的机构“市易务”来完成，由政府出钱作为收购资金和信贷资金，由市易务执行管理，这对于防止大商人垄断、扶持小商户、稳定物价、发展商品流通都具有积极和引导的作用。

青苗法和市易法是时任宋朝宰相王安石在1070年（熙

1　具体贷款的数额依据户等划分，一等户不超过15贯，二等户不超过10贯，三等户不超过6贯，四等户不超过3贯，五等户不超过1.5贯。贷款时按照约定的谷物价格折合粮食归还。

宁三年）推出的大规模改革运动的一部分，连同其他的方田均税法、农田水利法、均输法、置将法、保甲法、保马法等等，统称熙宁变法。这是王安石人生的高光时刻，也是这位仰望星空、胸怀天下的政治家为了改变国家积贫积弱的状态而进行的一场战斗，其本质是将财政税收商业化，促进商品经济生产，因而是符合金融经济发展逻辑的。但他在这场战斗中缺乏战术和妥协，虽在一定程度上改善了政府财政收支状态，但最终随着支持变法的神宗皇帝的去世，王安石的战斗也遗憾落幕。其中原因有当时中国精英阶层保守派与改革派固有的争执，也有王安石自身性格性情的影响。王安石具有那个时代少有的用五行说阐述宇宙的朴素唯物主义观点，还有着“学杜得其硬瘦”的沧桑冷峻、深婉不迫的文学风采，他一身傲骨太过执拗，一个变法搞得旷古三大才子中另两位（司马光和苏东坡）都避他而远之。毛泽东主席对王安石和他的变法有一个很有力度的评述：“可谓有专门之学者矣，而卒以败者，无通识，并不周知社会之故，而行不适之策也。”[1]

在王安石年代，汇兑业务上，肇始于唐朝的“飞钱”这种官营汇兑也有了进一步的发展，并由政府设立专门机构执行，此项业务最兴旺的时候每年可汇兑接近300万贯。但是，

1 毛泽东：《致萧子升信》（1915年9月6日），中共中央文献研究室编：《毛泽东早期文稿》，湖南人民出版社，2008年，第20页。

由于前面我们已经讨论过的纸币在宋朝的出现，汇兑业务后来渐渐失去意义，走向衰落。宋元时期质库和金银铺继续发展，民间金融方面还出现了赊卖和预付款两种商业信用，不仅是商人对消费者赊卖，而且商人对商人赊卖，以及商人对生产者预付款。可以看出，在近代因素萌芽之前，中国国内传统市场所提供的信用发展空间是紧密围绕着大量自耕农和人数不算太多的城市居民的日常生产和生活展开，而对外市场又是朝贡贸易主导，所以金融工具创新集中在钱币汇兑、国家赈济、高利贷等层面。

进入明清时代，近代化的一系列因素开始在中国萌芽，国家渐渐放松了对手工业、商业和商人的政策，并采取一系列恢复和发展社会经济的措施，金融工具和金融市场的发展有了一些新面貌。国内市场活动相对活跃，商品经济获得了比先前较为开明和宽松的发展环境。尤其是明代中叶之后，随着国内商品经济的发展、商品流通范围的扩大和商业资本的活跃，商人的贸易活动越来越多地影响着不同阶层居民的生活，这使国家对商人的限制逐渐减弱，中国传统社会一直以来的重儒轻商、重农抑商的观念开始有所淡化，为此时的金融发展提供了一个较为有利的条件。金融机构和金融工具方面，在发展原有的国家信用、质库、银铺的基础上，更有了当铺、钱庄、票号等新型金融机构的出现，成为传统中国金融发展的一个重要阶段。

明朝的第一个皇帝朱元璋出身民间，对于百姓疾苦有一定认识，因而明初的统治比较注重依靠国家信用赈济荒灾。他设立了专门的预备仓、济农仓等机构，“岁歉，有司往往先发粟赈贷，然后以闻”[1]，也就是在收成不好的时候向百姓贷出粮食，而且不收利息，这缓解了民困，但是对于政府来说没有什么直接的经济效益。清朝重新举办了官办的常平仓、预备仓、营仓来进行经常性的赈贷，另外还有官督民办的社仓和义仓用于赈贷，对救荒起到了一定作用。除了这种为赈济灾荒而产生的贷款外，国家信贷在清朝发展出专门以取利为目的的贷款，称之为“生息银两”。从康熙年间到清朝末年，生息银两一直存在，并且不断制度化。但其所说的“息”也不完全是利息，还有经商所赚取的收益，因此并不是单纯的生息资本。官府所得的“息”，其用途也从一开始对官兵行赏发展为用于其他财政支出。对于民间的高利贷，清朝政府与其他朝代一样规定了最高利率，但经常得不到执行。

已经有了一段发展的质库到了明朝时期开始称为“当铺”，和我们现在的说法相一致，并且完全摆脱寺庙，成为独立的私营金融单位，在各地普遍存在，甚至成为当时最重要的金融机构。这些当铺的资本额最小的为千两，最大的至万

1　张廷玉：《明史》卷七十八，中华书局，1974年，第1895页。

两，他们按照资本额的十分之一向明朝政府纳税。当铺的业务以接当为主，有的也接受存款和经营货币兑换业务，以及经营军粮买卖。政府规定的当铺利息为每月不超过3分利，但当铺实际收息达到3—5分，利润相当可观。

典当业之后经过几百年的发展，在清朝时期已经非常发达，规模庞大，业务普及。据记载，康熙年间全国有大小当铺两万余家，其中有近5000家开设在山西。当铺分为官营当铺和私营当铺，官营当铺包括分属内务府的和分属地方军政机关的两类，官营当铺的资金来源很多是靠上文提到的生息银两，以当铺作为营运生息银两的方式；而私人性的当铺多由官僚、富商开立，当期一般为三年，取息与所当金额大小有关。此时当铺的信用机制已经相当健全和可靠，呈现出相对成熟的金融中介职能，当铺的业务不仅仅是经营抵押放款，同时也经营存款业务、货币兑换和信用放款业务。这些金融业务所产生的经济影响在清朝初年非常显著，政府对其也比较重视。在乾隆年间通货紧缩的时期，政府就试图给当铺白银，要求其将一部分铜钱送官钱局，以使官钱局能够在市场上卖出，以平抑铜价。鸦片战争后，典当行业的资本继续增加，利润更加丰厚，当铺的捐税成为清朝政府的重要收入来源，当铺经常和官府合作，譬如在政府发行纸币时参与搭付搭收的业务等。在普通百姓的日常生活中，当铺也成为融通小额资金的重要方式。后来随着社会条件辗转变迁，钱庄、票号逐渐发展起来，公款往往投入这类新机构中，典当的业务愈来愈少，只保留了抵押放款这一老本行。

钱庄是大约15世纪初出现的，可以说是明朝最重要的金融创新。当时叫作钱铺或是钱店，后来称呼为钱庄。我们在第二章已经讨论过，明朝当时让人头疼的货币问题在于，明朝大明宝钞的通货膨胀导致纸币的流通不利，明朝政府不得不于1435年解除银禁，使白银能够公开流通，这样纸币、铜钱、白银再加上一直都具有贮藏和支付功能的黄金这四种通货居然同时存在于市场上，白银和铜钱的种类又纷乱混杂，比价时常波动，给流通带来很多麻烦，迫切需要几种通货之间彼此相兑换的具有市场信用的机构，钱铺（钱庄）应运而生。它是专门经营货币业务，包括金和银、银和钱、金和钱之间的兑换的金融机构，政府也对这种钱币兑换机构给予肯定，“设立铺户，举世镇殷实之家充之，随其资本多寡，赴官买钱以通交易。其民间有愿赴官领钱者听”[1]。钱庄的规模最初不大，因为资产雄厚的人家都去开设当铺，通常只有少量资产的人才开钱庄。但钱庄的收益其实不菲，发展很快，到了明末已经不仅仅从事钱币兑换业务，还开始积极揽作放款和汇兑。这段时期钱庄的发展，还与隆庆年间的开放海禁和封贡通市有关。明朝一直实行的海禁更多考虑在于防患倭寇

1 《明神宗实录》卷六六，“中研院”历史语言研究所校，中国书店，1983年。

的武装走私，但禁令并没有缓解走私，反而朝廷的收支每况愈下，这使得朝廷内外都对海禁政策有所反思。到了隆庆年间，重臣中出现了高拱、张居正、谭纶等主张海上贸易的一派，隆庆帝最终选择了在走私最甚的月港（今天的福建漳州）解除海禁，把走私贸易变为严格控制的合法贸易，民间的海外贸易需求得到缓解，政府财政得到充盈，也给钱庄带来很多生意。此后，世界白银的三分之一开始源源不断流向中国，隆庆这次解禁可以说是明代社会由封闭走向相对开放的一个重要标志。

钱庄继续发展到清代，已经包括钱店、钱肆、钱局、钱桌、钱号等诸多关联机构，功能涵盖货币兑换、办理存放款、鉴定金银成色、称量重量、签发银钱票等。其中银钱票虽然不同于纸币，但是持票人可以随时向出票的钱庄兑换银钱，这在乾隆时期已经非常流行。钱庄的利率当时为1分左右，比当铺的2分左右要低，不仅以揽存私款为业务，还吸收公款，而且吸收的公款越多，该钱庄的信誉会越高，越有利于私款的吸收。随着清朝工商业的发展，钱庄发挥了日益明显的作用，在乾隆年间超越当铺而成为最重要的金融机构，起着西方银行的作用。政府对钱庄的金融地位也有充分的认知，在制度上进行了一些监督规定，譬如禁止钱庄操纵货币兑换市场的价格等。鸦片战争后，沿海城市对外开放，商品流通得到很大发展，钱庄也相应发展壮大，无论从钱庄数量、拥有的资本额和业务额来看，都有较大增长。

随着中国资本主义经济的发展，钱庄与工商业关系越来越紧密。钱庄开始向资本主义工商业放款，期限最长为6个月，工商业者也都非常愿意与钱庄保持资金融通关系。此时的钱庄还产生庄票等信用凭证，也就是由钱庄签发、标有一定金额、由钱庄负责承兑的票据，有即期和远期两种，即期庄票见票即付，远期庄票到期兑付，庄票还可以流通转让，作为结算工具。到19世纪60年代，钱庄与在华的外国银行间的资金融通关系也活跃起来，钱庄可以用庄票作为抵押，向外国在华银行拆借资金，钱庄的信用得到扩大。中国出口商持有的外国银行支票与出售商品外商持有的庄票可以互相轧抵，便利了贸易。19世纪80年代以后，外国金融机构已经深刻卷入中国金融市场，中国市场上的资金吞吐、汇率涨落很大程度都在外国金融力量掌控之中，作为当时中国金融中心的上海经常爆发金融危机。在这些危机中，一些钱庄由于本身的资本金不足、资金运用不合理而有时会处于困境，到20世纪20、30年代，钱庄业的整体实力和作用已经被银行业远远超出。

在明清的金融近代化元素中，历久弥新的汇兑业务也实现了新发展。汇兑起源于唐代兴起的“飞钱”，在宋代和元代由于纸币的流通而销声匿迹了一段时期，明朝末期由于公开流通白银，银钱并用，这就给了汇兑业务新生机。在顾炎武的《日知录》中，我们可以看到对当时汇兑业务的描述："钞法之兴，因与前代未以银为币，而患钱之重，乃立此法。唐宪宗之飞钱，即如今之会票也"[1]，此时的汇兑主要以汇银为主，进行汇兑的凭证称为"会票"，也就是汇票，并且这种汇票可以流通，具有兑换券的性质。汇兑在清朝进一步阶段性进展，衍发出专业性汇兑机构"票号"。清朝的货币制度没有使用纸币，仍是流通白银和铜钱，这为汇兑的继续发展创造了条件。异地的汇兑结算，最初是靠镖局押运现银，这种收人钱财依靠武装力量来保护财物或人身安全的机构，起源于山西，很快发展到全国，遍及水路和陆路。镖局走镖既要有善于擒拿搏斗的武艺，又要有行走社会的经验和资历，在绿林和官府都要混得开。镖局业务范围不断扩大，从押运现银和货物的传统物流行业，拓展到保护家宅庭院的传统安保行业。但随着清末通商口岸的开辟，商品结算的增多，大笔资金调拨的数量和频率激增，靠镖局运输的方式已经不能满足商人们的需要。于是一些富有的商人开始在不同地方设立分号，利用这些分号以方便支付，后来这些商号有的就发展成为了专门的吸收现款、专营汇兑的金融机构——票号。

票号可以说是近代中国独特的金融组织，作为商业经

1　顾炎武：《日知录集释》卷一一，花山文艺出版社，1990年。

营资本与金融资本的密切结合，将传统的中国商业资本运动推向了最高峰。票号最早出现在山西平遥，道光四年（1824年），颜料商人雷履泰创办了第一个票号——日升昌[1]，从而开始了中国近代一个重要金融机构的发展历程。我们发现，与当铺、镖局的发展非常类似，又是山西走在了传统中国金融创新的前列。

山西这个地方，地处内陆高原，跨黄河、海河两大水系，在新石器时代晚期，已是诸多邦国的中心，考古证据显示公元前2000年左右尧帝的都城就在山西襄汾，山西由此证实了中华文明上下五千年的传奇。山西人经商的传统源远流长，可能是由于农业发展不够发达，农业资源禀赋普通，山西人很早就有外出寻求营生的传统。山西商人和意大利商人有着相近的精神气质，从隋唐时期资助李渊父子起兵的武士彟[2]算起，历经宋元两朝的经济发达和商业活跃，到明代“开中制”[3]政策实施时，晋商已经遍布全国，并且以诚信和抱团深得赞赏。道光年间，此时晋商经过多年积累，资本非常雄厚，之前为筹集大额资本和远途运输设立的存放款机构“账局”作

1 参见魏聚贤编：《山西票号史》，说文社，1944年，第11页。

2 木材商人，武则天之父。

3 开中制是指明朝洪武时期鼓励商人运输军需物资到边塞，换取盐引取得贩卖食盐资格，并在政府指定场所进行销售的制度。这种制度打破了国家的食盐专卖权，促进了食盐的商品贸易，调动了商人积极性，也缓解了边疆粮草不足问题，但在实行过程中官商勾结、营私舞弊问题频频。

为票号的前身，储备了丰富的经营经验和老练的金融从业人员，并且不断尝试金融工具和技术的创新，从某种意义上说，山西商人在传统中国金融工具演变中的角色非常类似于意大利商人在欧洲集市贸易中的角色，很多金融工具的创新也与意大利商人一样是在长距离贸易中生发出来。山西票号出现后发展迅猛，显赫一时，其代表区域在平遥县，当时聚集了当铺、镖局、钱庄、票号、银楼等金融机构700余家，这些金融中介的作用已经接近现代金融的核心价值，即完成在不确定条件下资源的跨时配置问题，在解决了金融市场信息不对称问题后，将资金从缺乏生产性投资机会的一方向具有生产性投资机会的一方转移。平遥这座古城现在被联合国教科文组织评为世界文化遗产，世界遗产委员会对其的评价包括两个方面：呈现明清两代完整的建筑风格和展现19—20世纪中国金融业中心。探访今日的平遥古城，可以看到肃穆规整的古城依然熙熙攘攘，雷履泰的日升昌就在城内西大街路南，此外还有协同庆票号、蔚泰厚票号、蔚盛长票号、百川通票号等很多旧址，这些晋商大院的青砖灰瓦上似乎还倒映着那个时代金融中心的光影。

票号作为商人从事埠际货币汇兑的专业信用机构，促进了国内商品的流通，对近代中国对外贸易的增长起到显著的推动作用。此时的票号一般是独资或合资的形式，以合同方式确立合资关系，股东皆负有无限责任；票号的出资人往往会聘用专门的经营人员，即经理，将经营业务委托给经理，经理拥有充分的业务经营权、资金使用权和人事任免权，年终出资人会对经理的业绩进行评价考核，按股均分盈亏；其激励制度的核心是身股制，经营者可以凭人力资本入股，与资本所有者共同分享经营利润。经营权与管理权分离，同时还有解决委托-代理问题的相应技术手段，票号的这些制度安排已经与当今的现代企业制度和股权激励理论非常接近。票号在当时的主要业务是汇兑，日益兴盛的对外贸易活动中的商业资金调拨很多都由票号完成，此外还承担清政府捐纳、捐监款项的汇解：清朝政府后期由于财政拮据，捐纳捐监激增，这类款项在票号的业务中占有相当的地位。同时，票号也开展存放款的业务，其中主要以揽存公款为主，而政府的公款原先主要在当铺，后来随着钱庄和票号的发展，公款逐渐转移过来，这些款项无疑对于票号的资金周转起着重要作用。

甲午战争时期，票号发展到鼎盛，官方汇兑的业务越来越多，各省的财政收入和支出的汇解都由票号办理。洋务运动兴办的近代军事工业和民用工业的洋务经费大多由票号汇兑，清政府此时的大量借款和赔款也依靠票号汇兑至外国银行，这些都成为票号的大宗业务。在当时上海的金融界，外国银行、山西票号和上海钱庄呈现鼎足之势。从票号与钱庄的关系看，在上海从事进出口贸易的商人在金融调度上主要使用钱庄庄票，但上海钱庄的资金并不雄厚，它之所以能够在对外贸易活动中提供数十倍于资本的信用贷款，还是因为它取得了外国在华银行和中国票号的信用支持。从资金运动的角度分析，钱庄并不是票号信贷资金的归宿，票号贷放给钱庄的资金必然要流到经营国内外贸易的商人手中，就是说，票号的生息资本通过钱庄以经营资本形式活跃于国内市场。因而，票号的信贷活动及其与钱庄的配合加速了口岸和内地城镇商品流转的速度，既扩大了国内市场，又促进了对外贸易的发展。

总的来说，随着近代化因素的萌发和传统中国社会形态的演化，明清时期的国家信用、当铺、汇兑、钱庄所构成的金融体制和金融市场，在清末受到西方金融制度冲击之前，是一种在传统中国特有的市场环境和文化传统中自发性生长，大部分时期是与中国的社会经济情景以及人们的思想意识状况相适应的。金融制度的布局和支付工具的演化，对当时以及未来相当长的经济发展和经济效率必然会产生重要影响。这也使我们想到王国斌教授曾经对家庭结构限制中国经济效率增长的质疑：王教授认为不能武断认为是马尔萨斯式的抑制局限了中国效率，中国效率是否低下以及中国问题根源背后有更复杂的因素。这里所探讨的金融结构与工具，应该是这些因素中的一部分。

第五章　从金融工具到金融市场

一、股份公司、复式记账及资本市场的诞生

股份公司的起源可追溯到古罗马时代，是与当时频繁的战争和商业繁荣相联系的，最早出现了“包税商”“船夫行会”等类似公司的组织形式。但这种类似公司的团体在欧洲长达几百年的时期里并未得以延续，由于日耳曼人入侵和罗马帝国灭亡而产生的商业衰落和城市废弃，破坏了这种公司性质组织存在的基础。直至10世纪之后，贸易与城市重新发展，在支付为轴的金融工具不断创新的刺激下，公司这一重要的金融组织形式才再次萌生。

前文中我们已经讨论，公元10—14世纪，欧洲的商业贸易在重商主义的影响下十分发达，此时的合作制度已经从农业扩展到采矿业，深入行会的经营活动中，并且还突出体现在集市贸易和对外贸易上。当时的贸易渠道有一部分是海运，由于海上贸易投资大、风险大、商船常遭海盗拦截，海上贸易有可能人财两空，单个资本无力承担，这就需要一种

易于集资又能把投资风险分散化的经营模式。于是在意大利一带的地中海沿岸出现了最早的股份公司组织——康梅达（Commenda）和索塞特（Societa）。康梅达组织是借贷与合伙公司的综合，是为了适应需要长期占用大量资金的“远距离贸易”而产生的。这种经济组织既可集资，又可使投资者少担风险，还能委托专人经营。一些有资本的人既想得到利润又不愿冒险，就可以以资本所有者的身份，以分享利润作为条件，将资本预付、委托给船主和独立的商人或其他人，让他们去经营，资本所有者以自己所预付的资本负有限责任。这种组织后来还发展到内陆城市，出现了集众入股的商业组织。最先吸引的股东是商人和王公贵族，随后平民也加入进来，出现了股份经济，这种股份经济往往由官方出面组织并监督其业务，其股份不能转让，只能退股。索塞特，是当时合伙公司的另一种主要形式，也是一种更为稳定和持久的合伙形式。在这种组织中，每个合伙人都是另外的合伙人的代理人，并以其全部私人财产对企业的债务负责，实质上可以看作近代无限公司的雏形。

这种最初的股份公司在15世纪得到一次大飞跃，起因即是著名的地理大发现。开辟新航线、探索新大陆、发展新贸易的事业，并不是靠几个富有冒险精神的航海爱好者的美好愿望就可以实现。在前面讨论货币发展的过程中，我们了解到此时的欧洲受贵金属缺乏的困扰，淘金热在很多国家的君主、伯爵和贵族脑海中萦绕，距离马可·波罗写成的中国游记已经过去两三百年，东方神秘世界对这些王公贵族的吸引并不曾减弱。但1453年奥斯曼土耳其帝国占领君士坦丁堡之后，西欧各国通往亚洲的贸易通道被堵塞，开辟绕开奥斯曼帝国的新贸易路线迫在眉睫。同时还有些王室正在为财政问题而烦恼，比如英国，既有的借债、征税等方法已经用得差不多了，转让贸易权利成为还能采用的新财路。按照当时英国王室、政府与公民之间的权利规则，如果有人发现了新大陆或是探索了已经授权的个人或公司之外的新航道，那么女王可以授予他垄断权，并且从中取得分成。此时欧洲的商业经济也随着集市贸易发展到新阶段，日内瓦集市、里昂集市、安特卫普集市的贸易活动如火如荼，不断有新的金融工具和资本聚集方式涌现。此外，中国罗盘经由阿拉伯人传入欧洲，造船术也有了新进展，这些都给探险家们准备好了历史的布景。于是，出现了一批航海家，和今天拿着商业计划书四处寻找风险投资的创业者类似，他们四处游说自己的探险计划，在一个国家或是一个伯爵处碰壁不要紧，总有其他的接盘侠。来自意大利热那亚的哥伦布就是这样，在法国、葡萄牙、英国转了一大圈后，他终于在西班牙的资助下发现了“美洲新大陆”，以至于今天我们提起这段探险，都快忘了他的祖籍意大利。同时期，达伽马驶向印度洋，卡伯特从纽芬兰岛去往佛罗里达，麦哲伦发现了从欧洲经非洲好望角再到印度洋及亚洲国家的海上航线。这些地理大发现和东西方海上通道的开辟，使世界贸易的中心由地中海转移到大西洋，由西半球转移到东亚，一个世界体系的经济往来开始形成。

如果我们大谈大航海时代卓越的航行技术和探险精神，那此处必须提起比哥伦布们早近一百年的中国郑和船队。这支船队每次出海平均携带船200余艘，船体44丈（合137米），船员水手1000余名。这是什么概念呢？哥伦布、达伽马的船只有不到20米长，而21世纪的今天，嘉年华公司从纽约出发前往加勒比海观光的邮轮可以承载游客3000名。根据史料分析，郑和的超级船队到达了东亚和南亚的大部分地区，很有可能也经过了波斯湾、东非乃至美洲大陆，因为这些航线对于郑和来说没有技术上的障碍，在画出了海图、掌握了信风之后，这些航线都不是问题，只要郑和有这份意愿。与哥伦布们非常不同的是，郑和不需要作为创业团队去争取航海资金：中国皇帝明成祖的圣旨开启了中国大航海时代；并且中国皇帝不需要占领新土地、开发新贸易，地大物博的传统帝国此时航海的目的与朝贡贸易非常类似，无非是宣德化而柔远人，顺道带回一些长颈鹿、鸵鸟等珍奇玩意已经觉得很有乐趣。梁启超在郑和下西洋500年后曾经为其立传，在赞叹祖国大航海家的同时，梁启超指出当时朝廷“其希望之性质安在，则雄主之野心，欲博怀柔远人、万国来同等虚誉，聊以自娱耳”。

欧洲却不这么想，此时的文艺复兴与宗教改革，赋予商业经营更多的精神支持和思想准备，各国之间贸易规模越来越大，竞争也越来越激烈，而且贸易的成本更高，投机性更强，越来越需要一个拥有公共财产、能作为一个单位为股东利益而进行贸易并平等分享收益的制度。于是，为了适应远洋贸易的发展，需要建立一大批专营贸易的公司。当时西欧各国盛行重商主义，政府不承认贸易自由，建立贸易公司必须取得皇家的特许，为了支持本国贸易，西方各国均颁发“特许状”兴建了一批特许贸易公司。其中最为著名的是1600年由英国女王伊丽莎白特许建立的东印度公司和1602年荷兰成立的东印度公司。这与大航海发现了不必经由葡萄牙、从好望角可以直接与亚洲开展贸易密切相关，两家东印度公司当初成立的主旨都是要与葡萄牙竞争与亚洲的香料贸易。一开始的东印度公司，只是单次航行之后瓜分利润的航海协定，是一种临时性的松散组织，并不具有稳定性，可能是以一次航行为限，也可能以几次航行为限。这种涣散的团体在几次成功航行后，逐渐紧密起来，每次航行筹集的资金也越来越多，1613年东印度公司为四次航行筹集了429000英镑，1617年又为七次航行筹集了1700000英镑，整个公司拥有了36条商船，共计934名出资股东。此时的东印度公司已经具备了股份制公司的许多特征：比如依靠募集股金建立，具有法人地位，由董事会领导下的经理人员来经营，公司设立股东大会作为最高权力机构，由股东大会选出60名董事组成董事会作为公司决策机构，另选17人组成经理会为执行机构，公司所得按股份进行分红等等。尤其是荷兰东印度公司对股东有限责任的规定，使这家公司成为近代股份有限公司的排头兵。

东印度公司带来了很多仿效者，1553—1680年，在英国先后成立了49个远洋贸易公司，它们从国王那里获得特许，专营海外某一地区的商业。1599—1789年，法国也建立了70多家这类公司，不过这些公司成功的并不多，最后在1789年的大革命中消失了。德国、瑞典、丹麦、俄罗斯也纷纷成立股份制公司，除了涉及商业贸易领域，这些特许公司还逐渐进入冶金、采矿等行业，他们在承担一定贸易义务的同时，还拥有了垄断性特权，或者垄断经营某一行业，或者垄断海外特定地区的殖民活动。

在股份制公司发展的过程中有一个不可忽视的环节，就是复式记账法的普及。和其他许多金融工具和商业技术的创新一样，复式记账最早也出现在意大利，这种处理企业内部事务的方法具有非常意义。之前即使是贸易规模很大的大商人们记账也像小店主一般，记录赊欠的和已经偿还的账款，他们没有什么账户的概念，还掉的钱就在原先的账目上用笔划掉，因此无法准确看到即时盈亏状况，还会引起账目混乱和低效率运转。复式记账账本的雏形要追溯到1296—1305年的香巴尼集市上，一位佛罗伦萨商人最先制作的账本中，不仅有收支情况的记录，而且每个项目都有相应的借项或是贷项。同时期发展的另外一项技术是在算术方面，13世纪欧洲采用了阿拉伯数字，采用了零，并且把数字排列成固定位置，这在商业记账方面提供了很大便利。要知道之前的罗马体系，如果没有经过大量的艰苦训练，想通过罗马数字进行稍微复杂一点的运算都相当困难，或者说没有可能，这一点我们在后面讲到数学与金融的关联时还会再探讨。在时间数字上，也采用了现代的日期记录方式，比如几月几日等，还把每一日分成了12个小时或是24个小时，这对于科学的管理和精确的记录都是一大进步。此后复式账户慢慢发展，成为将每一个人的交易都归总到一起建立一个往来账户，并且把所有的借项都置于账目的前半部，把所有的贷项都记于账目的后半部。再往后，账户的发展最终达成了一种将借项和贷项分记于同一页的两列上，也就是我们现在所看到的复式记账账本。这种形式下，每一笔交易都要被记录两次，一次记在借项一栏，一次记在贷项一栏，这样账本就总会保持平衡，并能说明资产和债务，以使记账人能判断出自己的盈亏，这对于商人或是企业的日常管理与控制起到了很大的帮助作用，有利于商人和企业主更方便地审查与自己商务有关的事宜。到了我们现在讨论的公司金融大力发展的16世纪，这种复式记账法已经经由安特卫普、伦敦、汉堡等地传往欧洲其他国家，并得到进一步的发展。按照经济学家桑巴特的观点，复式记账标志着资本主义企业的开始，和利润作为经济驱动力的指导原则的胜利。

1600年之后，公司金融取得更多的进展。公司开始将其股本看作长期性的。英国东印度公司最早开始扩大发行具有固定票面价值的股票，发行量根据其对资本的需要而定，这样就可以不必再号召其已有的股东增加股本，而且该公司是最早将利润（公司将它作为股息分掉）与资本（通常由公司保留）加以区分的公司之一。英王詹姆士一世统治期间（1566—1625年），进一步确认了特许贸易公司的法人地位，这就把公司财产同合伙人的个人财产区别开来，承认公司具有和自然人相同的民事权利能力和民事行为能力。取得法人地位的公司袭用中世纪法人团体的名称，称为法人公司。16世纪下半叶，意大利的城市立法中已经明确提到有限合伙企业的说法，1673年法国的商业立法也以“Société en Commandite”的名称肯定了有限合伙企业的建立。

这些分散各处的发展相汇合导致了意想不到的结果是：一个复杂的、难以预料的证券市场的产生。1611年，一群商人在荷兰阿姆斯特丹进行荷兰东印度公司的股票交易，从而形成第一个正式的股票交易所。只交易一家公司的股票，如此单调而有限的金融资产如何支撑一所交易所？答案还是流动性。荷兰当时战争融资的迫切性和股票的回报性吸引了各行各业前赴后继的投资者，并且与英国东印度公司只面向英国人出售股票不同，荷兰东印度公司可以说面向所有欧洲投资者，即使东印度公司的股票并没有什么实质的投票权，但其吸引人的股息和回报足以使其流动性充沛。

早期的这些证券市场，差不多都是由持有股份的商人和经营证券者的一种非正规的聚会演化而来。赫赫有名的英国第一个证券交易所——伦敦交易所的前身，就是1773年在伦敦柴思胡同（Change Alley）的乔纳森咖啡馆（Jonathan's Coffee-House）中成立的。柴思胡同的地理位置非常优越，连接着皇家交易所和邮局，在那个没有手机、电话和SNS的年代，信息最重要的来源就是邮局，站在邮局前面可能就比别人更早了解到影响股票交易的关键信息，并由此在交易中获利。咖啡也是那个时代的时髦词儿，从地理大发现开始，也门摩卡港的阿拉比卡咖啡豆饮品已经从阿拉伯世界漂洋过海来到欧洲大陆，逐渐成为一种身份识别象征，并勾画出社会交往圈子。在咖啡馆里，伏尔泰可以构思《哲学通信》，罗伯斯庇尔和丹东也能讨论大革命的计划，同样，大量的股票交易人越来越不约而同地聚集在咖啡馆里互通有无。柴思胡同里的乔纳森咖啡馆就是这样的场所，从现在能找到的图片和画稿来看，这是一家放在今日都特别具备格调和风范的建筑，交易者们在这里很舒服地一边喝咖啡一边聊市场、交流各种官方信息和小道消息，也不乏类似路演的各种演说和辩论，逐渐有心人会把手里掌握的股票和商品的信息与价格罗列成表格，便于交流。再随后一个名为约翰·卡斯塔因（John Castaing）的经纪人把这些散落的信息编制成题为“交易与其他事项的流程”的手册，非常受欢迎，极大便利了咖啡馆的客人们，最终这样的手册挂在了咖啡馆内。也有记者在喝了一天咖啡，吃够了司康、松饼和苹果派后把这些数据和信息带回报社出版，股市公告牌雏形就此出现。就这样，十几年后，就在原乔纳森咖啡馆的旧址上，伦敦证券交易所闪亮登场。

和伦敦金融家们很相似，大西洋另一端的美利坚，在我们耳熟能详的那棵梧桐树下开始了纽约证券交易所的最初活动。1792年，由于不满政府定期交易股票中的制度安排，24名股票经纪人在华尔街68号的一棵梧桐树下聚会，商定了关于在24人之间进行股票交易的条款和佣金标准，有些行会自律的意味，史称“梧桐树协议”（Buttonwood Agreement）。但树下交易难免各种不便，于是咖啡馆再次出现在金融历史中，24个经纪人当中有位咖啡馆老板Hugh Smith，便呼朋唤友招呼同伴们到他位于华尔街的唐金咖啡馆（Tontine Coffee House）坐坐，很快这里成为梧桐树协议签署者们聚集交易的地方，在咖啡豆的醇香中，日后引领世界股票交易的风向盘——纽约证券交易所初具规模。

这一批交易所的发展，非常大程度上促进了资本市场的流动性，在投资人、股份公司、经纪人等众多市场角色中，交易所发挥了中央中心的信用作用，通过相应的制度安排连接各方的资金往来，消除信息不对称，减少道德风险，为有生产性投资机会的公司筹集资金，保持证券的流动性，这为公司的发展和金融市场的成熟走出坚实的步伐。

在此之后公司金融的发展进入一个普遍化的阶段。其实到了18世纪初，特许贸易公司的高额利润促使商人们跃跃欲试，很快他们就发现即使没有“特许状”，也可以仿效特许公司来组织自己的商业组织，通过发行股票来吸引投资者，并且这些股票可以转让，当时称这种公司为“合股公司”（Joint-Stock Company）。合股公司与早先的特许贸易公司不同，不是皇家特许的；但它们也与普通的合伙企业不一样，因为它们的股票可以自由转让，股东只负有限责任；企业的经营活动是由被股东授权的经理人运营，而不是股票持有者直接管理企业。随着南海公司的创建和其股票价格的一度飙升，这类有限公司如雨后春笋般建立起来，1719—1720年共有约200家新股份公司出现。但是股票的投资狂潮导致1720年发生了近代首次金融危机，也就是著名的南海泡沫，资本市场的首次崩溃沉重打击了人们对于股份公司的热情，善后工作也深刻地影响了金融市场的走向，所以南海公司在金融历史中的重磅地位，值得我们回顾。

这家公司成立于1711年，牵头人是英国当时的财政大臣罗伯特·哈利，哈利带领新公司的目的就是缓解政府的财政困境，开展贩奴贸易。具体的方式非常有创意，且不管贩奴贸易的业务量有多少、收益如何，民众可以用手里已经跌破面值、兑现无望的政府债券换取南海公司的股份，南海公司取得这部分政府债券后不急着跟政府要巨额本金，而是每年只收取6%的利息，剩下要做的就是抬高南海公司股价，这样就能够以数量较少的股份换取更多的政府债券，形成了一个多赢的局面：不用关注主营业务的南海公司靠越来越多的政府债券每年获取利息，老百姓把已经呆坏账的政府债券顺利脱手，政府避免了还不出本金的尴尬，每年只需支付利率相当合理的利息。当然，所有这一切，还得依靠刚才提到的柴思胡同里乔纳森咖啡馆里的红火交易来烘托。1720年的8个月间，南海公司的股价从116英镑跳涨到950英镑，随后在本为保护南海公司特许经营的《泡沫法案》出台后，意外开始暴跌，一场非理性繁荣荒诞收场。连擅长金融的物理学家牛顿也在亏了很多身家之后一声叹息："我能算准天体的运动，却无法估计人类的疯狂。"此次风波极大地影响了股份公司的声誉，之后股份公司转入低潮期。

二、运河热、铁路热与约翰·劳的狂热

1750年左右，随着工业革命的深入，棉花、煤炭、钢铁的需求愈加旺盛，高度集中的工业产业和大宗笨重商品的流

通对于交通运输状况提出了更高的要求，改善内河航行条件和修筑运河迫在眉睫，加之英国本身自然条件比较有利，降雨量多且天然河道丰富，于是英国上下掀起了一场运河热。1763年布里奇沃特公爵依靠自己的30万英镑投资，修建了一条连接他所拥有的煤矿至曼彻斯特中心城区的运河，在引发曼彻斯特煤价大跌的同时，吸引了无数羡慕和模仿的追随者，身处各个行业的企业主纷纷投资运河事业。其间新建42条运河，总运河长度增长一倍，这些运河构成的交通运输基础设施降低了运输成本，加快了城镇化发展，使英国较大城市之间基本上都有运河相通，不仅加速了工业革命的步伐，也使英国民众的生活状态为之一新。运河热共耗资650万英镑，这笔资金的筹集使得又一批股份公司应运而生，而且这些公司所发股票面额较大，一般的都达到了200英镑。这些股票成功推销给当时的绅士、商人和其他有地位的人，这成为股份公司发展的另一个阶段。不过当时的伦敦资本市场只是经营英格兰公司、南海公司、东印度公司等少数几家公司的证券，运河热中产生的股票则大多在伦敦以外的其他城市进行交易。

兴建运河需要的资本投入其实非常高昂，连亚当·斯密当时都怀疑运河的成本负担问题。出于节约资金的考虑，很多运河河道狭窄，经过一段时间的社会经济发展，到19世纪上半期，过窄的运河已经不能适应新时期运输水平的要求（当然，还有很多运河时至今日还在运转，有的成为了城市水系风景和抢手的商业楼盘），此时出现了更吸引人的交通工具——铁路。“铁路热”接棒“运河热”在欧洲各国掀起，其广度和规模甚至大大超过了“运河热”。1825年，蒸汽机车之父乔治·史蒂芬森在斯托克顿和达灵顿之间修建了世界上第一条商业化运营的铁路。在维多利亚女王乘坐了火车并表示感觉良好之后，史蒂芬森成为英国多条铁路的总工程师，掀开了英国大规模进行铁道基础设施建设的大幕。在史蒂芬森解决了技术和信任问题后，资本家乔治·赫德森的出现使这次铁路热更一发不可收拾：他开启了利用高额红利许诺向公众融资的筹集资金方式，并利用筹集的资金不断兴建铁路和收购他人的铁路，赫德森的资本运作和公众的投资热情高涨，在这种类似庞氏骗局的情况下，最终铁路泡沫破裂，很多知名人士都在这场泡沫中热晕了头脑，包括正忙着写《简爱》和《呼啸山庄》的勃朗特姐妹。

与运河热一样，铁路热带动了新一轮的股份公司热潮。而且此间，鉴于已经无法监督大量的未注册企业，英国政府于1824年废除了《泡沫法案》，对股份公司的限制取消了，又随着蒸汽机的发明与应用，一大批需要大量资本支持的产业公司纷纷建立。1824年英国设立234家大公司，其中主要是铁路公司和汽船公司。1834—1836年，在新成立的300家公司中，铁路公司居于首位，仅1847年就有4000万英镑用于铁路建设的新股份。当时时常发生催交股款的时候，已缴纳认购金的认购者无法按时履约，但是已开工的铁路需要资金，或是股市行情下跌导致建设后继款项不足，这些就催生了流通股、优先股、公司债券等新型金融工具的出现。随后的许多矿业公司也由于其投机性较大而采取流通股的方式。在此阶段，利物浦股票交易所和曼彻斯特股票交易所分别于1827年和1830年成立，使铁路热中的股票交易制度化，并且迅速升温，截至1885年，英国的资本市场已达12家，1900年发展为21家。

可以看出，在经过南海泡沫之后，英国对股票市场的严厉管制在持续一个世纪之后被取消，英国金融系统继续以股票市场为主导演进。而几乎与英国南海泡沫同时发生的法国密西西比泡沫却没有走上同样的历史轨迹。

密西西比泡沫，始于约翰·劳这个有着丰富人格和神奇履历的金融家。很难用特别准确的词汇对约翰·劳进行定义，疯子、骗子、贪婪者这些标签显然太过肤浅。劳出生在苏格兰的金匠家庭，回想前文我们对货币发展历程的探讨，金匠其实就是那个时代银行家的雏形，金银块的保存、支取当中已经有了最初的借贷和信用，可以说劳从小就生活在金融创新的家庭氛围中，再加之他天性聪颖，特别擅长且钻研数学，还擅长网球、交际，基本上就是中产家庭成长起来的杰出青年。然而和情敌的一场决斗且致其死亡，使劳只能远离家乡，游历欧洲，凭借卓越的数学才华在赌博事业上收获了足以尽享人生的财富，毕竟那个时代赌场里能够利用概率论和博弈论的人才并不多。但是劳的人生不想如此简单，他深刻而创新的金融理论需要一个实践的空间，他选择了法国。此时的法兰西，路易十四人没了但债还在，巨额的债务使摄政王同意劳把他的复兴计划放手一试。劳首先成立了后来改名为皇家银行的兴业银行，发行以铸币为准备的纸币（后来发行准备逐渐弱化），他认为货币只是支付媒介而不是支付目的，流通中不是必须铸币，可以通过纸币发行数量来保证流通，随后政府进一步规定民众需要用纸币缴纳税款。这种对纸币的看法听起来很耳熟，其实与我们讲过的克纳普的纸币信用观点和赖特的税收驱动理论有着相似的逻辑，劳甚至还出版过关于货币数量理论的书籍。在银行取得成功以后，劳进一步成立了特许经营公司密西西比公司，民众可以拿皇家银行发行的纸币来购买收益非常可观的密西西比公司股份，密西西比公司拿这些纸币借给政府，政府于是也有钱偿还民众购买的政府债券了，这看上去又是多赢的局面，并且比南海公司更加富有创新精神：银行和投资公司的合营，这是当代金融市场混业经营的逻辑。劳还进一步并购了其他特许经营公司和实体经济公司，当上了法国财政部长，掌控了皇家铸币厂和国家税收，成为没有争议的世界首富，从而登上人生巅峰。随后与南海公司一样，劳的银行和公司也成为狂热投机的对象，纸币发行严重膨胀，银行储备却非常有限。风言风语中爆发了投资人大规模兑换金银浪潮，股票开始恶性下跌，劳再次游荡欧洲，身无分文客死他乡。抛开密西西比巨大泡沫及带给社会经济和公众的伤害，对于这样的一位人物，还是应该公允地承认他作为一位金融理论学者和创新实践者的历史角色。

无论南海泡沫还是密西西比泡沫，乃至再往前的郁金香狂热，这些投机泡沫的膨胀和破灭，都可以看到从众行为的关键作用。也许，从凯恩斯到格林斯潘都强调的“动物精神”，应该成为我们看待泡沫的重要线索。在动物精神中，人们对于恐惧的反应比对狂热剧烈得多。另一方面，还可以看到，英法两国对待泡沫有不同的反思，英国在南海泡沫过去之后，仍回到了股票市场唱重头戏的金融发展道路上，而法国在密西西比泡沫之后对股票市场的管制持续了相当长的时间，抑制了公开招股公司的发展，使得法国的公司证券市场在19世纪乃至20世纪的大部分时间里都没有实质的演进，这也形成法国以银行为主导的金融系统。并且，英法面对金融危机的两种应对，深刻影响了其他欧洲国家乃至美国、日本，直至今日，西方国家仍旧有着市场主导型和银行主导型两种金融系统。

再回到19世纪，伴随资本市场的发展，欧洲各国的银行等金融机构开始采用股份制。股份制在金融领域的发展是晚于贸易领域的。但在此时，贸易和交通运输行业，仅仅依靠建立公司来筹集资本已经不够，开始需要银行贷款的支持。即使通过公司形式进行集资，也往往要借助金融机构发行股票。这就刺激了此时银行业的发展。由于银行投资风险较大，一遇到经济危机，除了国家银行以外，其他性质的比如私人银行、合伙银行很容易倒闭，这鼓励了股份制银行的建立。甚至连法国1800年成立的中央银行——法兰西银行也采取了股份银行的形式，其初始资本为3000万法郎，分3万股，每股1000法郎，国家出资500万法郎，占1/6。之后于1848、1863、1864年分别成立的国民贴现银行、里昂信贷银行、法国兴业银行等也都是民间股份银行。进入19世纪中叶，这场股份制银行的风潮更加迅猛。1841年，英格兰和威尔士共设有115家股份银行，合伙银行则由1821年的781家迅速减到1841年的321家，股份银行的规模也大大超过了合伙银行。这些股份银行的建立，一方面是股份公司的发展，另一方面他们也为其他行业的股份公司提供金融支持。银行资本与产业资本的融合在德国表现得最为突出。德国的资本主义起步较晚，但是到了19世纪，德国政府开始运用国家力量来实现资本主义的崛起，大力发展股份制，并将发展股份经济作为国策。将大量的私人企业、非股份企业改组成为股份有限公司，这种迅速而大规模的改组企业组织形态，是个人或是单个企业难以完成的，因而德国倡导银行对产业股份公司进行认股，提供追加资本，并广泛实行股票委托制，使银行作为大股东的地位进一步加强。

1844年，英国议会通过了《公司法》，规定建立公司不必事先获得特许，只要通过简单程序就可以获准登记。不过在这种合股公司中，股东的债务责任仍然是无限责任。到了1856年，英国议会最终正式确认注册公司对债务只负有限的赔偿责任。这样，公司制度的基本框架就在欧洲正式确立起来。

三、工业革命的金融动力：资本市场的重要贡献

19世纪下半期，由工业革命带来的科学技术发展使得许多新发明新技术应用于工业生产，工业生产从工场手工业向大机器工厂制度过渡。工农业生产的迅速发展，需要全国性的市场和密切的地区经济联系，要求铁路、能源、原料、公用事业等基本建设加大发展力度。面对激烈的市场竞争，有更多的企业采用了股份公司的形式，以求增加实力、扩大规模。这些新产生的股份公司分布范围非常广泛，不仅涉及金融、交通、能源、基础设施，还开始向制造业和商业领域扩散，遍及国民经济各个部门，数量也更加惊人，已经在欧洲各国的经济生活中占有举足轻重的地位。到20世纪初，这种势头更加凌厉：在英国，1901—1910年建立股份公司50000家，1911—1920年建立64000家，1921—1930年建立了86000家。股份公司已占到欧洲各国国民财富的三分之一到

四分之一。

可以说，股份制公司和资本市场的兴起为欧洲完成工业革命、进行现代化转换发挥了重要的作用。资本缺乏通常是经济起飞的重要障碍，发展经济需要大量资金，尤其对中小企业来说，资金更是一种稀缺资源。没有资本的大规模集中和积聚，是难以实现工业化的，或者说如果仅仅依靠资本的自然增长和积累，工业化将是一个缓慢过程。在工业革命前，资本中占主要部分的不是固定资本而是流动资本，尤其是其中构成工人生活资料部分的可变资本。这是由于工业革命前的工业基本上依靠手工劳动，没有什么机器，厂房也很简单，往往是旧的茅舍、场院、教堂等。所以，固定资本比例不仅小，而且易于解决。对于企业家来说，占用资金最多的是购买原材料及其储备，以及支付工人工资。但是，18世纪60年代的情况就不一样了，以蒸汽机动力的使用为标志的工业革命引起了生产工具变革，生产工具的变革必然导致生产经营和管理上的变化。纺织、冶炼、机器制造、造纸、玻璃等行业建立了一系列工厂，许多工人集中在工厂进行系列性的工作，改变了以往分散的个体劳动为主的手工业生产，也改变了过去商业资本控制下的分发原料、加工制作、定期收购、转运出卖的商品产销体制。这样，发展工业就需要越来越大的固定资本，这些资本需求的满足与否将直接影响工业革命的进程。

在欧洲，进行资本的原始积累除了对农民土地的掠夺（圈地运动）外，对外殖民贸易、国内银行制度和资本市场都成为资本需求的重要来源。随着工业革命的深入，所需资金上涨，愈发要求大型金融机构提供资本。这段时期迅速发展起来的股份公司和资本市场为国内资本的集中和积聚创造了一种新的组织形式，能够使社会上的各种分散资金以股份制的形式集中起来，成为商业资本和工业资本，投资风险由多人承担，从而提高了投资于各种工商活动的抗风险能力。个人、商业、银行业都参与到投资和技术创新活动中，也使善于经营的企业家得以逐渐成长为企业家阶层，为工业革命创造更有利的条件。这些方面的进步，带来工商业活动日趋活跃，商业比工业和农业更加能够按照资本主义方式组织起来，更具有资本主义性质。英国也在这样独特的历史进程中，从抽水马桶到避雷针，从棉布到铁路，从金融到实业，从社会风貌到政府体制，全部焕然一新，奠定了日后相当长时间内在世界政治经济中的优越地位。

四、以海上贸易为契机的保险市场

中世纪的海上贸易不仅给股份公司和资本市场提供了发展的迫切需求和实验场景，同时还兴起了金融市场的另一个重要组成部分——保险业。

当时国际贸易的运作方式与我们今天有着很大不同。如今大多数的货物在运送之前就已经被售出，而当时的贸易在货物被送上船的时候，并没有确定的买家，只有到达目的地（有时就是贸易集市的所在地）后才能够酌情卖出，然后商人们往往再用这笔钱购买出发地所需要的物品，随后返航。在航海技术还不甚成熟的当时，沉船事故屡见不鲜，海盗此起彼伏，通信设施的不发达也使得货物的价格信息传达不力，往往出发时所了解到的目的地的货物供需情况和价格水平与真正抵达时已经完全不同了。在此过程中，旅途中的航海危险、货物丢失危险、物品销路不畅风险都由航海商人承担，这实在让人胆战心惊。焦虑的欧洲商人开始思考改进的办法。分散风险有两种思路，思路之一是刚才提到的建立股份公司，思路之二就是寻求能对风险进行补偿的办法。14世纪初的时候，很多商人开始多人合作或是多样化经营，许多大船联合起来集体航行，或是把大宗货物分散在多条船上，寻求专门的商人对他们的货物从天灾、海盗袭击等各个方面进行保险，并支付10%—15%的保险费。[1]这些办法看起来都比较有效，海上贸易较为顺利地不断发展，保险业也在这个过程中不断提炼业务流程和技术手段。

1　具体的形式是用货币向赴其他港口的商人提供一笔贷款，船到目的地时以当地货币偿还，贷方承担损失风险。但当时的自然情况与技术水平，使得保险商并不特别盈利，赔付的比例很高，还经常会遇到故意诈骗保费的情况。

到了16世纪，由于新大陆的发现，欧洲国家的对外贸易获得空前发展，英国在海外开拓及贸易活动中表现尤为积极，进一步促进了海上保险业在英国的发展。由于当时的经营活动都是非正式的，商人们经常会为海上保险中的争议伤脑筋，时常闹到官府。为此，英国于1575年在皇家交易所开设了保险商社，专门负责办理海上保险单的登记，这样做证明了保险合同的存在，也给保险条款的正规化创造了条件。到1601年，英国正式颁布《保险法》，据此设立了一个保险仲裁法庭，处理在保险商社登记的海上保险单的争议案件。保险商社及保险仲裁法庭的出现，通过中央中心建立了保险业的信任机制，减少了大量因海上保险单引起的纠纷，很大程度上解决了贸易商人们的后顾之忧。

在保险业最初的这段时间里，业务发展都还是集中在航海领域，陆路保险并不多见，历史正在等待一个契机。1666年9月2日凌晨，伦敦城一家面包房大意失火，在窜过木质结构的老街巷后，大火席卷泰晤士河边的仓库，此后便一发不可收拾，持续5天的大火涉及伦敦城80%的建筑，焚毁了包括圣保罗大教堂在内的87间教堂、13000间民居，造成超过1000万英镑的损失。这场大火让人们非常痛心，但痛定思痛后也发现几点积极意义：一是带来了伦敦城的重建，圣保罗大教堂、皇家交易所、肯辛顿宫、格林尼治天文台等等一批传世建筑的动工兴建，极大地拉动了内需和基础建设，并成为如今旅游业的经典打卡地；二是解决了困扰伦敦城的鼠疫问题，老鼠都被大火烧死了，很多因为疫情逃离伦敦的人得以返回家园，包括当时在牛津避难的英国王室；三就是促使保险业务突破了海上保险的范围，直接导致火灾保险的出现。

尼古拉斯·巴蓬是伦敦一位经过科班训练的医生，他在获得皇家医学院教师的资格后，或许听从了自己内心的想法，转身投入房屋建材和装修领域，成为伦敦城内资历不凡的建筑商人。在伦敦灾后重建工作中，巴蓬承接了不少业务，更重要的是，在对火灾的反思中产生新的思路，巴蓬瞄准时机组建了第一家火灾保险公司——凤凰火灾保险公司，采取财产投资基金为担保的房产进行火灾保险。许多1666年火灾后重建家园的人们积极参保这种保险，保费的计算当时依据的是房屋租金，并且规定木结构房屋比砖泥结构房屋的保费要贵一倍，这种按照房屋危险情况分类的保险方法，来自巴蓬经年累月的建筑经验，也成为了直至今日火险差别费率的参考。火险公司的开办使得保险业的发展开始和国际贸易渐渐没有了必然的联系，近代保险业逐步地走向成熟。

当然此时（17世纪中叶）的海上保险业务仍在稳步继续发展，在伦敦，这种保险业务开始更多地在咖啡馆内进行经营和交易。又是咖啡馆！咖啡馆在金融市场历史中又一次展现了自己的卓越地位，并且这家咖啡馆比乔纳森咖啡馆和唐金咖啡馆历史更为悠久。1688年，爱德华·劳埃德（Edward

Lloyd）在泰晤士河边一个靠近邮局的地方开始了咖啡馆的经营，这和乔纳森的地理优势相同，因为在通信手段还不发达的年代，邮局意味着信息的快速传递。咖啡馆逐渐汇集了经营海上贸易的船东、商人、经纪人以及高利贷者，这里的一些海事消息往往比较及时准确，很多人习惯于在这里打听消息以及洽谈交易，并且交易规模越来越大，当然，东印度公司的人和相关消息灵通者会特别受到欢迎。这家咖啡馆的独特之处有两点：一是24小时营业，这在今天街角的便利店能实现的事情放到17世纪的生活中，还是蛮新潮的，其原因恐怕不是要深夜卖咖啡，而是随时传递信息；另一个特点是咖啡馆出报纸，一周两期出版“劳埃德日报”，登载关于船舶信息和海外贸易的消息与评论。到了1680年左右，劳埃德咖啡公司已经成为最大的经营保险的公司，后来于1774年11月成立了日后声名卓著的海上保险人组织——劳合社，内部结构和经营方式等方面都进行了改革，其成员分为承保社员和非承保社员。随后鉴于该组织的影响与日俱增且经济效益巨大，英国议会于1871年颁布了《劳合社法》，对于这一团体给予合法地位，并委托劳合社来制定有关保险的单行法规，这是非常不寻常的事情：国家对于咖啡馆的金融创新行为追加了认同，并利用国家的政治资源使金融创新正规化和不断深化。在南海泡沫之后的一段时间，英国保险业曾受到议会立法的一些限制，保险市场得到一次整顿，特许公司以外的其他公司或合伙事业被严禁从事海上保险。但是，立法并没有限制个体承包人的业务，这就给劳合社承保人很大的发展机会。在有了正规地位和国家支持之后，劳合社在随后的发展中，还逐渐将保险视野投向其他非海险领域，他们设计出世界上第一张盗抢险保单、第一张汽车保单和第一张飞机保单，成为经营大多数非寿险业务的保险承保组织，并在长期的业务活动中，形成独具一格的承保方式，即承保人并不与投保人接触，而是通过劳合社经纪人来办理业务，为顾客取得最好条件的保险。直至今日，劳合社仍作为最著名的保险团体活跃于世界保险市场。对了，1912年，英国白星航运公司的一条大船在大西洋失事，负责承保的劳合社在一个月内完成了所有理赔，这条船叫作“泰坦尼克号”。

在17世纪即将结束的时候，人寿保险业也开始了发展进程。最早的人寿保险人是海上保险的承保人，海上贸易商人的生命与其货物通常承保于同一保险单中。到17世纪，人寿保险开始单独发展的时候，对象变成一些商人和贷款偿还担保债务人的生命，形式有短期人身保险、相互人身保险以及年金保险。英国马莎斯人寿保险公司、遗族人寿保险公司、友爱保险社等公司不断在寿险的理论与实践上取得突破，一些科学方法和运算程序被运用到人寿保险领域。到了18世纪，已经出现了保险统计表，继而出现了按年龄计算人寿保险费的方法，这可以说是寿险发展中的一大进步。

一直到南海泡沫爆发之前，整个欧洲的保险业都相当红火，较大规模的公司主导了整个保险市场。[1]但随着1720年的南海泡沫出台的《泡沫法案》，保险公司在18世纪后半期没有在数量上得到发展，直到人们逐渐发现了《泡沫法案》的漏洞，一批非实体性的公司纷纷以设立信托机构的方式成立，其中包括公平保险公司和英国火险公司。英国的近邻法国也在拿破仑战争后，以法国皇家海上保险公司为代表开始了保险业的振兴。非常重要的一点在于，在保险公司的建立热潮中，保险意识和相关知识准备在普通民众和社会文化中也逐渐得到普及，使保险观念深深嵌入欧洲社会制度和生活方式之中，不论经历军事战争、经济危机或是政局动荡，保险业都能在自身的轨迹中逐渐发展。

工业革命开始后，随着经济的繁荣、国际贸易的发展，保险业得到了大力提升。此时由于工厂制的确立而急剧增加的工业人口产生了对于人寿保险的需求，大批简易人寿保险公司成立，并逐渐出现比较新的储蓄寿险品种。这类保险规定：被保险人达到某一特定年龄或在到达这一年龄之前死亡都可领取一笔一定数额带红利或不带红利的款项，这种保险使被保险人有可能直接从保险中受益，因而颇具吸引力，很

1 像在英国，新兴的两大保险公司——皇家交易所和伦敦保险公司，它们与劳埃德公司一起控制了当时英国的保险业。其中，劳埃德公司主要承担海上保险，皇家交易所和伦敦保险公司主要承担火险和人寿险。

受公众欢迎，其营业额已超过了合同制人寿保险的全部营业额。不仅如此，定期保险方式还广泛应用于退休险、购置房屋保险和子女教育保险等多种保险业务。此外，集体人寿险和集体年金保险等特殊业务也逐渐展开。

随着保险额越来越大，很快引发单个保险公司无法承担巨额保险的问题，再保险公司就逐渐普遍起来，保险人可以将自己承保的保险业务向他人进行再保险。这类再保险业务的组织形式分为国际再保险市场、专业再保险公司、兼营分保的保险公司和再保险集团等类型。

同时，随着工业革命的展开，机器大规模投入使用，火车、轮船、汽车等运输工具走进人们的日常生活，重大意外事故的数量和种类也显著增加，意外事故保险出现在历史舞台。比如火车刚刚问世的时候，火车事故经常发生，给人们的身体和生命带来很大危险，所以人们乘坐火车之前往往都要先办理意外事故险手续，保险公司一般根据购买车厢等级的不同给付相应的保险金。

欧洲其他地区的保险发展与英法类似，在英国大力发展海上贸易的时期，西班牙、荷兰、德国都在海上贸易中取得较大进步，在寻求解决风险问题的过程中出现了保险机构，其中阿姆斯特丹、汉堡等地的保险公司还成为欧洲保险市场中的重要成员。到了19世纪初，不仅整个欧洲的保险业实现了卓有成效的发展，成立了一大批保险公司，而且保险的意识更加深入一般民众，企业、家庭、个人都非常普遍地加入保险业。保险市场与资本市场、货币市场一起组成了不断发展、试错和创新的金融市场。

五、公司金融在中国：学习与拷贝

当17、18世纪股份制公司在西方蓬勃发展之时，中国的企业在合伙经营和私人经营的范畴内沿着自身逻辑运营和发展。直至鸦片战争之后，《南京条约》规定开放广州、福州、厦门、宁波、上海为通商口岸，外国商人开始在中国开办和经营公司，这成为最早在中国出现的股份公司。同时，随着这些股份公司的出现，中国最早的股票交易所也应运而生。在中国本土的证券组织产生之前，外商先后成立上海股份公所和上海众业公所进行外国证券交易。当时的公司基本是股份有限公司，分布在贸易、保险、航运、租界公用事业及少量加工制造业，从行业特征来看多数是新兴行业，而非中国传统行业。它们有些原先就开设于本国，五口通商前后逐渐进入中国，在中国境内设立分支机构；有些则是在五口通商前后为了在华经营而专门设立于中国境内。这些公司设立之后，其经营模式和盈利方式极大启发了国内的商人，聪明的中国商人们很快意识到这种新型企业制度的长处。但当时的清政府没有针对股份公司的相应法律法规，国内的商人、买办还无法直接仿效国外公司设立同类组织，不过在各通商口岸，还是有一些有着雄厚实力，并且已经初具近代投资意识的中国人，将自身的资金投入那些由外国商人开设和注册的公司，当时称之为“附股”。这些附股的商人成为中国最早涉足公司领域的人士。以这种附股形式参与公司运作几十年后，也就是19世纪七八十年代，在上海、广州等通商口岸陆续出现几家由中国人自己创办的公司性质的修船厂。不过这种公司形式的企业数量极少，从业范围也极其狭窄，并未形成示范效应。

真正具有代表性意义的中国近代第一家股份制公司的出现是与中国的近代化转向紧密联系的。1872年由清政府出面，采用官督商办形式设立了轮船招商局，这也是当时清政府洋务运动的成果之一。这家公司是近代中国学习西方股份制企业而交出的作业，是具有示范效应的先驱，它通过向民间发行股票（当时叫作“股份票”）的方式招商集股筹集资金而兴办。此后十几年，类似性质的企业增加到了几十家，如开滦矿务局、中兴煤矿公司、汉冶萍煤铁厂矿公司、大生纱厂等知名度非常高的近代企业。它们不仅公开向社会发行股票筹集资金，而且这种股票可以买卖转让，提高了流动性，这成为中国股份公司的源起。这批股份制公司多数都以上海为中心募集资金和买卖股票，在当时中国最重要的报纸《申报》上刊载股票价格，1872—1887年，先后刊载过股票价格的公司有36家，规模可见一斑。从行业领域看，股份制企业遍布交通、能源、金融、纺织、保险、民生和各种矿业，范围比较广泛，其中矿业所占比例超过三分之一，属于比较集中的行业。到这个阶段，这些企业的性质已经分为官督商办和商办两种类型，其资本金在当时来说也算比较大的。像轮船招商局采用的“官督商办”形式，也成为其后很多公司的经营模式，这是早期中国公司的特别之处，它是在传统中国情境之下采用西方典型股份公司形式时发生的一种创新，对于洋务的推动、对西方模式的学习是十分重要的。

在当时，股份公司兴办和发行股票要符合比较严苛的规定。招股集资兴办股份制企业，除要获得当地督抚的批准外，还要获得北洋大臣或南洋大臣的批准，轮船招商局和山东莒州矿务总局甚至还标有“奏准”和“奉旨允准”的字样。也就是说，成立一家股份公司，不仅要省长批准，还要上报外交部长，如果是系统重要性机构，甚至还得国家最高管理者审核，这实在是太不容易了。申报手续都办好之后，在清朝通信手段和金融技术并不发达的情况下，股票的发行同样也不容易。一是要通过朋友圈游说或是利用人与人之间利益关系进行招募或推销，二是要依靠分布于各地的钱庄票号以及招商局的各地分局作为股银的代收点，三就是登报公开招募。发行后的股票上市买卖的业务，是依靠掮客做交易中介，官方也曾经设立过一个平准股票公司，但还没有正式的本国股票的交易市场。

保险公司也在这个时候在中国突飞猛进地复制和移植。外国资本陆续进入中国之后，随着通商贸易的扩大和鸦片的输入，海运量激增，为了应对风浪、海盗等不测风险，一些外商便在中国成立了最早的保险机构。比较著名的有东印度公司发起的谏当保险行、宝顺洋行、怡和洋行和广州的于人保险公司，随后外国资本还成立了上海扬子保险公司、太阳保险公司、太古洋行保险公司等。这些中国出现的第一批保险公司，其中很多耳熟能详的公司名字一直延续至今日的经济生活中。宝顺洋行的旧址上如今是香港中环置地广场，扬子保险公司当年的大楼现在构成上海外滩万国博览建筑群中的农业银行营业部，北京年轻人最中意的三里屯太古里是由以太古洋行为前身而发展至今的上市公司太古股份所开发的，而我大学期间的第一份投资研发兼职，其大股东正是怡和洋行。

外商保险机构发展的过程中，一部分颇有眼光的中国商人、买办开始对这些保险企业进行附股投资，他们在这一过程中既积累了资金，也学到了保险业的相关知识与操作技术，中国本土的近代保险业才得以萌芽。在经过一段时间的附股盈利之后，中国本土的保险业于19世纪60年代转向独立经营，1865年第一家保险公司——义和公司保险行在上海成立，虽然规模较小，主要经营船货运输保险业务，但这是最早模仿西方创立的近代新式金融业组织。

清政府的洋务运动在这个历史时点上直接推动了民族保险业的发展。洋务运动中一系列新式公司的建立，客观上要求有保险公司作为其风险分担的经济保障，此时外国设在中国的保险机构的投保条件往往极其苛刻，已经成立的本土保险业又过于孱弱，洋务企业的保险需求得不到满足，所以清政府决定亲自办保险。1875年正式开始筹备保险招商局，标志着中国本土大规模保险企业的出现，而组织成立招商局的正是唐廷枢、徐润等当年曾附股外商保险公司的买办，他们完成了从附股盈利到独立经营。保险招商局的产生不仅有助于轮船招商局等洋务企业的运转，还带动了一批民族保险企业。1885年，洋务派代表人物李鸿章决定由官督民办的轮船招商局拨银20万两，在上海开办“仁和保险公司”和“济和保险公司”（后合并为“仁济和保险公司”），承保招商局所有的船舶、货栈以及货物运输保险业务。保险招商局及仁济和保险公司这种完全依附于轮船招商局的体制，在开始阶段享受了部分制度红利，赢得机构扩张和业务来源上的便利：成立伊始就建立了上海总局和汉口、宁波、烟台、广东、福建、香港等多个分支机构，甚至还筹划了吕宋、西贡、横滨、大阪等海外机构，如果没有轮船招商局已经建立的营业机构网络，这个展业愿景与方案都是无法实现的。业务来源角度，轮船招商局的局产、轮船等财产都顺理成章地由保险招商局和仁济和保险公司承保。不过，这种依赖于官督民办企业的状况也肯定有其难言之隐，仁济和保险公司的资本几乎被轮船招商局占为己用，成为轮船招商局在市场任意投放的工具，保险公司内部没有独立的机构设置，而是听任轮船招商局支配，这些多少都影响到日后中国本土保险业在市场中的成长。这个时期兴起的保险公司基本上是水险、火险公司，人寿保险在中国的出现要更加晚一些。外资人寿公司1846年才传入国内：英国永福、大东方两家人寿保险公司在上海设立了分支机构，仅以旅华外侨为保险对象，因为在那个阶段还没有出现关于中国人口的生命统计表。直到1900年左右，永福公司根据相关统计制成1888—1900年中国人生命表，各外商人寿保险公司才开始承保华人生意，中国本土的寿险公司——福安保险公司在此时出现。

到了19世纪80年代初，一些洋务运动早期设立的股份公司普遍已经有了较好的经营业绩，股东得到良好的回报，国内商人对于股份公司的兴趣与日俱增。此时，股份公司向社会各界募集的股票，具有可流通性和巨大的投机性，在上海等口岸城市中引发近代中国历史上首次股份公司的投资热潮。全国各地新创办的新式工矿企业纷纷在上海以股份公司的形式，向社会大量集资。到了19世纪末，清政府为了弥补国库空虚和赔款，还发行了“息借商款”和被称为“信昭股票”的债券。从股票到公债，随着有价证券数量不断增加，证券交易活跃起来，在通商口岸和商品经济较发达的城市中更是如此。

这次商业资本的投资热潮很快到达临界点，对工矿、交通运输等新兴企业的过分投资吸引了商业流通渠道中并不充足的银根，发行股票、股票升值等巨额资金的转移，影响到正常的商品流通环节，金融市场反而变得脆弱起来，并终于在1883年底发生了崩溃，在上海形成了中国近代第一次金融风潮。一部分股份公司破产倒闭，股票交易转入低谷，经营股票买卖的掮客也纷纷转行，人们对于公司、股票刚刚获得的认知遭受很大的冲击。这类新鲜事物的发展起伏还影响到钱庄、票号这些传统的信用机构，由于资金周转过度而加剧了银根紧张，兴办近代公司的第一次热潮过去了。致力于学习和模仿现代公司经营管理的这次市场实践的失利，对其的观察视角不应仅限于探究金融风暴的影响，还应该看到当时的帝国晚期，其实整个中国社会、经济、思想、认知都还没有孕育出适宜股份公司生长的土壤。

进入20世纪，社会风气的逐渐变化以及商业环境的演变使各类公司的设立进入一个新发展阶段。1904年，清政府颁发近代中国第一部《公司律》，1914年，北洋政府又据此重新修订，颁发了近代中国的第二部公司法——《公司条例》，公司作为近代中国新兴的经济组织在这个历史时点上正式取得了国家法律认可的地位，受到国家法律的保护。从1843年五口通商外国公司进入中国以及1873年近代中国著名的股份公司轮船招商局创办算起，新兴的公司组织形式在近代中国已经存在了50多年，公司组织的优越性以及在社会经济生活中的作用日益吸引着国内的商业资本和商人阶层；进入20世纪以后，当社会各界创办具有一定规模的新式工矿和商业企业时，公司组织就成了重要的选择形式之一。尽管在《公司律》颁布之初，中国的企业家在权衡新旧体制时有些犹豫，改制公司制的成本与收益的衡量还需要时间来检验，但时代毕竟向前发展，逐渐新体制受到接纳、欢迎。有材料显示，1904—1920年，全国各地注册登记的公司至少1100家。1913年，全国依据《公司律》登记注册的工业公司有565家，注册资本近5000万元，其中股份有限公司261家，注册资本近4000万元。

在这一时期，对于公司制度的发展来说，还有一件最具中国特色和重要意义的事情，就是近代中国一些最为著名的家族公司例如荣氏家族的福新、茂新、申新公司，郭氏家族的永安公司以及刘鸿生企业等纷纷创立，并且很快成为近代中国民营公司的骨干企业。家族公司可以看作近代中国公司制度进程中一个十分特别的阶段，公司资本的主要来源以及公司管理经营的家族化是其显著特色，无论是公司的创办、投资还是创办以后的具体经营管理，家族都在公司中占有主导的力量。在共同的文化传统和商业智慧的影响下，城市里的这些家族企业与乡村中的宗族其实有很多相似之处。所以如果给这些家族企业家画像，可能更接近于乡绅宗族领袖，而不是近代化中与金融机构和资本市场关联紧密的商业领袖。时至今日，家族企业在中国经济发展和社会文化中的影响依然深刻而悠远。

在股份公司大力发展的情况下，上海的股票掮客重新活跃起来，他们以证券买卖为业，常以大新街、福州路转角之处（今天上海的湖北路福州路口）的惠芳茶楼为日常集合之地，边喝茶边进行证券买卖，因此被称为“茶会”。茶会中逐渐出现了第一批股票经纪，何世葆、周韶笙、吴川如是其中赫赫有名的人士。掮客交易的日益兴旺和频繁，迎合了此时金融市场对于证券交易中介的需求，为资本筹集和投资交易提供了便利。1914年惠芳茶楼的股票掮客们倡议成立了上海股票商业公会，会员13家，会址中附设证券交易市场，这成为中国近代第一家本土的证券交易市场。说到这里，联想惠芳茶楼和乔纳森咖啡馆的渊源，看来不管品的是西湖龙井还是卡布奇诺，配的是蜂蜜绿豆糕还是蔓越莓司康，总之证券交易所是从喝一杯开始的。

1919年2月，上海证券业加入公会的会员增加到60家左右，经公会全体大会决议成立证券交易所，即后来的华商证券交易所。1920年上海、北京、汉口、哈尔滨、大连等城市都出现了证券交易所。此后，证券交易愈加活跃，并且吸引了越来越多的社会关注，大量剩余资本也通过证券交易所这个重要的金融中介流向生产领域。仅上海一地，1921年夏秋之间就办起140多家证券物品交易所。资本市场这股热闹的景象很快又一次超过货币市场的发展水平，过度投机的证券市场积累出相当泡沫，人们的从众、狂热、非理性所显现出的"动物精神"促发了1921年冬的"信交风潮"。信交风潮这个历史概念，专指此时信托公司和交易所引发的金融风潮。当时大上海的金融狂热，使大量的信托和交易所根本没有经过注册、登记，起哄架秧子般蜂拥出现，充斥各类投机行为，导致整个市场资金短缺，流动性停滞，很快交易所纷纷倒闭，投资者损失非常大，这给刚刚出现的中国资本市场带来强烈的资金冲击和心理冲击，很多分布在广州、汉口、宁波、南京的证券交易所歇业，民族工商业放缓了前进的脚步，很多实体企业的股票此后退出了证券交易所，可以说，这是近代中国的一次重大股灾。

到了南京国民政府时期，1929年出台的《公司法》严格规定了法人持股等公司设立运营事项，此后建立的股份公司已具有了按股份控股的企业组织形式以及经营行业和经营方式的多元化，并且能够充分利用资本证券市场筹集资金，到这个时候，中国的公司可以称为现代意义上的控股公司。

纵观这一段历史，可以感受到，传统中国在自己的历史文化经济场域中逐渐探索出近现代金融布局，其中有完全本土化的创新，也有对西方制度因地制宜的复制，虽然在金融结构和金融工具上与欧洲同期比较显示出明显不同，但不能武断认为这种传统中国特色的资本市场道路最终无法到达现代金融世界，很多金融机构和金融产品在解决现代金融核心问题方面已经提出了自己初步的办法。但问题在于，中国金融的近代转换遭遇太过恶劣的政治环境，政局的跌宕起伏和欧洲列强们的闯入，使中国没有机会去验证传统中国金融制度发展的效率与方向，同时，来自中国文化与社会内部的非制度化因素，也成为金融发展的一种约束。

六、资本主义精神、儒家传统与金融市场

在探讨货币起源和演进路径时，考察了不同文明和各个地区的政治制度作为基本性制度约束对货币制度变迁的深刻限制与影响。随着文明的演进和经济的发展，各种金融工具创新不断涌现，金融机构和金融市场日益丰富和深化，我们会发现不同社会的民族文化、宗教传统、教育水准、思想情操这些非正式约束正在成为另一种潜移默化的力量，对金融历史展开塑造。

这里讲到的非正式约束，是人们在社会化过程、长期交往之中所生发出来并代代相传的那部分内容，它包括价值信念、道德观念、意识形态、伦理规范、风俗习性等因素，往往成为正式制度得以演化的社会心理支撑。人作为一种社会存在，他的选择不完全按照主流经济学中的效用函数为基准，

而是与其社会化过程、成长经验、学习和生活密切相关，个人的选择不是孤立个人所单独做出，最终是要嵌入社会文化结构之中。一种社会文化的解释和引导，可以为一种制度提供价值观念上的支持，并且通过提出奋斗的方式和目标来促进社会的内聚性。所以说在金融工具与金融市场的发展中，民族精神、文化习俗等更深层次的制度安排，也就是我们所说的非正式约束是非常重要的，它对于塑造市场经济的演进和效率、影响技术革新的节奏和方向都有着不可低估的意义。

在谈到欧洲的近代化金融发展过程和资本主义兴起的时候，无法绕开马克斯·韦伯所说的资本主义精神。韦伯在他的经典著作《新教伦理与资本主义精神》以及《儒教和道教》之中，论证了一个著名的主题，即中国之所以没能成功发展出像西方那样的理性的资本主义，主要原因在于缺乏一种特殊宗教伦理作为不可缺少的鼓舞力量，而在欧洲，资本主义精神早于资本主义社会出现之前就已经存在。韦伯的这个论述一直以来为人们提供了一个关于资本主义的“理想类型”（Ideal Type）[1]，尽管这个韦伯式的问题陷入了“为什么中国没有发展出资本主义”这个古老问题的窠臼，但是西方世界从文艺复兴、宗教改革以来形成的资本主义精神，确实在近代

1　这是韦伯所提出的一种方法论，又称纯粹类型（Pure Type），是基于特定历史文化现象而进行的一种主观思维建构，通过这种建构出的认识框架进一步对历史文化进行剖析。

化过程中在某些层面起到了精神支持和社会指引的作用，尤其是在探讨经济发展、金融进步的时候，应该注意到欧洲的资本主义精神和中国的儒家传统确实在人们的经世致用过程中有着不同的指向。

从14世纪开始，是欧洲开始迈向近代时期的关键时刻，资本主义性质的工商业经济在欧洲的封建社会逐渐发展起来。意大利中部和北部地区出现了一批具有相当规模的带有近代化色彩的工商业城市，如佛罗伦萨、威尼斯、热那亚、那不勒斯、米兰等，有些成为我们所讨论过的集市贸易所在地。这些资本主义性质的城市，与中世纪封建主义的城市气氛完全不同，具有活泼的世俗城市气息，思想禁锢比较少，有利于新思想的诞生与传播。文艺复兴就在这个时候萌动了：这次思想的大解放从意大利地区开始，迅速扩展到整个欧洲地区；当时的一些具有资产阶级性质的统治者，像美第奇银行家族，有意无意地鼓励了这种新文化运动的发展。文艺复兴的重大历史价值，在于促使欧洲人从以神为中心过渡到以人为中心，把人们关注的重点从来世转移到现世，藐视关于来世或天堂的虚无缥缈的神话，追求物质幸福及肉欲上的满足，反对宗教禁欲主义。同时，文艺复兴肯定了人的伟大，提出人要获得解放，要重视自身价值，应该发展自由的个性。它还肯定人类的创造力，倡导发挥人的聪明才智及创造性潜力，反对消极的无所作为的人生态度，唤醒人们积极进取的精神、创造的精神以及科学实验的精神。这些价值观念和思考方式的转换，为资本主义制度的确立打开了心门，同时也为经济和金融领域的思想创新和制度创新做足了准备，促发了人们对于商业经营的浓厚兴趣。这场运动带来社会风尚、生活方式、个人行为举止的整体调整，使日常生活和价值观念都经历着不经意间的变化，资产阶级的生活方式开始形成，富裕的城市工商业者在城市政治生活与文化生活中开始起着主导作用，有力地推动欧洲社会由封建主义向资本主义的过渡。

在文艺复兴运动开始后一个世纪，也就是16世纪，另一场剧烈的思想变动发生了——宗教改革和新教运动。这场运动可以说是一次全面的社会革新与调整，不仅在政治上、组织上动摇了罗马天主教会的权威，还对天主教价值观的统治地位提出挑战，并以新教取而代之。在文艺复兴的良好基础上，这场运动进一步解放人性和思想，孕育了资产阶级民主平等观点，民族—国家意识、近代资本主义精神、近代科学和近代哲学精神都在新教伦理的推动和熏陶下逐渐产生并成形，欧洲的政治、经济、文化走向近代化。虽然宗教改革的领导人本身并不支持资本主义，但是他们提出的新教教义中所体现的新精神却对创立资本主义精神提供了具体指导。宗教改革中对于“职业”概念的确定，包含了对人们日常生活和工作的评价，上帝应许的生活方式不是通过禁欲主义做到一种极致的世俗道德，而是完成在现世世界中的责任与义务：

努力工作是美德和道德义务，是对于天职的召唤，虚度时光才是一种极度的恶。一种职业是否能得到上帝的恩宠，要依据为社会实现的财富多少判断，也可以理解为追求财富与金钱的活动本身就是目的，这会鼓励无止境的勤奋工作和利润追求。教义还强调纪律和控制的重要性，以及理性的劳动组织方式，这些也是资本主义工商业发展所需要的心理因素。在新教伦理的氛围渲染下，欧洲人对于投入金融、商业和制造业等资本主义经营领域更加积极热情，资产阶级的力量得到充实，浓厚的资本主义气氛为大工业生产和经济制度运行提供了加速度。

在资本主义精神形成的过程当中，随着欧洲封建社会解体中贵族封建身份的丢失和资产阶级的兴起，产生了一种构筑于霍布斯和卢梭所说的理性或是一般意志之上的法治的理念。在此之前，欧洲在多元格局的封建时期，王权、封建领主和教会相互牵制，各政治主体间的争斗除借助武力外，经常会从法律理论那里寻求权威合法性的依据，法律至上、权力制约和立宪主义等早期法治主义思想在当时就有所表现。此时商品经济和资本主义生产方式的发展，促成了罗马法的复兴，城市在商品经济和民主政治的基础上，融汇习惯法和罗马法，建立了一套全新的法律体系，把法的领域扩展到统治者与被统治者、政府机关与个人之间的关系上，法治的精神与原则逐渐形成，并通过资产阶级“市民社会革命”而予以制度化。英国在1662年成立了以促进自然科学为宗旨的伦敦皇家学会，这使得发明创造活动非常活跃。1754年成立的“技艺、制造业及商业奖励会”，非常显著地促进了一系列发明创造。当然最重要的还是1642年的《独占法》，法案不仅有禁止王室垄断的条文，还包含一个鼓励任何真正创新的专利制度，反映出王权垄断和自愿团体组织之间关系的重大变化，使创新收益内化成为制度，从而成为合法的社会制度的一部分。独占法案实现了创新所有权的保障，通过制度手段把对创新和技术的度量尽可能与其生产性贡献相联系，使私人创新收益率接近于社会收益率，各种商业信用变得更为可靠和可预测，针对发明创造的非排他性和非竞争性，实现对知识产权的保护，减少了外部性效应，也降低了不确定性和交易成本。某种意义上，也正是因为有了这样的法律保护专利所有权，工业革命中很多在后世看来至关重要的经典事迹和技术革命才得以展现，比如，瓦特在博尔顿筹措资金的支撑下完成蒸汽机改进事业，再比如，哈格里夫斯能通过珍妮纺纱机改变全家的经济处境。

瓦特的前半生可以说是相当艰辛，作为一名在格拉斯哥大学校园内经营小修理厂的机械爱好者，在妻子去世后一人拉扯六个孩子，和他一起研发蒸汽机的合伙人也遭遇破产，生活的压力使他决定前往俄国务工。就在这个命运转折点，伯明翰五金厂老板博尔顿出现了。正是由于此时完善的专利所有权保护，在博尔顿获得瓦特三分之二专利共享权后，他愿意倾所有来资助瓦特钻研蒸汽机的继续改良，因为如果成功，博尔顿可以和瓦特一起享受专利权带来的不菲收益。博尔顿的眼光确实厉害，最终往复式旋转引擎和瓦特式引擎得以成功问世，不仅带来了博尔顿商业投资上的巨大成功，在某种程度上更是改变了人类社会技术进步的进程和速率。今天50元面值英镑正面是女王头像，背面的两个卷发男人就是蒸汽机男团组合瓦特和博尔顿。

和这两个男人相识相知的励志传奇建立在专利保护的基础上相似，珍妮纺纱机的故事中专利保护也是极为关键的剧情，而且更加温暖甜蜜。18世纪中期英国纺织业急速发展，手工工场开始力不从心，木匠兼纺织工哈格里夫斯意外踢翻妻子的纺织机，从而发现了竖直排放的纱锭具有更高的纺纱效率，于是以小女儿的名字“珍妮”命名改进的纺纱机。1768年珍妮纺纱机申请到专利，哈格里夫斯全家人的生活得到了极大的改善变得富足起来，英国的纺织业也凭借大规模采用新技术彻底占领印度市场，并将眼光投向中国，当然，随后促发马戛尔尼访华那是另外一个故事了。

资本主义精神在影响人们的思想观念、法律体系的同时，也在改进教育内容和方式上发挥了作用。由于新的文化认识承认理性考察、实验转换自然力量的人类能力，构成现代技术变革基础的西方科学传统已经逐渐成形，并浸透到教育体制中。大学在18世纪晚期、19世纪初期得到复兴，成为创造知识的主要制度性场所。随着大学的建立和发展，知识分子的生活质量得到提高，欧洲民众的学识水平也有所增长，文化在社会各阶层中得到空前广泛的传播，所具有的经济意义其实很难量化评价。在某种程度，教育发达国家与教育不发达国家的区别之一并不在于一小批文化贵族的存在，而在于教育在全体人民中更广泛的普及。

传统中国在这段时期，教育体制仍在古代经典和官僚正统制中惯性运行，还未出现现代科学的根本基石。在儒家传统的熏陶下，市民文化的发展路径没有刻意主导追求经济进步。儒家提倡大一统思想，以及君臣父子有序、男女授受不亲的严格等级观念，这与新教主张上帝面前人人平等、四海之内皆兄弟的平等观念存在一定差异，而平等观与商品经济中等价交换、公平竞争的原则更为一致。儒家传统对于商业行为一直没有呈现特别积极的姿态，“君子喻于义，小人喻于利”深入民心，而且家庭伦理和差序格局[1]（费孝通,1985）

1　这是费孝通先生在其著作《乡土中国》中所提出的著名论断，用以说明中国传统社会中的社会关系，按照费孝通先生特有的通俗解释，可以这样理解“差序格局”：西洋的社会有些像我们在田里捆柴，几根稻草束成一把，几把束成一扎，几扎束成一捆，几捆束成一挑。每一根柴在整个挑里都属于一定的捆、扎、把。每一根柴也可以找到同把、同扎、同捆的柴，分扎得清楚不会乱的。在社会，这些单位就是团体。说西洋社会组织像捆柴就是想指明：他们常常由若干人组成一个个的团体。团体是有一定的（转下页）

所形成的社会，缺乏一种抽象的、超个人取向的团体性格，所以在新教伦理之下能够产生的经营模式“公司”，这种非个人的、理性的经济共同体可能不太容易从儒家文化中自然衍生出来。儒家传统之中存在着自身的理性光芒，儒学肯定理性，不过这种理性与新教的理性不同，儒家更重视克己复礼，以维护完美的圣人品格，是一种适应现世的理性；而新教所形成的资本主义精神当中，则是要求一种自我控制，来积极地运用理性改造现世。除了儒家，传统中国社会还一直有佛教和道教的并行信仰，这种来自民间的宗教综合体系没有像西方世界的宗教那般非此即彼的竞争性态势，而是以一种和谐共生的状态共同影响着中国社会。凡此种种信仰，大都是要追求至善，从内而外的修行自我，也在入世的生活中扶助世人，达到超脱的境界，也就是许倬云先生称为“淑世”的趋向，和杨庆堃先生认为的“世俗化”。在这样的淑世和世俗化过程中，不必需要新教伦理当中的职业观念、责任与义务，获得超脱境界的路径中也没有勤奋工作和努力赚

界限的，谁是团体里的人，谁是团体外的人，不能模糊，一定分得清楚。在团体里的人是一伙，对于团体的关系是相同的，如果同一团体中有组别或等级的分别，那也是先规定的。对于这种性质的社会关系，费先生称之为“团体格局”。而中国传统社会中的社会关系则与此明显不同。我们的格局不是一捆一捆扎清楚的柴，而是好像把一块石头丢在水面上所发生的一圈圈推出去的波纹。每个人都是受社会影响所推出的圈子的中心。被圈子的波纹所推及的就发生联系。这样的关系，费先生称之为“差序格局”。

钱这个选项。

在法治观念方面，中国与欧洲也有不同的渊源。中国从西周以来，一直都有王法、国法，但一直没有出现法治的精神。儒家的传统认为好人是不打官司的，只有奸诈之徒才会挑衅滋事；在审理民事诉讼、经济纠纷的时候，县官们往往是一个调停者，而不是审判者，他们遵循的也更多的是道德训诫，是一种道德化的“人治”。中国的法律传统更关心社会秩序的和谐，而不是个人或团体权利的维护。这种对于个人权利和财产利益没有严苛“法治”保障的环境下，其实产权的概念非常模糊。

在中国传统社会发展的后期，随着商品经济的发展，商品生产与交换的平等自由原则也曾经培育着人们向往自由、重视个性的精神。元代统治的相对松弛就带来较为自由的气氛，为知识分子发展个性提供了社会条件。这和元朝蒙古族入主中原有很大关联，汉人认为蛮夷落后愚昧，但元朝作为一个横跨欧亚两个大陆的大国，仍然在不停的向外扩张之中，外倾开放的姿态折射到文化、经济和社会生活的方方面面。另一方面，汉人暂时被排斥到仕途晋升之外，精英阶层的自由思想和个性展现反而有了广阔的空间。我们可以看到元曲中对城市生活的活跃再现，关汉卿的《救风尘》和武汉臣的《老生儿》中对都市商人的描写，《金钱记》中的柳眉儿和《鸳鸯被》中李玉英对爱情的直接表达，也呈现出元代自由务实的市民文化，少了儒家对物质生活的藐视，充满了追求财富的商业气息。这种自由气氛到元末随着东南沿海商品经济的发展而在特定地域得到扩大，对个人利益的强烈追求甚至不惜冒险，成为元末东南沿海地区极为普遍的价值观念。明代后期是另一段追求个性的精神得到充分展示的时期，尤其是到了朱厚熜的嘉靖年间，商品经济蓬勃发展，政治管控明显松弛，海外贸易逐渐增多，民间生活呈现出开放明朗的气息，服饰华丽新奇，饮食精致豪华，个体意识之觉醒成为衡量人的价值的标准，且其程度和范围超越以往任何时候。但很遗憾这些商品经济自由原则的萌动对社会的影响总是不稳定的和不深入的，元末和明代中后期追求自由与个性解放的呼声虽然兴盛一时，但其高潮转瞬即逝，进而为重归统治地位的传统儒家思想所淹没，中国社会又继续在儒家文化的道德理想里继续前行。

在这样的非正式社会通识约束下，重农抑商的传统帝国中，需要大规模经营、有效促进技术进步的工商业一直发展平缓，传统市场体制孕育出符合当时社会生活方式、价值观念和交易需求的汇兑、票号、钱庄等近代金融工具和机构，并且能基本解决传统金融市场中的需求。其他西方成熟发展的公司金融和金融市场在传统中国的出现并不是水到渠成，更多的是由于五口通商导致国门洞开，国外公司在中国设立分支机构的示范效应，以及洋务运动产生的西学东渐结果。从1904年第一部有关公司的法规《公司律》开始，一直到中华人民共和国成立，中国注册的公司已经超过1万家，看上去公司的数量呈逐年持续上升态势，但实际上股份公司在整个国民经济中所占比例一直相当低，与当时欧洲股份公司占到国民财富的三分之一相去甚远。这些早期的股份公司分布的范围也非常有限，只是在陆续开放的几个通商口岸及其附近地区，涉及的行业只限于交通、矿业、金融、纺织等。

这种公司金融的不成熟和股票市场的尚未发达其实与前面讨论过的银行系统、信用体制还没有实现近代化的转变也是相关联的。银行对公司产生的作用非常之大，银行以利息作为刺激物可以把闲散的社会资金集中起来，又以利息为条件把资本贷给经营者，集资方式和所有权同控制权相分离的功能，对于公司形式的发现具有很大的启示性。基于银行等金融机构的专业性和信用性，公司股票的发行和流通，通常要借助于这样的机构。从这个意义上讲，金融机构又是公司创立的中介和推手。在经济大力发展的时候，中国传统的票号、钱庄和新兴的银行等发挥了对工商企业资金融通的功能，不过程度还是不高，外国对华直接投资额度也是有限的，因而近代中国资金市场供需矛盾很长时间都极为突出，资金严重短缺，货币市场与资本市场缺乏良性互动。像前文所提到的1883年近代第一次金融风潮和1921年信交风潮[1]，就是在银本位货币的条件下，由于货币供应量有限，资金却又大量从生产流通领域转移到资本市场后引起的。

从另一个观察视角看，长久以来的谨慎谦微的社会文化使投资意识和风险意识并不浓厚，中国的商业精英还多多少少不太习惯于投资新兴产业和尝试新兴企业组织形式，也不习惯于和众多陌生人一起投资共同盈利，以及委托他人进行经营管理。与传统企业相比，中国的近代公司在资金筹集与运用、企业经营管理方面都有了显著进步，但与西方典型的股份公司形态仍有差异。这些股份制企业，在资本来源、规章制度、股票发行与买卖等方面效仿西方股份制公司，在企业的内部治理结构上，还没有特别厘清股东权利，没有设置股东大会监事会等必要机构，股东总数非常有限，未能全面领会西方股份制的精神所在，往往只是以自然人名义进行投资，在原料供应、生产制造、产品销售等一系列链条中进行合作联系的经济组织。

---

1 类似情况其实在1910年的橡胶股票风潮中还出现过一次，当时由于汽车工业刚刚兴起，国际市场上橡胶供不应求，国内工商业涌现出对橡胶的极大热情，橡胶公司纷纷建立，橡胶股票也急速攀升，许多钱庄不仅给投资橡胶的商人拆借资金，钱庄自身也认购了许多橡胶股票，所以当国际橡胶市场的价格在1910年6月突然一泻千里的时候，国内的股票市场立刻溃不成军，许多钱庄银根吃紧无法周转，最后只得倒闭，许多工厂也关门歇业，从而又引发了一次金融风潮。

可以说，中国公司制产生之时的艰难处境和数次金融风暴，其根本原因，一方面在于近代中国生产力水平和信用经济程度不够，货币市场不够发达，投资工具品种缺乏，短期资金流动难以做到安全、方便、有效，这种货币市场发展的不健全会殃及资本市场，资本市场的巨大波动又反过来影响货币市场。另一方面，社会文化、民族精神、价值观念等非正式制度约束也尚未达到企业组织形式发生自然演变的水平，还没有做好迎接近代金融市场和金融技术的准备。在公司制和资本市场由于通商口岸的开放而出现之后，其在中国的生根成长需要一段充分的发育和演进的时期，但近代中国社会的曲折展开很难提供长时段的良好制度空间，相对平稳的政治社会态势只有19世纪末到抗战爆发前这一小段时间，而这是远远不够的，况且其间还经历了清朝灭亡、辛亥革命、北洋政府、南京国民政府以及之后的新中国成立等一系列重大事件，这些使金融市场的发展历史出现了几次断裂。

欧洲的文艺复兴、宗教改革和资本主义精神的形成，与中国的儒家传统和文化修养，来源于两种不同的古老文明，不同文明产生的政治制度作为基础性制度安排规划了社会、经济的基本规则，同时民族文化、宗教传统、思想情操也形成不同的路径依赖，有着各自演化的合理性。这两条不同的道路，为近代经济和金融的发展作出了不同的铺垫，对生发出不同的经济制度与金融工具产生了潜在而深刻的影响。

第六章　民族国家、市民社会与公共金融革命

一、金融制度变迁中的国家与社会

金融工具和金融市场的萌发和演变，受到不同国家与地区金融发展初始条件的制约，随着近代化国家体系的逐渐成形，国家、社会与金融的互相牵制也对金融体制产生深刻隽永的影响。

中世纪之前，欧洲在政治组织方式上杂乱无章，众多的小型政治单位（包括城邦、主教领地、公国和王国等）并存，中国幅员广大，基本上不存在欧洲式的贵族、宗教机构和政治传统。15世纪之后，中国控制着比以往更多的人口和更大的疆域；欧洲却发生了很大变化，在政治上从众多细小单位并存的一盘散沙，逐渐转变为由几个强国支配的局面，出现

了与城市国家竞争并最终使之黯然失色的民族-国家[1]。在这个过程中，众多的封建男爵、地方公国和小王国被合并为英国、法国、西班牙等资本主义国家。

作为国际政治经济发展的重要阶段，民族-国家的出现给整个世界体系带来了改变。[2] 在民族-国家体系中，国家与金融发生了更加紧密和重要的关联。单一民族-国家制度的出现，即使还有语言和文化差异，但大量的贸易关系和相当便利的交往，促进了分散的、自给自足的地方性经济活动向全民族统一的经济联系过渡，使人们之间的亲和力增强，这

1 “民族-国家”是指存在于其他民族-国家所组成的联合体之中的一种统治制度模式，它对业已划定边界的领土实施行政垄断，它的统治依靠法律以及对内外暴力工具的直接控制而得以维护。见〔英〕安东尼吉登斯：《民族-国家与暴力》，胡宗泽、赵力涛译，生活·读书·新知三联书店，1998年。

2 按照当前学界的看法，民族-国家的核心特征有：（1）国家的独立和统一，即有一个明晰的生存范围、利益范围和统一的归属对象的确立。（2）中央集权制的建立，即政治忠诚由纷繁歧异走向集中统一，集权的国家有条件和能力通过全国统一的政府机构、教育体系、传播体系和法律体系实现语言的统一，实现政治文化特别是占统治地位的意识形态的统一，而这些文化意识经过长期沉淀之后，又会构成大众文化的基础和核心。（3）国家政权的民主化，由全国选举的国民代表机构或独享或与经由同样途径产生的国家首脑分享国家主权，成为国家权力的本源，而且，公民在国家公共事务中的作用不断扩大。（4）统一的民族市场的建立。这个巨大的商品与服务网络，一方面在各国内部会形成复杂的劳动分工和经济分工，把遥远的地区带进直接的功能关系之中，进而从根本上促进国家的统一和地区间的联合。另一方面，国家居民又会更加利己化、独立化、公民化，其经济活动方式和价值取向也会更加理性化和趋同化。

也会进一步激发竞争和革新。在这一时期，国家取消了对自由贸易和财产出售的约束，用有效的法律制度保护产权，政府经过公共金融的革命，财税征收变得更可预见，减少了随意性。同时可靠的金融制度和金融工具提供了实行信贷和保险的途径，会计的发展进一步促进了合同的可行性，工商业务的组织更为便利，组织技术、管理和劳动纪律也普遍得到改善。

伴随着欧洲资本主义民族-国家的形成，出现了资产阶级市民社会（Civil Society）和公共空间（Public Sphere）。市民社会与公共空间是相对于国家的一种自主性空间，是作为与“政治社会”相对应的私人生活领域，它包括处在政治国家之外的社会生活的一切过程和方面。谈及近现代经济发展和金融进步时无法绕开市民社会的原因在于，市民社会与市场经济是相伴而生、互为条件、相互促进、协调发展的，市民社会自诞生之日起就成为市场经济发展中不可或缺的重要机制。

市场经济系统之所以和市民社会形影不离，是因为市场化的经济制度必然要具备一些社会前提，而只有市民社会和公共空间才能提供这样的前提。其中包括：参加经济活动的经济主体都是完全独立的经济实体，能够自由地从事各项经济活动；市场中的参与者一律平等，没有高低贵贱之分，没有政治等级的差别，通行的是等价交换的原则；任何经济主体都是自主经营、自负盈亏、自我发展、自我约束，有充分的自主权；具有法制和契约精神，遵循普遍、共同规则的有序市场竞争等等。要满足这些社会前提，必然要解构具有高度同质性和明显整体性的传统社会政治结构，取而代之的将是市场主体多元化、经济利益分殊化、社会生活多样化的市民社会。可以说，市民社会作为一个公共领域高度发达的、契约化的法理型社会，为市场经济提供了自由的市场主体、独立的交换空间、健全的中介组织和公正的法律系统，也只有市民社会才能为经济主体平等、自由、独立地开展经济活动创造良好的社会基础。

欧洲正是从17世纪开始，逐渐完成了民族-国家、市民社会和公共领域的建立过程，并在这个基础上进行了公共金融领域[1]的革命，这就为欧洲的资本主义经济发展创造了必要

1　本书的讨论采用了“公共金融”的提法，即对“Public Finance”的直译，这在翻译上不同于以往“财政”或是“公共财政”。很多学者曾对“财政”和“公共财政”进行过讨论，其实无论“公共金融”“财政”还是“公共财政”所对应的英文都是“Public Finance”，而在我国从计划经济时代走向市场经济的过程中，为了更有利于区别公共财政与国家财政这两种不同的类型，进而有利于指导我国市场型财政模式的构建，有许多学者把与市场经济相适应的、国家或政府为市场提供公共服务的分配活动称为“公共财政”，以区别于以往按照国家统治阶级意志进行的财政收支活动。在本书的讨论中，“公共金融”的所指范畴与一般意义上的财政相同，没有社会形态色彩，而是一种历史范畴，既包含国家财政也包含公共财政，是讨论区别于个人金融、公司金融之外的属于政府主导的金融领域。同时，我们在讨论中格外重视17世纪欧洲在“Public Finance”领域发生的一场革命性变迁，这种变迁前后分属于国家财政和公共财政，在曾经讨论过这场变革的现有重要文献中，《剑桥欧洲经济史》《欧洲经济史》和《西欧金融史》的中译本也都称之为“公共金融”。

条件，欧洲实现了近现代市场经济的快速发展，同时提供了金融机构和金融市场的创新与完善的可能。当厘清了国家行为的边界，金融就有了自由发展的空间，它在“看不见的手”引导下的发育过程是缓慢和循序渐进的，当市场证明少数人的经验确有成效时，多数人才会跟上，这样一来其制度统一和规范市场所需要的时间会比较长，却是一种自然的过程。而在缺少市民社会的强国家、弱社会机制下，政府垄断性地推出某种金融制度，推进速度可以很快，其制度功能的覆盖面波及很大，但政治形势需要的经济制度，未必是市场最需要的，有的时候还会采取跳跃的、超越阶段的方式。因此，自由市场的发展往往伴随着对国家能力的某些约束，成功的经济绩效也伴随着限制经济干涉、让市场在大部分经济活动中作主的状态。

传统中国的近代化过程当中，晚清时期随着商品经济的发展，也出现过类似的历史契机，也曾经有过市民社会和公共领域的萌动。尤其是在长江上游地区，强国家、弱社会的状况发生了前所未有的变化，工商业者获得了独立的合法社会地位和经济活动的领域，地方自治权有所增长，国家对社会控制权逐渐下移，民间社会享有一定的结社、活动的独立性和自主权。从晚清到1927年南京国民政府之前这段时期成为中国自由市场性金融制度发展的一个阶段，当然这与当时政局混乱、政府难以发挥作用有关。不过市民社会这种新型的国家与社会的关系在中国的近代化过程中，最终来自相应政治体制变革层面的支持还是比较孱弱，也没有传统文化、社会化教育层面的根基，民间社会始终在很大程度上存在着对国家的特殊依赖性。

二、公共金融革命：以英国为起点

关于金融革命的概念，前文所一直采用的是关于在工业革命发生之前金融机构与金融市场大变革的意义，但是这个词也通常指17、18世纪欧洲各国普遍发生的公共金融（财政体制）领域大的变革，其中包括征税权利的变更、赋税种类的变化、政府财政收支机构的演进以及政府债务管理的进步。公共金融在一个国家的经济金融发展中有着重要地位，公共金融更具效率且保持廉洁成为经济发展的一种必要条件，是市场经济不可缺少的基石。根据诺斯的观点，公共金融革命的进步使财产权得到明确划分，这种组织上的进步是社会经济发展的缘由。同时，公共金融决定了各领域不同活动主体的活动空间，包括中央与地方政府、不同阶级阶层的人群之间的分配，是对不同活动主体基本地位、权利、责任和义务的规定和认可。从某种程度上说，一个政府对私人权利和交换作出承诺的能力是经济增长的一个基本条件。奥康纳就曾经认为，“政府费用的数额和构成，以及税资的分配，并不是由市场的规律决定的；在结构上它是由阶级之间、群体之间的社会冲突和经济冲突决定的，也反映了那些冲突”[1]。因而公共金融的变革涉及广泛的责权利关系，与国家、民间、企业和居民的切身利益密切相关，具有相当程度的社会经济传动性，也为提供一个与政治国家相对分离的市民社会和公共空间起到重要作用。

在公共金融的革命之前，民族-国家还未成形，这时候欧洲各个权力主体直接控制了绝大部分的权力资源，独立的市民社会和独立的市场基本不存在。在这种公共金融体制下，个人对共同体形成强烈的依附性，独立人格和创新冲动都相对平淡，官员的腐败和堕落成为体制内无法避免的头疼问题，整个社会缺乏发展的内在激励。财政支出的长期增长趋势会与社会经济发展的停滞产生冲突，财政有的时候会无法在原有水平上继续保持供给。为解决和缓和这种压力，公共金融体制就需要进行某种程度的变革，在不同的社会共同体间引入交换，交换关系就是市场关系，这个过程是向民间释放权力资源的过程。

欧洲公共金融革命希望产生的是一种民主的财政，它主张权力制约，反对个人独裁，这种倾向其实在资产阶级革命开始以前就已经出现。大体上在13、14世纪间，欧洲各国都

1 转引自〔美〕丹尼尔·贝尔：《资本主义文化矛盾》，赵一凡、蒲隆、任晓晋译，生活·读书·新知三联书店，1989年，第277页。

出现了等级议会，国王如果要征税就必须与他的臣民好好商量，虽然这时的臣民还只限于贵族和有市民权的城市居民。譬如，英国从都铎王朝（1485—1603年）和斯图亚特王朝（1603—1640年）时期开始，君主所能使用的资源就受到限制。[1]在这两个王朝，君主的开支由王室、侍从、卫队以及其他固定支出组成，其来源是一般性的税收。君主所需的特殊开支，比如结婚、加冕、战争等在原则上要由议会表决，看议员们的眼色。即使如此，由于公共法律的执行和开支并没有经过一个公共预算过程，议会在决定开支和投资方面起到的作用还是非常有限。国王对于钱怎么花、花什么钱有着一定的自行决策权力，尤其到了查理一世时期，国王经常在没有得到议会同意的情况下集中岁入，整个王朝的传统岁入来源并不能与开支相匹配。

欧洲各国从中世纪以来国家收入的重要来源是国王领地的经营权和领主权，这部分大体产生岁入的一半。政府通常

1　严格的说，都铎王朝前期，王权还处于相对强大的地位，国王和议会主要还是两个彼此分离的政治实体。但是大约从16世纪20、30年代开始，就逐渐出现"王在议会"和"议会至上"原则的萌芽。一些政治性文件已经明确由国王、教俗两界贵族和平民共同行使权力所制定，王权的有限性还表现在议会特权的增长以及下院议员在议会的自由发言和在议事期间不能被逮捕的特权等。这些原则到了斯图亚特王朝时期更加凸显。此外，英国国王一直以来还要受到法律的制约。英国施行习惯法，习惯法的权威基础在于社会的约定俗成和普遍认同，它对所有社会成员都具有法律约束力，国王也必须遵守和服从。

把国家的公共开支和国家债务转给国王领地的管事者，国王领地也成为发行终身年金和长期公债的基础。这种情形一直持续到民族—国家形成之前的16、17世纪。此后，随着地租逐渐下降，王室的收入每况愈下，君主常常入不敷出，只好拖欠债务或者变卖家产，以弥补每年的短缺，非常地尴尬。但所变卖的家产也未必就是属于王室的，而且随着每次土地的出售，意味着预期的未来岁入会继续下降。因此，寻找新的岁入成为一个优先考虑的重要问题。

君主很快想到出卖官职和封号的办法来补充财政，以及向富有者实行强行借款。在借贷方面，国王还没有与金融界培育起一种系统的、规则的关系，这种借款不需要议会批准就可以进行，显得十分随机。国王在遵守借款合约方面通常力不从心，尽管有着进行长期博弈的激励，但人总得跟现实低头，实在没钱的情况下国王还是不可避免地拖欠借款，改变支付和延迟支付都非常常见，所以如果把这种借款看作具有税收的性质也没什么问题。

在公共金融革命之前，欧洲国家公共收入的另一个重要来源是通行税和关税。到16世纪后，随着交通条件的便利和国际贸易的开展，这部分税收不断得到充实。除此之外，对于收入、财产、商品和消费征税也在欧洲大陆不断增长。英国当时对于这些税收采用的征收体制是包税制，这是16世纪时格雷欣爵士倡导建立的。这种制度，在机构上有征收关税和国内货物税的普通包税所，也有征收酒类、明矾等物品税收的专门包税所。其运作方式是包税人先以自己或是合伙的名义买下一个包税所，获得按照规定征税的权力，给自己留取余额，其余的上缴，并且在上缴期限之前可以把税款挪作他用。在这种包税之下，英国政府无需专门另设税收机构，只以一定的成本就可以获得稳定的税款，但这种情况下国家往往不能最大限度取得税金，而且公共权力长期掌握在私人手中。

进入17世纪，随着民族-国家的形成与发展，以及欧洲各个国家之间的竞争，斯图亚特王朝的财政问题凸显，战争的费用和不断上涨的物价与工资造成国家开支的全面增加，依靠传统税源和征税方式取得的税收已经无法满足王室和新兴国家的需要。此时公共开支和投资决策依然没有一个严格的公共预算程序，这就使得王权与议会的关系格外紧张。国王所代表的国家对于金融权力的滥用和侵犯私人经济空间，引起了新兴资产阶级代表在议会中的强烈反对。这样，一个不合作的议会和一个专断的国王，使得整个国家的社会经济以及公民个人的财富与福利均处于风险之中。

面对这种风险，英国先后经历了两场革命，一是1642年克伦威尔发动的内战，二是1688年的光荣革命。这两次革命，围绕着君主和议会的财政权力，既需要控制国王的行为、对王室进行合适的约束，又需要解决金融问题，因此，也带来一场公共金融革命。

革命建立君主立宪政体，开启了议会至上的时代，把国王置于直接监察之下。国王不再以其单独自行决策对议会提出要求或者解散议会，取消了国王单方面改变税收水平的权力，议会成为国家权力的中心，拥有立法权、财产权和对行政权的监督，还获得对政府已经开支的款项进行审计的权力，以及对国王岁入的独立来源进行限制的权力，王室的特权基本上被置于普通法之下。同时确定的还有司法系统独立性，法官们不必再按照国王的喜好行事，法院的政治独立性限制了议会滥用权力的潜力，也就是说，政府也要约束自身。税收体制从根本上发生了变化，由包税制开始向中央征税制转变：1671年开始由国家直接征收关税，1683年开始国家直接征收货物税，1684年开始直接征收炉灶税等等。这些变化都加强了政府在税收和支出方面的集权，增强了政府征税和国民积蓄的能力。革命最终缩小了国王的专断权力，带来更为确定的政治自由，也带来了更为确定的经济自由和产权，提高了政府和公共金融的可预测性。同时，通过把政府置于一个坚实的财政基础和受管制的税收上，尽可能地避免了与皇家积累岁入的企图联系在一起的随机剥夺成分。

英国社会经济矛盾激发了金融革命，并以革命的激烈方式进行，但英国国王在随后便能够发现，给予公众更多的自由，实现了社会经济的更加高效，他也能够分享到由更多自由所激励出的更多财富，这些财富足以抵消他放弃控制公共金融所带来的损失。于公于私，算算这本账好像还是划算的。金融革命对英国的金融体系和经济发展产生的深远影响，是英国近现代化转型当中异常重要的一个环节。光荣革命之后的金融变革与发展，使英国面貌为之一新，著名小说家笛福称其时为“杰出时代”。而笛福这一代的很多人物也正是在那个公共金融革命带来的杰出时代，形成诸多对经济社会充满智慧和前瞻的成果。今天对笛福的认知偏重小说家、文学家，但在那个年代他更是一位卓越的金融理论家，他对于银行、保险、税收、年金的规划，甚至对高速公路等基础设施建设以及国家养老金的提议，都显示出在公共金融革命之后，看待金融的超越时代的眼光。也许《鲁滨逊漂流记》是他金融思虑的闲暇之余的作品，而鲁滨逊、星期五和荒岛，很可能是他专注于南海公司在新殖民地商品贸易与奴隶贸易的某种文学映射。

金融革命带来的一系列制度创新改变了税收权力和税收形式，改变了政府寻求信贷的方式，在金融市场上非常突出的表现是公共债券的进一步规范化。其实最先开辟国债和寻求国债支持赤字的金融创新来自比英国早400年的威尼斯，这里我们需要回溯一下公共债券在威尼斯的萌发。由于城邦国家的政治传统，在政治体制上威尼斯一直保持了对政府权力的限制和制衡，没有经历国王和政府权力长时段的混淆。在

12世纪对抗拜占庭帝国的战争筹款中，率先进行了公债的实践，由全体公民按照财富水平等比例购买政府债券，享有相应利息回报。威尼斯后来根据1262年颁布的《债券法》进一步对政府债券进行契约安排，愈加公开透明，更重要的是，提供了公债进行交易和买卖的二级市场，这种流动性使政府债券成为非常有吸引力的金融工具，为政府提供了不论是用于战争还是公共事务的财政资金，也为老百姓提供了可靠的投资选择。当时的公债市场就在威尼斯运河边上的里亚尔托桥旁边，13世纪这里挤满银行家、航海家、保险商、投机商和普通百姓。政府的可信承诺不仅造就了一个活跃的公债交易空间，而且使整个威尼斯的债券体系趋于完善，推动了航海贸易和基础设施建设。

回到400年后经过光荣革命的英国，结局非常类似，政府对于每次借贷都通过法令授权，并且由预先安排的税收保证来支付利息，这种规则直接带动了公共信贷的发展，促进了政府长期债务付息基金和增息国库券的发行。譬如英国1693年开始的养老金贷款，规定养老金的利息支付由立法通过的对啤酒和其他酒类新征收的消费税负担，这成为在国家法律保证下的可靠信贷资金来源。同时还有永久性年金的开展，规定年金持有者不能要求返还资本金，但是政府可在任何有能力的时候偿还贷款等等。1694年，英国政府发行了120万英镑、利率为8%的公债，并以认购者组成之前提到的著名的英格兰银行。所有公债很快被认购一空。随后英格兰银行继续为政府筹措更多贷款，承诺可以将债券凭证兑换为现金，允许财政部发行英格兰银行的“保证票”以便偿还债务。这样，政府公债与南海公司、英格兰银行和东印度公司的股票共同形成一个能为政府筹集全国储蓄的资本市场。到了18世纪，英国的国债已经活跃在欧洲各大交易所的交易中，比如像在阿姆斯特丹的银行家们，有超过3亿盾的投资投向英国的政府债券，进一步增强了民众对于公债的信心，也促进了长期国债对短期国债的代替，有力地改善了英国的公共金融状况。

经过这些发展，英国政府的开支和通过债务融资的数量都实实在在地高于以前的水平。到1720年，政府债务超过了1688年水平的50倍，政府借贷的市场利率也在不断下降。17世纪90年代初期长期借款利率是14%，到17世纪90年代结束时利率下降了一半，到18世纪30年代，利率仅为3%，参见表6–1。

表6–1　政府长期借款：利率，1693—1739年

时间	数量（英镑）	利率（%）	怎样拨款
1693年1月	723394	14.0	附加的消费税
1694年3月	1000000	14.0	进口关税
1694年3月	1200000	8.0	附加的进口税和关税

续表

时间	数量（英镑）	利率（%）	怎样拨款
1697年4月	1400000	6.3	消费税和关税
1698年7月	2000000	8.0	附加的消费税关税
1707年3月	1155000	6.25	17世纪年代5项借款的余额；关税
1721年7月	500000	5.0	王室世袭收入
1728年3月	1750000	4.0	煤关税
1731年5月	800000	3.0	关税
1739年6月	300000	3.0	偿债基金

数据来源：Dickson, P. G. M., *The Financial Revolution in England: A Study in the Development of Public Credit, 1688–1756*, New York, 1967，表2、表3和表22。

伴随着利率下降，说明与政府行为相联系的整体风险也相当程度地下降，尽管债务的规模有巨大的增加，但在资本市场上，以公共金融为基础的新制度提供了一种清晰明确的可信承诺（Credible Commitment）[1]，使得公共信贷具有可预测性和安全性。根据诺斯[2]的研究，这一时期私人信用利率也与公共信用的利率相当，也就是说，公共金融的革命带动了

1 可信承诺，是博弈论中的一个重要概念，指博弈的参与人使自己的威胁策略变得可置信的行动，这意味着参与人要为自己违反承诺付出成本，尽管实际上这种成本并不一定真正发生。

2 参见〔美〕道格拉斯·C.诺斯、张五常：《制度变革的经验研究》，罗仲伟译，商务印书馆，2003年。

公共资本隔壁私人资本的发展，下降的利率扩大了经济可行的项目和企业的范围，促进了整体资本的积累。私人证券的大规模交易也从这个时期开始。17世纪90年代早期，这些证券的数量平均每年为30万英镑，10年后，达到平均每年340万英镑，到18世纪10年代早期为每年1100万英镑，之后的下降是由于我们前面提到过的南海泡沫的影响，但即使如此，1715—1750年的市场仍然远远大于光荣革命之前，参见图6-1。

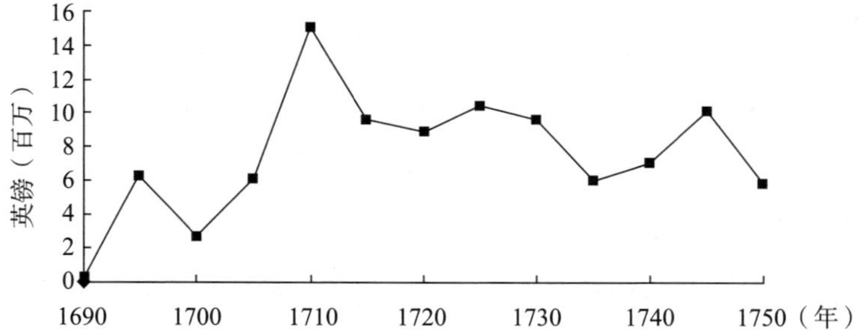

图6-1　股票市场的增长：1690—1750年

数据来源：Dickson, P. G. M., *The Financial Revolution in England: A Study in the Development of Public Credit, 1688-1756*, 附录C。

私人资本市场与公共资本市场的同步增长，集中了大量个人储蓄，并逐渐融合为一个国家级的市场。同时，资本市场也带动了这个时期银行业的大发展。1720年伦敦的银行数量约为25个，到1750年为30个，到1770年有50个，1800年达到70个，银行的贴现票据、流通票据都有了相当程度的提升，私人贷款也稳步扩大，为私人经济活动提供了更多的金融服务。可以说，此时的英国已经构建出银行体系、证券交易、国债系统所组成的近代金融制度。

近代金融制度带来资本的流动性，能够资助大量的商业活动，也大大增加政府获取社会资源的能力。在英法战争中，政府可以为英军提供前所未有的资金支持，这为英国18、19世纪的政治经济扩张发挥了必不可少的作用。而当时的法国在面对同样社会经济矛盾的时候，没有及时实现公共金融革命，在英国经济崛起的时候，法国却到达了大革命爆发的前夜。迪克森（Dickson, 1986）曾经论证过，17至18世纪一个世纪以来，在人口约为法国人口三分之一的劣势下，英国总能打败法国，一个重要原因就是英国具有能有效地为政府债务筹资的能力，这场金融革命使得伦敦资本市场发展得更加成熟，伦敦因此取代阿姆斯特丹成为18世纪末世界的金融中心。

此外，公共资本市场的运转使政府的财政能够更加为社会、为市场服务。比如为工业发展提供必要的基础设施，公路、铁路、电报、电话、电力、自来水、医院、学校等耗资巨大的长期投资，其本身是不盈利或很少盈利的，因而由政府来投资最恰当不过。此时的公共金融还可以通过关税来保护贸易，或者实行出口津贴政策，以支持本国工业品在国外市场上的竞争活动，以及举办教育和社会保障事业。凭借金融体制、公共财政、基础设施和工业化转型，在进入19世纪的时候，英国已经超越之前的欧洲豪强，呈现出近代化的繁荣景象。

与英国类似，欧洲很多其他国家在逐渐完成公共金融领域的革命以后，也改变了财政体系和税收形式，改变了民众对于国家税收以及公共信贷的态度，使国家都拥有了为市场和社会提供公共服务的公共金融。这样的公共金融有着自身的边界，它没有统领整个社会资源，但是在维护资源分配的公正性、公益性和有效性方面却发挥着有效作用。公共金融革命分散了社会中的经济权力，避免了政治经济权力的高度集中，国家的财政收入不再被用来服务于国王或其他统治者的目的，而是服务于全社会的共同目的以及个人多样化生存的目的。这种公共金融体制的产生，以及对于货币和资本市场的利用，带来政府财政收支机制的变化和管理政府债务的进步，促进了欧洲国家经济基础结构的近代化，对于市场经济的进一步发展和资本主义民族-国家的成长都是一种有益的准备。

三、传统中国的帝国财政结构

在中国的帝国统治时期，是社会与国家完全重合的政治性国家，公共金融一直是建立在以为数众多的小农为生产结构和社会结构的基础上的、国家控制全部资源的一种体制。这个体制的特点是，皇室财政与国家财政合二为一，国家向全民直接抽税，个体小农成为国家赋税的主要承担者。在这种政治框架内，国家掌控工商业，垄断社会财富和资源，排斥了其他社会阶级参与政权和在资金、人才、知识方面的支持。这一方面为国家财政谋得大量特权收入，另一方面也限制了私营工商业发展可能对农业造成的侵害，进一步从生产、生活上控制农民，维护了中央集权财政体制的社会基础。

传统中国到了鼎盛时期的宋元明清四个朝代，中央集权的财政体制已经非常成熟，具有延续惯性。宋朝初年，鉴于唐、五代藩镇割据的历史教训，立国之始就从各方面加强中央财政的集中[1]，国家设立“三司”这一专门机构来统筹全国财政，三司及三司使在宋朝财政上一直居于核心和主导位置，发挥重要作用，形成了财政实行集权、集权归于中央、中央又集中于三司的局面。财源的集中，还表现在皇帝对财计之事较以往更多地亲自干预上，皇帝不仅亲自参与有关财政的各项重要制度的制定，主持大臣们召开有关财计的重要会议，还经常过问盈亏虚实，工作量不可谓不大。这些制度都为宋朝以降的帝国财政奠定了基础。类似于宋代的三司，元代设

1 南宋学者叶适对宋朝财政的集中曾有如下评论：“太祖之制诸镇，以执其财用之权为最急。既而及伪次第平一，诸节读伸缩惟命、遂强主威以去其尾大不掉之患者，财在上也。”参见《文献通考》卷二四《国用》水心别集卷一一“财总论”。

立中书省，明清两代设立户部，由这些机构下达政令，协调全国财力，课征税负，供国家各项支出的需要。

宋元以降的国家收入中占据主导地位的是田赋，其次为徭役，再次还有一些商税、契税、海关税、专卖收入等，国家支出则基本上包括官俸支出、日常行政支出、经济建设支出、国家赈济支出以及皇室支出。各种赋税制度历代均有调整，但是基本框架没有变化。重农抑商的经济思想指导着传统中国的经济政策，在财政上恰恰呈现出重征农而轻征商，也就是国家的主要财政收入是田赋而不是工商税收。并且，一直以来，“普天之下，莫非王土”“朕即国家”的观念，使得皇帝拥有不可分割的公共金融权力，牢牢控制国家的财政命脉，没有中央计划，没有中央国库，虽然此时皇帝的私人财产由内务府掌管，国家财产由户部统筹，看上去是公共财政的一个进步，但在实际操作中，户部无法拒绝内务府提出的资金需求，皇帝的收入和支出与国家的收入与支出没有不可逾越的界线。皇帝不仅在个人生活上随意挥霍，还常常大量赏赐皇亲国戚近臣，因而公共金融中近代化因素发展的空间十分有限。

这种中央集权的财政体制中，同时也缺乏进行相应管理的技术手段和专门知识。在全国以单一税率的田赋作为主要税收来源的情况下，人口统计、土地清丈、中央地方财政划分等方面应该说都还没有达到较高发展水平，从而造成制度的管控效率不高。对于收入与开支没有准确、清晰的控制，使更加皇帝没有自我克制的自觉意识和制度制约。单一税率的田赋征税，一方面由于众多小土地所有者的存在，使税率不可能充分上调，另一方面无法向大土地所有者征收累进税，也造成帝国税收税入的严重不足，常常出现“拆东墙补西墙”的财政局面。

受制于传统中国公共金融体制的效率，充分动员国家财政资源的办法不太多，限制了国家对于道路、运河、水利灌溉等公共服务事业的投入能力，政府职能很难说充分发挥。在兴办地方文教等公益事业中，通常具有一些筹备资金及财务管理的事宜，这类事宜往往是一种社会性的募捐活动，没有固定的机构或组织，没有固定的财源和常项收入，没有专职人员主持，更谈不上预算和备用经费，基本是兴一事筹一款，临时应付。公共服务业的欠发达进一步妨碍了技术的进步和经济的全面改善。

宋元以降，与中央集权财政体制相适应，还形成了户籍制度、官员考课制度、上计制度以及司法制度等。在传统中国的公共金融体制下，农业和工商业在国家的控制下实行了整合，共同服务和服从国家财政的需要，市场成为国家财政的附属物，这就与向民众实现自我生存、自我发展的市民社会与公共空间演化有着一段距离。

那么传统中国的统治者和官僚阶层没有思考过公共金

融改革对经济发展的作用吗？有，但思考的视角与英国人不尽相同。每当面对国家财政窘境和公共事业的匮乏时，中国的精英们经常出现开源和节流之争，即开辟新财源和节减开支孰先孰后之争。这方面，最具代表性的是北宋时期的司马光和王安石的争论。在讨论国家金融制度和工具的时候，我们分析了王安石变法，也提到过同时代另一位具有杰出才华的人物司马光。司马光倾向节流，王安石强调开源。司马光认为天地生财是个定数，不在官则在民，这种零和博弈的认识显然还没能意识到国家管理对于经济发展的能动作用。不过，正如他所指出的，封建时代许多当权者所谓开源，往往是变换方式加重百姓负担，就像王安石的新法，虽然有好的设想，但最后却成为加赋敛民之法。总的来说，在中国当中，对于公共金融的发展，国家和民众没有特别积极的态度，此种情况在明清时期甚至比宋元两代还要糟糕。黄仁宇（2001年中译本）曾经用“收敛性”（Self-denying）形容明代的财政管理，即运作能力降到最低限度，忽视了通过工商业发展来增加收入的策略，拒绝考虑面向私人和社会的国家信贷的帮助。这种体制下，就只能以一种极低的税率扁平地、全面地吸取税收，来维持一种低效的农业统治。

其实，在不同时期也都曾经进行过试图冲破中央集权公共金融体制的举措，刚才提到的宋朝王安石变法，还有明朝曾经轰轰烈烈的“一条鞭法”[1]，都朝着向民间释放一部分资源的方向发展过，却都不甚成功。清朝统治时期，再次在公共金融领域出现了这种尝试。

清代在征税方式上实行图甲制，最重要的是“户”的登记内容由原来的“人丁事产”转变为土地或税额，通过“摊丁入亩”，比较彻底地完成了明代以来的“一条鞭法”的改革，税赋征收呈现出货币化、定额化、单一化的趋势。这也是由于皇帝和重臣们逐渐认识到货币赋税财政比劳役征发和实物赋税具有很多优越性，此时实物财政开始向货币财政急剧演变，比较迅速地形成了一个高度发展的货币化财政，过程之急促也使货币化程度超出当时商品经济发展的水平。后来经过太平天国时期南方六省的漕粮改折以及庚子以后江浙漕粮的改折，实物收入在清朝财政中所占比重已微乎其微。在当时的制度效率下，这种新的税收方式，政府必然要依赖种种中介势力来实现对编户齐民的控制，这无意中提供了一种公共空间的发展。在这个空间中，宗族、士绅、胥吏等中

1 “一条鞭法”是继唐代“两税法”实施800年后又一次较大的税费改革。其主要内容是把各种徭役、田赋和各种杂费，并为田赋一种，以田亩为对象，一次征收。并将扰民最重的役并入田赋之中，征课的田赋一律折合成银两交纳。另外，税费统一改为交银后，不再由地方的“里长”“粮长”办理征收管理，而由地方官吏直接征收后解缴国库。“一条鞭法”改革化繁为简、税费合一，达到了统一税制、省费便民、稳定社会生产力的作用，增加了明朝中央的财政收入，同时放松了国家对农民的人身管制。

介势力在社会关系中扮演重要角色：既作为政府和民间社会的中间人，在影响和左右政府与社会运作的同时，又受政府和民间社会的制约。清代中期以后的国家-社会秩序，便在这种复杂的矛盾关系中演进。

从欧洲中世纪到工业革命完成之前，或者说直到西方世界直接进入传统中国之前，中国经过几次大规模的朝代更迭，但在每一个朝代内，还是在全国范围内维持了政局安定平稳和社会正常秩序。如前所述，由于收敛性的财政管理，帝国也一直延续着较低的税收水平，相对来说由朝廷直接承担了公共基础设施建设，这与在相同时间段战乱频仍的欧洲大陆非常不同：欧洲激烈的政治竞争和巨额战争负担往往造成较高税负和较低公共支出的局面。但是，随着工业革命、民族国家和金融革命带给欧洲各国的全新面貌，不仅使金融市场和经济效率提高，在城市路面、污水处理、交通设施方面也都焕然一新。而随着西方国家的侵入，中国晚期本已趋于衰落的财政状况开始加速，之前的收敛财政到达了无以为继的阶段。由于庚子赔款、举办新政、宪政和练兵筹饷，清朝财政支出急剧膨胀、入不敷出。除增加捐税之外，朝廷终于开始把解决方法投向举借内债。政府发行公债是弥补财政支出、保证国家机器正常运作的方式，是公共金融工具的一个进步。民众认购公债是一种经济行为，也是一种政治行为，曲折地反映了民众对于发行公债的行政主体合法性的承认。但特别遗憾的是，清末几乎所有发行地方公债的计划都遭到了咨议局的抗议，一个没有可预见性和可信承诺的公共金融体制，确实很难得到公众的认可。1904年的“助国宝券”，1908年的赎路公债，1909年的富签债票，1911年的“爱国公债”纷纷以失败告终。

要知道，此时距离威尼斯第一次发行政府债券已经过去了700年，在这700年的漫长岁月里，西方国家依靠活跃和可信的公债市场支持了政府用于战争、内务、经济发展、公共事业的财政花销，并与私人债券市场一起作为金融市场的重要组成部分，推进了金融的发展与迭代。而向老百姓借钱这事儿，在中国的皇帝看来是很荒谬的：朕即国家，普天之下，莫非王土，我在自个儿的家里还要写字据借钱吗？所以在政府入不敷出陷入困境的时候，财政政策工具箱里大概就只剩下通货膨胀和增加赋税两种选择了。威尼斯市场如火如荼交易标准化政府公债的时候，土生土长的威尼斯青年马可·波罗正和叔叔一起，在今天北京北三环安贞门附近的元大都宫殿里和忽必烈聊家长里短，马可·波罗不一定提到他老家的里亚尔托大桥边有个市场、政府在那里管百姓借钱，但是从北京到云南的游历，却让马可·波罗看到了一个辽阔富足的中国和利用印制的中统钞完成的商品交易市场。马可·波罗回到家乡后向乡亲们描述中国百万人口的城市、上千公里的运河、用煤取暖、用纸币交易的场景，并没多少人相信。元朝的纸币和威尼斯的公债，究竟谁该羡慕谁，究竟谁在金融发展的更高阶段？这或许没有答案，金融制度和金融工具的演进是众多基础性制度和非制度化约束，以及历史的偶然性造成的，站在今天的视角去进行比较并不公允，每一种金融的演化，用当时时代的眼光来看待，可能都是恰当的。

再来看看清朝政府收入的另一个来源——关税，发展情况也未能正常。欧洲专制王权时代采取的是保护关税政策，即高额征收进口税而降低出口税，通过这种税制，保护本国免受外来商品的打击，并打开本国产品的国外市场。在朝贡贸易中姿态颇高的传统中国向来无保护关税的意识，到了帝国晚期，由于协定关税的束缚，实际海关税税率下降到5%以下。中国民族资本主义发端之时，厘金制度使得国内关税壁垒有不断加重的趋势，清政府不屑于也不可能取得资产阶级的支持以摆脱财政困难。倒是在此时的晚清关税体制当中，出现了一位在中国近代公共金融历史发展中最重要的外国人，就是清朝海关总税务司罗伯特·赫德。大多数人对赫德的记忆是中学历史课本当中一句话带过的洋买办，这显然不能代表这位掌管晚清海关半个世纪的正一品官员、被伊丽莎白女王授予爵士爵位、去世后被宣统皇帝追授“太子太保”的人物。赫德是读过《大学》《中庸》《红楼梦》的中国通，对孱弱的中国充满同情，同时他又是一名严谨的公职人员。他改变了清朝海关混乱腐败的局面，形成科学、高效、任人唯贤的管理制度；开创了中国近代邮政系统；向中国精英传递政治经济学要义，为洋务运动提供了战斗檄文《局外旁观论》，并用他所维持的海关收入，支持大批近代企业的兴建，包括中国第一个新式学校“京师同文馆”；也是他在清末战争赔款中斡旋，开了清朝向外国银行借钱的先河，硬生生将中国拉入国际金融市场。当然，作为一个英国人，在晚清与西方之间，赫德也有很多可指摘之处，时势使然。但即使是赫德这样想要帮助清朝振兴公共金融消除腐败的人，在那个时代最终也只能落寞地遗憾退场。

帝国晚期，公共金融当中的另一个问题，即中央与地方的财政区分，也有了新的变化。传统中国一直到明代的前中期，始终是纯粹、单一的国家财政体制，没有独立存在的地方财政。自晚明出现落地税后，地方税因素才显现出来，并有逐渐发展壮大之趋势。晚明的国家财政内容分为两部分，一部分是国家对各类课税的征收及支用方面的管理活动，即税课系统的财政收支活动；另一种是徭役系统的财政收支活动，即对徭役的征发及对服役者的工食支付和徭役银的使用。前一部分是主要的，象征着国家财政的全部，实行中央集权体制；后一部分是次要的，国家不太重视，可以将财权下放给地方，实行内部包干财政。明代的这种国家财政的地方区域性或割据性因素到了清朝初年被取缔，贯通上下的财政指挥权重新统归中央户部，地方不再有杂项收入可以自由掌握和任意安排。这种状态在太平天国运动和八国联军入侵以后发生了新的改变：由于国家财政特别困难，单一的国家财政已不能应付事变，中央只求各省能够筹足兵饷，来不及过问其筹资手段或手续如何，各省趁机夺回了中央的一部分财权，形成了分权财政的局面。朝廷承认地方拥有自行筹款权，当然也就默许了自由用饷行动。有些新筹款项的动用，完全是由藩司自行核销，独立处理，不再向中央奏销。除了厘金、杂捐中的一部分成为地方财政来源外，洋务运动中兴办的官营企业的盈利，也有许多被省级财政系统所占有。地方财政在收支方面有了一定自主权，不过还要接受户部下达的解款任务和承担国家常项经费的不足，要对国家负责。这种现象一直持续到辛亥革命前夕。地方财政的出现与前面提到的明朝的地方财政有所不同：明朝财政内部成分不统一，分为赋税系统和徭役系统，是国家与地方各把持一头；而清朝是在国家财政成分统一的情况下，产生的国家财政内部的分化运动，是一种真正的地方财政的出现。

四、国际金融初体验：圣殿骑士团

在探讨国家、社会和金融制度的这一章节里，最后的篇幅涉及国家与地区间的金融交易制度安排。国际金融的实践其实一直在欧洲大陆不断出现和发展，之前深入探讨过的欧洲集市贸易中层出不穷的金融工具创新和规则安排之外，还有来自其他方面的突破和探索，而其中最让现在的史学家、金融学家着迷的莫过于中世纪圣殿骑士团（Ordre du Temple）所带来的国际金融实践及其至今没有揭开全部谜底的剧情。

这里需要先梳理一下基督教与伊斯兰教的政治版图纠葛。基督教是在公元1世纪开始在罗马帝国传播，随后的几个世纪，耶路撒冷、巴勒斯坦、叙利亚等地区都一直在罗马帝国及后来的拜占庭帝国统治之下。7世纪开始，伊斯兰教穆斯林通过武力向阿拉伯半岛以外扩张，并于公元638年占领耶路撒冷，随后向西欧心脏地带不断挺进。对于基督教世界来说，这不仅是土地的失去，也是基督教遭受排挤和迫害的过程，很多基督教教堂被摧毁，基督徒前往耶路撒冷朝圣的道路也遇阻。公元1096开始，罗马天主教教皇乌尔班二世对地中海东岸国家发动战争，目的是收回被阿拉伯、突厥等占领的地盘。这场战争持续近200年，前后九次出征的战士都秉持炽热的基督教信仰，佩戴十字标记，为收复圣地而战，历史上称为十字军东征。十字军在征伐过程中建立了包括耶路撒冷王国、安条克公国在内的几十个十字军国家，深刻影响了后世的地中海政治格局。

十字军第一次东征中，于公元1099年收复圣地耶路撒冷，从而开启了欧洲大批基督教徒前往圣地朝拜的序幕。但从地中海东岸前往耶路撒冷的路途异常艰辛凶险，很多教徒在朝圣途中备受折磨甚至丧命。传说在这些朝圣的教徒中，有9位骑士凭着一腔热血和情怀组成团队，希望能在行程中保护其他朝圣教徒，他们立志守贫、禁欲和服从，如修道士般献身上帝。这支骑士队伍逐渐庞大，教皇英诺森二世也确认了其地位，骑士们只接受教皇指挥而不必服从任何世俗权力。后来耶路撒冷王国的鲍德温二世将圣殿山上的清真寺赐予骑士们驻扎，于是他们被称为“圣殿骑士团”。

放弃自身财产、守贫立誓才能加入的圣殿骑士团，却在发展壮大的路上越来越富有。凭其“神圣的宗教旨意”和高尚的骑士品格，骑士团不断收到各种赠与，骑士团沿途所经之处，君主和贵族们争相捐赠，一些显赫人物馈赠全部财产给骑士团而自己变成贫民，纳瓦拉和阿拉贡的国王阿方索一世甚至在遗嘱中将圣殿骑士团列为自己的继承人。这些在世俗眼光中或许难以理解的行为，也许是一种灵魂净化的愿望，在当时极大地影响和带动了社会各阶层。骑士团的财产以一种惊人的幅度增长，并且其中很多是土地，而教皇英诺森二世当时给予圣殿骑士团的特权中，包括不仅对其免税且其在自己的土地上可以收取什一税，这使财富的积累更加迅猛。到12世纪末，圣殿骑士团已经拥有9000座庄园，其中包括伦敦的圣殿教堂、柏林的圣殿宫还有整个塞浦路斯岛，年收入约600万英镑。以这种堪称雄厚的资产为基础，在保护圣地、保护朝圣教徒的本职工作中，圣殿骑士团竟意外地、逐渐地发展起跨国金融业务，创设出不少国际金融产品。

首先自然衍发出的是国际汇兑业务。朝圣教徒要进行长距离的旅行，随身携带大量财物非常不安全，圣殿骑士团的安保工作中就需要加入一项可以使教徒在始发地存入资产并在目的地支取的业务，具体的操作方式是教徒持有圣殿骑士团特殊封印的票据来实现异地取现，并支付相应手续费。这就类似于中国唐代的飞钱和清代的票号业务。

随着国际汇兑业务的发展，很快带来了不进行长途朝圣但也想在圣殿骑士团的地方机构存放现金的需求，比起放在自己家里，人们更愿意把货币和金银放在更有安全保障的骑士团，并且还能有相应的利息收益，这在当时禁止高利贷的时代，是一种理想的投资工具。这时所持有的交易票据其实就是存单，存贷款业务在圣殿骑士团兴盛发展起来。越来越多的社会阶层都能从圣殿骑士团借款，进行生活接济和商业投资，法国国王甚至成了骑士团最大的债务人，一个资产跨期、跨国配置的国际金融市场逐渐显现。

既然可以在骑士团存放现金，那么家里的其他昂贵珍宝，尤其是王公贵族们的奢侈品家当也逐渐开始寄存在骑士团的驻扎机构，这种保险箱业务有着非常专业的保密设计和良好的客户服务水平，受到广泛欢迎。

这类金融业务的发展，不仅使圣殿骑士团拥有一支庞大且战斗力强的军队和难以估计的财产数额，还使其金融分支机构遍布欧洲大陆、阿拉伯半岛和中西亚，成为不可小觑的政治军事经济组织，其不隶属于任何城邦国家和新兴民族国家的中立角色，成为连接东西方的国际金融通道。这种国际金融组织的最初大规模实践，比20世纪后逐渐形成的一系列国际金融安排几乎早了整整一千年。其实很难对历史进行假设，如果圣殿骑士团组织一直持续下去，国际银行业的发展趋势会是怎样，依靠军队和信仰在基督教世界和阿拉伯世界进行的金融连接，与在意大利集市贸易国际商品交换中应运而生的金融市场，将怎样互动和呼应？但是骑士团的历史故事在14世纪初由于法国国王腓力四世突然的大规模镇压和迫害开始分崩离析，这一天是1307年10月13日星期五，这也许是后来13日和黑色星期五被视为不吉的一种可能原因。

骑士团成员在抓捕和镇压中逐渐死亡和四散，但是他们身后的巨额财富不会灰飞烟灭，法国国王和其他发难者能够控制的也许只是冰山一角，很多关于圣殿骑士团的传说也在后世不断流传和演绎。

第七章　数学、金融理论发展和金融危机

一、知无涯者：斐波那契

人类几千年的文明发展，形成了术业专攻的各个学科，从人文、社科、医学、理学到工程技术，倘若要寻找一种横贯所有学科的科学，那么很有可能是数学，数学足以成为人类智慧的最大公约数。在社会结构和文明演绎的诸多环节，我们都能看到数学若隐若现的光辉，在金融的发展历程中，数学更是不止一次以扛鼎之势掀开新的篇章。12世纪生活在意大利比萨地区的数学家斐波那契（Fibonacci），就是作为这样的一位知无涯者同时镌刻于数学历史和金融历史中，甚至成为中西方金融发展的某种分流契机。

斐波那契，另一种称呼叫作比萨的列奥纳多（Leonardo of Pisa），他出生的时代正是意大利商业兴起、贸易发展的时候。比萨共和国当时拥有北非的殖民地Bugia，大概位置在

今天的阿尔及利亚，那里盛产蜂蜡和皮革，有着促进出口贸易盘活经济的需求。当时一部分交易对手来自阿拉伯，欧洲大陆对阿拉伯世界的珍奇物品也具有同等的迫切需求。同时，我们曾探讨过，这个时期十字军的数次东征，已经把阿拉伯世界彻底拉进了欧洲文明。但这两个文明之间有个重要问题还没有解决，就是数学的差异，简言之，双方在基本的计数方面使用两套系统，也就是阿拉伯数字和罗马数字，并且都自认为是优于对方的工具。但实际上，罗马的数字和计数方式非常庞杂，比如阿拉伯数字1对应的罗马数字是Ⅰ，3是Ⅲ，5是Ⅴ，10是Ⅹ，18用罗马数字表示的话就要写成XVIII，这样的拼写组合非常繁复，更不要谈用罗马数字来进行更复杂的数学运算了。所以，这个历史时刻，需要一位数学家来沟通欧洲数学与更有成就的阿拉伯数学以及古希腊数学，斐波那契就是历史之选。

由于斐波那契的父亲成为城邦所辖殖民地的海关官员，斐波那契从小即接受了阿拉伯世界的数学教育，熟练掌握阿拉伯数字和基本的数学理论。阿拉伯世界的数学来自古印度，公元628年，古印度数学家婆罗摩笈多在其《宇宙的起源》（*The Opening of the Universe*）一书中提出0和负数的概念，这对于数学的发展与应用是关键性节点。此后这些概念从印度传到阿拉伯。公元8—9世纪，阿拉伯数学有了自己的突破，超越了同时期的欧洲。最杰出的代表是巴格达天文学家花剌子模（al Khwarizmi），他不仅发明了代数，还将其主要应用在家庭成员的财产继承问题上，把数学知识和俗世生活相连。这些斐波那契都在从小的学科训练中习得和深化，并在成年后欧洲各国的游历过程中不断锤炼，最终于1202年凝结成《计算之书》（*Liber Abaci*，也译《算经》《珠算原理》）。这部著作不仅向欧洲世界介绍了阿拉伯数字、加减乘除、分数、比例、平方根、立方根、二次项等基础性研究，更可贵的是还将其延展到应用性研究领域，与日常的商业生活相结合，提出了利率计算、价值计算（净现值法的雏形）、资本投入与利润计算、货币兑换计算等方法，形成了货币的时间价值和机会成本的最初思路。

当然，最集中体现斐波那契杰出成就的是我们耳熟能详的斐波那契数列（Fibonacci Sequence）：

0，1，1，2，3，5，8，13，21，34，55，89，144，233……

这个数列从第3项开始，每一项都等于前两项之和，并且随着数列项数的增加，前一项与后一项的比例将越来越接近黄金分割数值0.6180339887。

在自然界，一棵树木生长分叉的规律，最初生出一支分叉，随后在较高的位置生出两支，再在更高的位置生出三支、五支、八支，形成斐波那契数列；每片树叶生长的方向，通常是朝向前一片的222.5度，222.5与360度的比例刚好是0.618；一枚向日葵，果实会朝两个方向成列状分布，这两部分列数分别是34和55；海螺和贝壳的身上，可以完美观察到以斐波那契数列为基础的斐波那契弧线；除此之外，还有松果、菠萝的果实生长……这些大自然的产物，为什么遵循了数学家的逻辑，我们的解释只能是物竞天择，自然优化。在艺术界，从维纳斯到蒙娜丽莎的微笑，从帕特农神庙到埃及金字塔，从奈良东大寺到山西佛光寺，还有日本池坊花道中真、副、体三枝花的长度，甚至五星红旗五个角的角度朝向……所有的设计、绘制和建筑比例都围绕着斐波那契数列，在不同时空的艺术家眼中美如此相通。日常生活中，斐波那契也处处存在，信用卡的长宽比，用手机拍摄相片的最佳构图点，报幕员所站之处刚好是整个舞台长度0.618的位置。中国传统文化中也会发现老子在《道德经》中就提到“道生一，一生二,二生三,三生万物”，孔子也在同样的思路上提出过“参伍以变”，三生五成是阴阳变化的基本周期。

除了斐波那契数列，另一个神奇的应用是斐波那契回调线（Fibonacci Retracement）。这种方法在今日资本市场技术分析中仍占据相当位置，并且被热心于股市的投资人们经常挂在嘴边。这条回调线是利用斐波那契数列，来判断当趋势向一个方向变化时，其相反方向的回调，将在可预测的数列点位受阻。我们如果把最近走势中标志性高点与标志性低点之间的数额作为基数，按照0.236、0.382、0.5、0.618、0.809

分割为五个黄金分割点，那么交易者通常在这些数列出现的点位进入交易或是设置止损，当然这种支撑和阻力位已经越来越成为群集状态下投资者的一种自我预言。

抛开各种神奇的解读和应用，斐波那契数学技术的进步，对于随后几个世纪在意大利展开的金融工具和金融市场的创新与开拓，无疑是起步的基石。尤其是从比萨开始，许多地区都形成了教授计算技术和商业活动的专门学校——可以理解为今天各个大学的商学院——这成为斐波那契天才成就传播的关键途径。两个世纪之后，大约在1450年德国人古腾堡（Gutenberg）的活字印刷术的发明，在印刷赎罪券[1]和《圣经》之余，带动了数学基础教材的印制与进一步传播，此时也涌现出更多的以斐波那契为学术基础的数学著作，比如会计学之父卢卡·帕乔利的《数学大全》等。简单、便宜、便捷的古腾堡印刷术不仅带来数学领域的文化传播，还带来文明全方位的大踏步进步，满足了不同阶层社会公众对知识的渴求，和不同宗教教徒对信仰的探知与领悟，对欧洲的文艺复兴和宗教改革、金融改革、工业革命都起到催化作用。古腾堡对人类进步产生卓越贡献。500年后，也就是1970年代全球第一个电子图书馆工程就取名为古腾堡计划（Project

1 中世纪天主教会为筹集资金所发售的赎罪证明，教徒可以通过花钱购买证明来免去自己的现世罪恶。

Gutenberg)。

提到活字印刷的发明，中国北宋时代的毕昇不可不提，根据沈括《梦溪笔谈》的记载推算，毕昇的活字印刷应该比古腾堡早了约300年，可为何毕昇的技术没有带来中国社会的进阶与变革呢？毕昇当时使用的是不太耐用的泥字，而古腾堡使用了更结实的铅字，并运用了人工注塑仪，还用灯灰、清漆和蛋白合成了墨水。更重要的一点是，欧洲语言的字母组合方式，可以用少量活字完成大篇幅的印刷，而中国汉字的笔画组合方式，要求每一个字都必须拥有单独的活字。所以即使在毕昇之后的时代，中国的文化传播仍依赖于雕版印刷而非活字印刷，从公元7世纪持续到19世纪中叶，直至道光年间英国传教士麦都思（Henry Medhurst）将由古腾堡活字印刷发展而来的西方近代印刷术引入中国。

回到数学和斐波那契，著名的金融史学家戈兹曼曾提问，斐波那契是否能够成为中西方数学发展的一次大分流？其实我们还可以进一步追问，斐波那契是否是中西方金融发展的一次大分流？因为数学改变的不仅仅是人们的计算技术，更重要的是思维方式、经济行为和社会模式。斐波那契之后的几个世纪，从12世纪到16世纪，如前所述正是西方金融工具和金融机构蓬勃出现与发展的时期。如果没有阿拉伯数字的引入，没有利息和现值终值概念的计算，没有成本收益的记账，最基本的金融工具可能都会发展缓慢，更不必说日益复杂的各种衍生金融产品和花式金融工具。而人类金融发展史上由于数学进步产生的跳跃性发展，除了知无涯者的斐波那契，1950年代的微观金融理论发展和2010年代的数字加密货币或许可以算作另外两次。

既然斐波那契可能是中西方历史中的一次分流，我们就需要了解此时中国的数学世界发展在怎样的水平与视野。斐波那契更多的是站在阿拉伯数学的肩膀上开拓了欧洲数学的新境界，那么在古希腊、古巴比伦和古印度数学启蒙的时候，另一个古文明——中华文明应该也遥遥呼应，取得相当的数学成就，事实也确实如此。

在出土的殷商甲骨文中，存在有一、十、百、千、万等十三个计数单字，也就是说公元前14世纪至公元前11世纪的中国人就已经有了十进制的算术思维方式。到了公元前11世纪的西周，数学已经作为“六艺”之一成为王室和贵族子弟的必修课，春秋战国时期的百家私学，更为数学教育的普及和传播创设了场景，九九乘法表和加减乘除运算开始被更多人掌握。西汉时期由张苍、耿寿昌整理成书的《九章算术》则集之前的数学成就之大成，分为方田、粟米、衰分、少广、商功、均输、盈不足、方程、勾股九个部分，涉及分数、比例、开平方开立方、体积、盈亏、勾股定理、负数、线性方程等诸多问题。由此看来，传统中国在数学发展的一些重要突破节点上，比如负数，比古印度的婆罗摩笈多早了700多年，比例与分数则比斐波那契早了1300多年，不可谓不具有领先地位。后来的科学家们开始在两个方向上继续努力，一是围绕《九章算术》进行各种注解，以进行归纳和进一步证实（中国科学家们总会深受经典古籍的研习传统，形成对经典进行注释解读的方法论，不仅数学，在其他学科方面也是如此）；二是以其为基石，编写新读本。其中又以魏晋之交的公元263年刘徽的《九章算术注》最为卓著，已经发展出出入相扑原理、极限思想、归纳和演绎方法等。到了祖冲之父子的《缀术》，负系数三元方程已经不在话下，但由于太过艰深，当时的学生们无法读懂，导致很多内容失传。到了北宋时期，诸多前代的数学书籍得到雕版印刷，这应该是世界上最早的数学印刷本，毕竟200多年后古腾堡才开始琢磨这件事。贾宪、李治、杨辉、秦九韶等一批卓越才华的数学家把中国的数学科学推向了高潮，十进制小数运算、高阶等差级数求和、垛积术、多元高次方程组、贾宪三角、杨辉算法等都熠熠生辉。但随后的几百年，传统中国的数学家逐渐沉寂，直至16世纪末徐光启翻译了利玛窦带来的《几何原本》，才又逐渐重新回归数学科学前沿。

从中国数学发展的过程中，可以看到两个与欧洲的不同。一是传统中国的数学家们是经院主义的理论数学学者，沉浸于算术技术的不断深入、提炼，为数学而数学，这与婆罗摩笈多急于用数学解决财产继承问题，和斐波那契热衷于把数学技术投入到公司金融、银行信贷领域非常不同。中国知识分子的社会定位和中国社会重农抑商的文化传统使科学家们有更为纯粹的学术追求，并且在观照实际生活时着眼点更多在“方田”“粟米”“修堤”等农业领域，比如唐初数学家王孝通的《缉古算术》探讨的就是修筑水坝和开凿沟壑的问题，杨辉也曾经涉及日常生活交易当中的数学。二是中国的数学家们在近乎全方位对数学世界进行探索的时候，唯独遗漏了概率，或许应该更严谨地说，是没有形成系统的概率论理论，因为在置闰、占卜的时候，涉及过概率的使用。724年的《大衍历》中以气盈朔虚推闰，并推导了按照平气平朔置闰时候，闰月出现位置的概率计算公式，但对概率的探讨与应用也仅仅在这样的范围内。而在金融工具和理论发展过程中，关于分散投资的金融学正是要源于概率论的研究。深谙中国近现代历史的汉学家伊懋可（Mark Elvin），对传统中国的认识有不少真知灼见，除了人们耳熟能详的“内卷化”，还有一个就是提到了中国对于概率知识的缺乏，但没有给出更好的解释。

就这样，在13世纪的一个历史分流点，中国数学家们投身于更高阶方程的推导，斐波那契则启蒙了欧洲大陆的数学思维和技术，并立竿见影地运用到欧洲金融市场中，同时开启了日后更加精密的金融投资理论和技术分析的大门。

二、微观金融理论发展：哈得孙河、查尔斯河和护城河边的不同市场有效性

斐波那契数列对金融研究与实践的指引在700年后美国资本市场得到了一次整理，并得以系统化。此时伴随美国金融市场的成熟，集中涌现出一批精英学者，在微观金融投资分析领域取得了划时代成果。

1850年代查尔斯·道（Charles Henry Dow）出生在美国康涅狄格州一个农村家庭，早年丧父，与母亲艰难生活。道虽然只具备小学文化，但却一直怀有做记者的梦想。他辗转几家报社，在社会采访的历练中不仅打下了新闻从业者的文字功底，而且发现了自己作为财经记者的天赋，在纽约华尔街的刀光剑影摸爬滚打中渐渐摸到了金融的血脉。

1882年道与合伙人、布朗大学的高才生琼斯一起在华尔街15号的狭小办公室内成立了道琼斯公司，出版一份关于华尔街股票资讯的《顾客晚报》。逐渐地，道发现根据每天股市收盘价可以编制一种平均指数，用来帮助投资人掌握股市的整体表现。1884年7月道第一次在《顾客晚报》上发布了一种包括11家公司股价的指数，道琼斯指数迅速被华尔街所接纳并受到欢迎，投资者们似乎在埋头交易的时候有了一张晴雨表可以作为参考和标尺。1889年《顾客晚报》改版成为《华尔街日报》，不仅公布每个交易日的道琼斯指数，还经

常有道自己撰写的各种财经评论和社论文章，这些文章分散而连续地传达出道对于资本市场和股票投资的基本立场和观点。道认为市场会有短期、中期和长期三种趋势，主要走势（Primary Movements）代表整体的基本趋势，次级折返走势（Second Reactions）是多头市场中重要的下跌走势或者空头市场中重要的上涨走势，而无论下跌还是上涨的折返幅度都是前一次折返走势结束后主要走势幅度的33%—66%，只有衡量股市的多种指数发生共振时才能确认趋势。简言之，市场指数会反映所有信息，通过指数走势可以预判趋势。道本人并没有整理他的这些观点，他去世后，《华尔街日报》的其他记者同事将其整理成书《投机初步》，并确认了“道氏理论”（Dow Theory）这一学术称谓。威廉·汉密尔顿的《股市晴雨表》和罗伯特·雷亚的《道氏理论》更是在追随道氏理论的道路上留下了为所有投资者和金融学者熟知的里程碑。就像孔子不知道他有本书叫作《论语》一样，查尔斯·道并不知道他有一个对资本市场产生深远影响的“道氏理论”，道留下的道氏理论和道琼斯指数、《华尔街日报》一起，一百多年后仍在国际资本市场中举足轻重。我们也敏锐地发现，道所设置的折返趋势点正是来自斐波那契数列。

在查尔斯·道之后，对斐波那契数列更加鲜明的应用来自艾略特。1930年代，美国年迈多病的老会计师艾略特（Ralph Nelson Elliott），对美国股票市场进行潜心研究后，结合大众心理学相关理论，基于斐波那契数列分析了混沌市场中的不同层次，提出了当今金融世界中无人不晓的艾略特波浪理论。今天，北京的出租车司机师傅也在谈论最近股市中的几个浪。也许和向日葵、海螺、菠萝一样，波浪理论是人类投资情绪追随自然法则的结果。

1960年代，另一个美国人格兰威尔（Joseph E. Granville）依据艾略特波浪理论的股价循环法则，进一步提出了他的股市策略和量价指标，这位性情中人在卫生间无意间观察到瓷砖上的花纹走向，受此启发发明了“移动平均线”（Moving Average），将一定时期内的证券价格加以平均，把这些平均值连接成线，用来观察证券价格变动趋势。如今，利用移动平均线与证券自身价格进行比较，成为很多投资者的分析手段。

相对于以往对股票进行分析时所关注的宏观政治经济走向、企业经营情况、行业普遍动态等基本分析，道氏理论、艾略特波浪理论和移动平均线这一类分析工具将投资者的着眼点转移到通过指数、股价、成交量等基本指标来推测价格未来趋势，通常称之为技术分析。与基本分析判断股价是否合理、研究股票长期投资价值不同，技术分析更看重短期内价格涨跌的趋势。可以看出，技术分析的理论基石是证券价格包含了一切市场行为，所有的影响因素都已经反映在价格之中，价格图表以趋势方式演变发展，并且坚信历史一定会重演，因而找到趋势即将发生的方向，将有助于确认买入、卖出、止损的时机和点位，做出交易决策。查尔斯·道当年只是想通过指数鸟瞰市场、确认趋势，并没有将他的方法看作是技术分析手段。但技术分析热潮掀起之后，美国资本市场还是越来越多地涌现出精于图表的技术分析师，随后到来的黄金五六十年代，美国股市繁荣无限，技术分析到底管不管用的问题并没有被尖锐提出。这一切，要有待于与技术分析预设完全不同的另一个理论来进行质疑。

新理论的灵感来源是植物学和物理学领域。1827年英国植物学家布朗通过显微镜观察水中悬浮的花粉微粒，发现它们在水分子撞击下做无规则的运动，后来这一类气体和液体中悬浮颗粒的无规则运动被称为“布朗运动”，爱因斯坦还根据扩散方程发展了布朗运动的统计理论。布朗运动对气体动理论、统计物理学涨落理论、仪表测量精度限制、高倍放大电讯电路背景噪声的研究都产生了重要影响。到了20世纪初，法国数学家巴舍利耶开始把布朗运动运用到金融市场，认为市场是由投机者组成的整体，市场的规则是随机漫步（Random Walk），他从数学角度对股票收益率进行研究，发现收益率波动的数学期望总是零。此后到了1964年，奥斯本（Osborn）系统地提出随机漫步理论，认为股票交易中买卖双方拥有同样的智慧，股票价格反映了供求关系，其变化非常类似于“布朗运动”，无秩序可循，变动轨迹不可预期。布朗运动和随机漫步的概念，无异于说技术分析就是在浪费时间，所谓的随机性，就是数据的无记忆性，过去的数据和趋势不构成未来数据和趋势的预测基础，历史无法重演，昨日也不会重现。这对于技术分析是一个致命攻击，也从此成为现代金融市场无法绕过的核心假设。

前面曾在新货币主义经济学中提到过的尤金·法玛教授就是完成这个核心假设的关键人物。作为一名意大利移民的后代，法玛在长时间热衷于足球之后突然发现了自己对经济学的热爱。在他来到芝加哥大学之后，遇到了导师默顿·米勒教授，默顿是前面提到过的期权定价理论的发现者之一，同时也是MM定理的提出者。在默顿的指导下，法玛开始围绕股票价格进行研究。1970年法玛在《金融》杂志上发表了一篇题为“有效资本市场：对理论文献与经验证据的评论”的论文，提出了以有效市场假说（Efficient Market Hypothesis, EMH）下价格随机游走模型为基础的强制性统计证据，完成了有效资本市场的集大成。EMH理论认为在功能健全、法律完备、高度透明和充分竞争的市场中，一切信息都已经反映在股票价格中，价格以其内在价值（Intrinsic Value）为依据，市场的有效性体现在根据最新信息迅速调整价格的能力，在有效市场中，所有未被利用的盈利机会都会被消除。这一理论几乎成为日后主流金融学中资本市场的核心假设，在经实践检验40年后，法玛教授因而获得了诺贝尔经济学奖。芝加哥大学布斯商学院一层大厅里有一条诺奖获得者的照片展示长廊，这里的金融精英们实在太多了。

作为如此重量级的理论，自然引发了很多争论，有利的证据比如投资分析专家和共同基金往往不能打败市场，股票价格的随机游走使寻找价格趋势的努力变得徒劳。也就是说你可以认为投资专家选股、投飞镖选股和找一只北京野生动物园的大猩猩选股，其平均收益率差不多。那经常听说的明星基金经理和卓越的投资机构怎么解释呢，或许是他们拥有非法的内幕消息，或许他们正在冒险，也或许他们所处的市场是一个无效市场。但是也存在很多有效市场假说解释不了的现象，比如小公司效应（Small-Firm Effect），按照理论公司回报率与其规模无关，可实际上很多小公司回报率奇高；一月效应（January Effect），一月份股价会超乎寻常；均值回归（Mean Reversion），当前回报率较低的未来会上涨，当前回报率较高的未来会下跌，这与随机游走并不相符。根据反面实证，法玛教授在1992年提出了“三因子模型”，对小盘股效应和价值股效应进行回应，但依然还有很多有效市场假说不能解释的问题。这些不利的证据并非可以推翻有效市场假说，但是可以让我们更谨慎地看待这个理论，它是我们切入资本市场研究的不错的入口，但是我们明显还需要更多理论的指引。有效市场的前提假设是经济人为完全意义的理性人，但是实际上，限于先天的心智结构、后天的知识储备、信息获取的效率等原因，人的理性是不完备的、有限的，人类具有除了经济理性之外的其他冲动和情绪以及利他行为，这种多样化的动机是有效市场假说缺乏考虑的，这也是后来的新学科行为金融学所质疑之处，行为金融更倾向于将人视作有限理性、有限控制力和有限自利。

费希尔·布莱克教授曾经打趣道，在查尔斯河边的市场有效性和哈得孙河边的市场有效性是不同的。查尔斯河是马萨诸塞州的一条河流，沿岸坐落着哈佛大学和麻省理工学院，这里是理论论证的资本市场有效性；而哈得孙河纵贯曼哈顿西侧，风起云涌的华尔街就在旁边，这里是实践检验的资本市场有效性。其实如果来到北京的护城河边，情况就又有所不同，中国的资本市场发展还不成熟，整个市场的有效性还在经受考验。如果说查尔斯河边的有效性和哈得孙河边的有效性是完美理论与具体实际的差异，那么护城河边的有效性与查尔斯河边、哈得孙河边的差异，是不同社会、政治、文化、市场发展带来的差异。

无论如何，有效市场假说深刻影响到当今金融市场，他给投资者的建议是不要相信分析师的报告，不要尝试战胜市场，不要梦想一夜暴富，频繁买卖还不如购买指数基金。那么面对指数基金和一直战胜市场的巴菲特，你会选谁?

技术分析兴起到有效资本市场假说提出的这几十年，也是数学在金融市场进行第二次历史性进阶与革命的时期。这是一个群星璀璨的年代，金融学家们纷纷利用现代数学理论和方法譬如随机分析、组合分析、最优控制、多元统计等对金融工具和金融市场进行数量分析，奠定了现代金融市场的诸多基石。

第一块奠基石来自1952年，芝加哥大学年仅25岁、血气方刚的青年学者马科维茨发表了一篇论文“资产选择：有效的多样化”，第一次提出了均值和方差的概念。在人们埋头寻找好股票的道路中开拓出一条新路径，就是同时看待风险与收益，组合资金在给定风险水平下实现最大化收益，或是在给定收益水平下承担最小化风险。以这样一个在不确定条件下选择投资组合的理论，马科维茨拉响了金融大爆炸的第一声，随后，马科维茨在所工作的兰德公司遇到了后辈同事威廉·夏普，他对夏普的提携和指引，帮助夏普进一步拓展了资产选择理论，夏普提出的“资本资产定价模型”（CAPM）成为又一块重量级基石，亦师亦友的两人也在1990年共同获得了诺贝尔经济学奖。再加上莫顿·米勒和莫里迪亚尼探索的公司财务MM理论，布莱克、斯科尔斯、莫顿提出的期权定价公式，罗斯的套利定价模型，一场完美的金融数学风暴把金融市场带入了新的历史阶段，金融市场和金融机构的效率提升、金融衍生品的创新与演变开始以一种炫目的速率和惯性蔓延开来，直到2008年……

三、金融压抑与金融深化：风暴中的亚洲

20世纪六七十年代，在微观金融领域取得一系列重大进展的同时，宏观金融理论中开始出现一支讨论金融媒介与经济发展辩证关系的理论潮流，这一派的金融发展理论不可避免地与当时的冷战背景以及亨廷顿（Samuel P. Huntington）意义上的第三波民主化浪潮裹挟在一起。从理论到实践，这一流派深刻影响到一批金融欠发达国家的金融改革进程，在希望提高金融效率、促进经济发展的同时，也埋下了危险的种子。

“二战”结束后的最初20年间，对经济发展的探讨集中在土地、资本、劳动力、自然资源等实物因素，很少有经济学家关注金融媒介在经济发展中无法替代的润滑剂作用。直至1969年，耶鲁大学教授戈德史密斯（Raymond Goldsmith）在其著作《金融结构与金融发展》中，提出了金融结构、金融发展与经济增长的一系列概念界定和相互关系。在戈德史密斯看来，金融结构与金融工具、金融机构一起组成金融现象的三个方面，金融结构就是指各国金融工具和金融机构的相对规模、出现次序、增长速度、对其他部门的渗透程度，以及对经济结构变化的适应程度。金融发展是金融结构的变化，金融发展程度越高，金融工具和金融机构数量和种类也越丰富，经济发展水平也就越高。戈德史密斯还提出了衡量

金融发展与经济增长相互关系的一系列指标，比如金融资产与经济活动总量比率的金融相关率、通过货币交换的商品与服务总值与国民生产总值比率的货币化率等。他也论证了经济欠发达国家的金融相关比率比经济发达国家金融相关比率要低得多，在经济发展过程中，金融资产的增长比国民财富增长要更迅速，同时，银行资产比重趋于下降，非银行金融机构资产相应提高。

随后1970年代，罗纳德·麦金农和爱德华·肖分别以《经济发展中的货币与资本》和《经济发展中的金融深化》两部著作进一步阐释了金融部门与经济发展之间的关联，一个健全的、高效的金融体制将有助于动员储蓄，并将资源进行有效配置，从而促进经济发展；而一个守旧、低效的金融体制会钳制经济的发展，落后的经济发展又进一步局限金融体制的发展，最后螺旋上升形成经济呆滞和金融呆滞的局面。而当时广大的发展中国家，正面临着这样一个守旧、低效的金融体制，金融资产品种欠缺，金融机构形式单一，政府过度干预金融市场，这些形成的金融压抑（Financial Repression）成为发展中国家经济腾飞的桎梏，因而要通过金融自由化（Financial Liberalization）和金融深化（Financial Deepening）来进行金融改革。即使今天来审视麦金农和肖的理论，也会发现其论证的精到之处，金融压抑的国家和地区往往法律不健全，因而金融市场中的抵押、破产等法律程序不够顺畅；其会计标准也相对薄弱，不能有效缓解金融市场中的信息不对称现象；金融机构的国有化和政府对金融市场的干预，还使得市场的价格发现功能无法得到发挥，同时监管当局相应的监管技术和手段也较为落后。这些确实在很大程度上阻碍和放缓了金融欠发达国家与地区的经济发展。

在这一系列金融压抑与金融发展理论形成的时期，整个世界正在经历第三波民主化浪潮。政治学家亨廷顿非常知名的一本书就叫作《第三波》，在书中，亨廷顿把由非民主体制向民主体制转变的历史分为三个时期：第一波起源于美国革命和法国革命的1828—1926年，第二波是“二战”以来的1943—1962年，第三波则是1974—1990年始于葡萄牙康乃馨革命的浪潮。第三波从利比里亚半岛开始波及东欧、拉美、亚洲和非洲，在很短时间内完成了民主体制的转型。

金融体制的改革与此非常相似。在从金融压抑到金融自由化的转变中，智利、阿根廷、乌拉圭率先举起了大旗，非常快速地取消了利率上限和信贷控制，实现金融机构私有化，但相关的监管能力和其他社会基础制度并没有同步跟上，因而很快就随着1982年拉美债务危机而早早失败。紧随其后，80年代的土耳其和菲律宾金融自由化的进程也不太顺利。而马来西亚、斯里兰卡、泰国、韩国则相对比较成功，金融深化带来的活力带动了金融市场效率的提高和金融机构、金融产品的丰富发展，经济增长水平出现了一次飞跃。这种短时期内由政府主导的金融变革，其实隐藏着潜在的问题，这是麦金农和肖这些金融发展理论的倡导者当时还没有发觉的，1997年的亚洲金融风暴，成为了让所有人正视和检讨这次变革的历史契机。

1990年代，从政治民主化浪潮到金融自由化浪潮，亚洲一系列国家实现经济起飞，创造亚洲奇迹的同时，也固化了外向型经济、过热的房地产泡沫、固定汇率制、资本自由流动、外汇储备不足这些经济生态。泰国一直是亚洲奇迹中的优等生，依靠旅游业和制造业，泰国GDP在1990—1995年保持了年均9.1%的增速。但泰国在金融自由化过程中吸引了大量资本投入，外国直接投资在平常的日子里往往岁月静好，但是一旦面临国际游资冲击，就不堪一击。从1995年开始，泰铢陆续遭到套利外汇交易（Carry Trade）的投机攻击，到了1997年7月，泰国央行面对更加惨烈的攻击时决定放弃抵抗，宣布终止盯住美元的固定汇率制，开始实行汇率浮动，当日泰铢兑美元贬值即达17%，亚洲金融风暴就此掀开序幕。此后，国际流动资本相继冲击马来西亚、中国香港、印尼、韩国等地，亚洲主要股市惨烈下跌，金融市场一派混乱，企业倒闭，社会萧条，一次对亚洲经济奇迹的检验成为了一场亚洲金融危机。

对这次危机的反思直至今日都没有结束，保罗·克鲁格曼（Paul Krugman）犀利地指出：东亚奇迹说白了就是大量投资支出的结果，而不是技术进步的结果，糟糕的经济政策导致了道德风险和经济泡沫，再加上低劣的金融监管技术，共同引发了危机；斯蒂格利茨（Joseph E. Stiglitz）认为IMF实行紧缩财政征额和提高银行利率进一步加剧了危机；还有很多人指责乔治·索罗斯这帮金融大鳄们身后的7万亿美元的国际游资道德败坏。其实没有索罗斯这只“假寐的老狼”，也会有其他“假寐的老虎”和“假寐的狮子”吧。更重要的是，明明知道这些新兴市场的参与者是老狼、狮子，还异常兴奋地欢迎他们的到来，急切地用国外资本来发展本国工业化进程的信念也是危机的一个部分。

金融欠发达国家送走了金融压抑，迎来了金融危机，这使我们更要重新评估金融自由化这项系统工程，其并非单一金融结构的改善就可以实现，相应的经济增长模式、技术发展阶段、外汇体制、货币政策与财政约束、监管人才与技术等不可或缺，并且最为重要的是在金融自由化过程中的路径与步骤。麦金农1991年把对亚洲金融危机的反思写成了另一部著作《经济自由化的顺序》，其中就明确了金融自由化，首先必须是财政平衡，避免通胀和赤字超标；然后可以放开国内资本市场，利率逐渐市场化；当国内金融自由化平稳着陆后，再考虑外汇自由化，并且经常项目的自由化应先于资本项目的自由化。所以说，亚洲金融风暴中的国家与地区，是在金融自由化的顺序上犯了错误，把应该放在最后的资本项目自由化过早实现。

麦金农对发展中国家金融改革的反思非常类似于亨廷顿对发展中国家民主改革的观点，影响这些国家政治稳定经济发展的不是政权的形式，而是秩序的程度，民主不是普适于各个时点各个方面的良药。反观在这次亚洲金融危机中没有受到大的冲击的中国，似乎正在政治和经济的改革中实践这两位大师的洞见。

四、大空头2008

如果说1997年的亚洲风暴是为改善金融机构与金融产品过度单一化贫乏化而在冒进的金融自由化中产生了问题，那么十年后的世界金融中心——美国金融市场，则是金融机构和金融工具过度丰富化复杂化自由化带来了隐忧。

与1929年大危机很类似的是，2008年的危机也是一次重大技术革命后带来的经济周期末端所衍生的。和1870年代的电力革命一样，“二战”后逐渐开始的计算机、原子能、航天技术创新推动了生产关系变革和经济繁荣发展，尤其到1980年代，以IBM推出个人计算机为标志，信息技术革命成为人类社会发展的一个坐标点。但创新的红利不可能一直持续在高位，当技术革命的盈利机会逐渐消失，产能过剩、回报率下降的趋势不可避免地出现，在这种趋势之中，还加入了20世纪末兴起的互联网产业所带来的投机狂热，大量资金投入各式各样的.com公司之中，最终在2000年的美国股票市场造成了互联网泡沫。

互联网泡沫之后，紧接着美国遭受“9·11”恐怖袭击，这样连续两个对美国社会的重创，又伴随着新兴市场国家的高储蓄高顺差与发达国家低储蓄高逆差所形成的全球贸易失衡，跨境资本大量涌入美国，格林斯潘掌舵下的美联储开始实行长期的低利率政策。2001—2004年通过连续13次降息，使联邦基金利率水平来到了1%的水平，这与1929年的环境何其相似，都是海曼·明斯基信贷顺周期的危机模型的展现。但时代不同了，终归会有新的创新，金融机构在对资本的激烈竞争过程中开拓出多种复杂的金融工具。比如房地产市场泡沫持续膨胀下，针对大量不符合贷款标准的贷款人，银行推出次级贷款（Subprime Loan）[1]来满足贷款人需求，那么银行如何应对这部分贷款人带来的极高违约风险呢？ 1950年代开始的金融数学此时在美国已经有几十年的发展，金融工程达到相当成熟的阶段，各种目不暇接扑朔迷离的复杂金

1　优质贷款市场（Prime Market）面向信用等级高（信用分数在660分以上）、收入稳定可靠、债务负担合理的优良客户，这些人主要是选用最为传统的30年或15年固定利率按揭贷款；“ALT-A”贷款市场，指那些信用记录不错或很好的人，但却缺少或完全没有固定收入、存款、资产等合法证明文件，其利息比优质贷款产品高1%到2%；次级贷款市场（Subprime Market），是指信用分数低于620分、收入证明缺失、负债较重的人，按揭贷款利率大约比基准利率高2—3个百分点。

融衍生品不断出现。其中最核心的逻辑是资产证券化（Asset-backed Securities, ABS），就是将不具有流动性的金融资产（比如住宅抵押贷款、汽车贷款和信用卡应付款）转化为可流动的资本市场证券的过程。这些贷款通常会分割为标准化金额出售，有助于流动性和分散风险。在美国，资产证券化在1990年代经历了一个非常快速的增长过程，短短十几年的时间里从无到有，成为固定收益市场的主流产品，仅房屋抵押贷款证券的数量就从90年代初的数十亿美元蹿升至2005年的超过6000亿美元，相当于房屋贷款中大约70%都被证券化了，规模大于美国国债。在这个过程中，房地美和房利美这两家机构的会计规则缺陷使次级贷款问题的真实规模被掩盖。面对质量不高的次级贷款，商业银行把这些次级贷款以抵押支持证券（Mortgage-backed Security, MBS）的形式卖给投资银行，投资银行也不傻，会再将这些MBS继续打包成担保债务凭证（Collateralized Debt Obligation, CDO）向全球投资者出售，并且还给这些产品上保险，通过信用违约掉期（Credit Default Swap, CDS）打消投资者顾虑。经过这几轮打包和证券化，普通投资者已经完全看不出这些金融衍生品的基础资产，风险评估更无从谈起。没有人比金融家们更心知肚明潜在的风险，但是整个雄心勃勃的市场似乎都把赌注押在美联储与美国政府身上，认为国家不会让系统性风险爆发。

如果美联储的低利率政策一直保持不变，这个九连环似的证券化市场应该还会继续蓬勃向上，但是从2004年6月开始，格林斯潘开始关注缩小流动性，美联储进入一个连续17次的加息通道，联邦基金利率在不到两年内从1%增加到5.25%，这极大增加了房贷者的还款负担。并且，在宽松的承销标准之下，次贷借款人在前两年按固定利率还贷或者只支付利息（IOs），从第三年开始出现利率调整和开始偿还本金。这种支付方式和美联储加息叠加，就使得从2006年开始，次贷迟付和违约集中出现。

2007年4月，美国第二大次级住房抵押贷款机构New Century率先扛不住了，宣告破产，成为此次金融危机的标志性起点，也可以理解为一个“明斯基时刻”。美国经济学家明斯基此时已经去世十年有余，在他生前的经济学生涯中，一直在探讨金融不稳定性对整个资本主义的影响。他所有的预判在2007年的春天一一成为现实，尽管他自己并不知道后人把这个时点称为“明斯基时刻”，但这个时刻确实到来了。很快贝尔斯登公司和巴黎银行旗下涉及次贷证券投资的基金先后倒闭，到了第三、四季度主要金融机构开始对次贷相关投资进行巨额减计，多家机构出现巨额亏损，包括美林、瑞银、摩根士坦利、花旗等，房地美和房利美也报告危机重重，次贷危机已经在纵深发展，但冲击基本还在美国自身的金融市场范围内。2008年9月15日，华尔街排行第四的券商雷曼兄弟以令全世界扼腕的姿态轰然倒下，就连它的CEO福尔德在最后一刻还笃信具有神秘力量的美联储和财政部不可能不施以援手。对于雷曼兄弟倒闭所引发的纵深系统性风险或许美国监管当局存在着误判，很多讨论一直在纠结当时政府应不应该救一下雷曼兄弟。同时期叱咤风云的华尔街五大券商先后消失或转行：老五贝尔斯登早在3月就被摩根大通收购，老三美林证券被美国银行收购，带头大哥大摩和高盛改制为银行控股公司。至此，金融风暴已经迅速传至全球。10月，美国国会批准了7000亿美元的救市计划。紧接着世界各国央行在一个月内两次协同降息，这种合作也是既往危机中不曾见过的，可以说是非常了不起的。到了11月，风暴已经从金融部门传导到实体经济部门，美国三大汽车制造商请求政府救助，次贷危机发展成了1930年代大萧条后最严重的世界性金融危机。

不同的是，大萧条后历经了70多年金融理论与金融实践的发展，使得2008年危机来临的时候，中央银行与其他金融监管部门的认知，以及不同国家间的金融监管协调展现出区别于历史的一面。美联储主席伯南克、美联储副主席唐·科恩、前后相继的财长保尔森和盖特纳，这四个人在不同政治立场、不完备信息和有限时间内，凭借其金融视野和敏锐洞见，以及艰苦卓绝调和党派斗争，最终带领美国经济穿越了这次新时代的金融风暴。他们最大的共识在于不能重蹈1930年的覆辙，不能任由市场从恐慌到崩溃，而是要由政府力挽狂澜，打破惯例，甚至超越既有法律，从不同金融监管部门协同合作到倡导全球监管部门协同合作，及时阻止货币基金市场的挤兑和投资银行的挤兑，从而最大限度止损，最快时间复苏，使美国以及世界其他范围不再经受大萧条年代长达几十年的经济发展困境。而这些金融精英在处理明斯基时刻后的思路与举措，与明斯基著作中他本人的解决方案类似：政府救助、中央银行的最后贷款人角色和实行更加严厉的监管。不得不佩服明斯基的高瞻远瞩，很多人开始购买和学习以往都不曾关注的明斯基著作。

在金融理论与实践都日臻成熟的现代金融市场，爆发了如此大规模的金融危机，学界和业界无疑需要深刻反思，这种思考和讨论时至今日都仍在继续，次级抵押贷款和房地产泡沫只是最直接的导火索，美国金融市场中的每一位参与者似乎都参与了这场危机从泡沫酝酿到风暴袭击的过程：

1. 金融机构

首先是过度的金融创新与交易，金融创新与金融衍生产品设计的初衷是创造避险工具，排除经济生产中的某些不确定性，实现风险对冲。但是，金融衍生产品交易却越来越从套期保值的避险功能向高投机、高风险转化，并且规模越来越大。其次是五大投行共同的一些缺陷，如过度负债、借短贷长、没有存款保险和缺乏贴现窗口。五大投行杠杆比率均高于30倍，即资产负债率超过96%，资本充足率不到4%。在这种情况下，投行一旦投资证券化的产品出现一些问题，都不是资本金可以承担的。长期以来对这些非银行金融机构没有恰当的资本充足率的规定与管制，高杠杆似乎成了行业规则，而商业银行这次之所以所受到的危害没有那么严重，跟一直以来趋于国际标准化的资本金管制、杠杆控制是有关的，根据巴塞尔协议，商业银行必须保证8%的资本充足率，那至多才有12倍的杠杆。高杠杆的背后，华尔街投行管理层还有另一层考虑，借助其对复杂衍生产品及金融市场的信息优势，利用回购（Repo）等表外工具大幅负债和高倍数保证金交易放大风险承担量，如果成功，高管可以分到巨额奖金，如果失败，损失最终由股东承担。这种道德危害在危机中可以说表现得淋漓尽致。

但是，从另一个角度来考虑，把这些有问题的金融机构当作危机的替罪羊可能也不太公允，说到底金融机构只是设计和购买了次级债券等衍生品，从而加速了整个信贷扩张的过程，或者说提供了信贷投放的通道，而信贷扩张的源头还是要追究到中央银行的基础货币扩张和大量跨境资本的流入。这个源头，放在之前的1997年亚洲金融危机和1930年代大萧条也是同样适用，尽管促发危机的事件并不相同。著名的金融史学家金德尔伯格甚至有一个理论，发生在不同国家的历次相继的金融危机，都是有着前后连续的关联过程，贯穿这个过程的正是信贷供给的持续上涨。1980年代发展中国家的债务危机后，跨境资本掉转方向将信贷泡沫推向日本，推升日本的房价和股市后，带来了日本经济的长时间衰退。跨境资本随即又奔赴亚洲新兴市场，在亚洲金融危机沉重打击了东南亚国家后，这部分资本趁着互联网风潮来到美国，实现了美元和美国房价的持续飙升。那么，在美国次贷危机后，跨境资本的下一站是哪里？

2. 消费者/投资者

美国普通的消费者和投资者也不是完全无辜的。随着两党在竞争中不断承诺的更高社会福利，福利支出占GDP的比例迅速增长，政府赤字逐年增加，这部分赤字需要国内私人储蓄和国外资金来维持。同时，有了政府保障的退休和医疗福利，民众的储蓄意愿也进一步降低。要追寻所谓的“美国梦”，要拥有大房子好车子，面对金融机构的展业诱惑，这些普通群众在进行家庭金融规划和申请次级贷款时明显缺乏理性，在整个美国社会人均6张信用卡、家庭平均负债12000美元的背景下，这种超前透支的刺激消费并不算异类，但却埋下了爆雷的种子。1929年危机前，消费者和投资者正沉浸在消费信贷和分期付款的历史大发现狂欢中，当时的美国社会负债率也站在一个历史高点。并且相似的是，两次危机之后，貌似消费者和投资者们思考的方式并不是反省自身，而是滑向民粹主义的风潮，并进而在政治选择上引发转向。

民众的心理因素也成为一些学者反思的所在。前文提到过，从大萧条开始凯恩斯就提出过“动物精神”的概念，这次危机之后被乔治·阿克洛夫和罗伯特·希勒两位教授重新进行深度阐释。阿克洛夫是信息不对称理论的基石学者，在本书后面章节的数字货币与分布式技术的讨论中还会遇到金融市场的信息不对称。希勒则早年通过振聋发聩的“非理性繁荣”神奇预言了20世纪末的互联网泡沫。可以说，这两位重量级学者对次贷危机的分析为很多在主流经济理论中思考的人们打开了新思路。他们认为信心、腐败、货币幻觉以及故事构成了人类的动物精神，这种精神使人们在经济运转过程中有非经济动机和非理性反应，以至于“理性预期”也好，“有效市场理论”也好，总会在精致的模型中失灵，信任和公平的感受会制约工资的调整，经济系统中的腐败和故事演绎同样影响着人们的选择。某种程度上，动物精神是历次全球金融危机的根源之一。

3. 评级机构

评级机构是一个完备的金融市场中非常重要的金融机构，在金融交易中扮演着降低信息不对称、进行价格发现的关键角色，美国成熟的金融体制下自然涌现出多家驰名世界的评级机构。但这些机构在危机前未能对危机的发生及问题金融机构的风险积累作出及时预警。面对复杂的金融产品，评级机构不仅没有表现出比投资者更具有预见性，还设法调低了这些产品的预期违约损失发生率，当然，这个违约率是根据晚近几年的数据得出的，而这几年正是房价飞速上涨的时期。评级机构对许多事后证明有毒的证券都给出AAA的评价，从而给投资者错误的向导和虚幻的安全感，一般投资者不太可能具有充分的经验质疑评级公司的结论，而投资链条上的其他金融机构也没有足够的动力喊出皇帝的新装，因为他们不是这个烫手山芋的最终持有者。评级机构不仅在危机前做出危险导向的评级，还在危机发生后，快速、数次大幅调低一些金融机构和产品的信用评级，严重加剧了市场信心的崩溃，最终成为触动市场轰塌的最后一根稻草。

4. 监管当局

在全球金融市场都唯美联储马首是瞻的情境下，美国金融监管当局在这次危机中有着自己的失误。

首先是对于金融市场自律性的过分乐观和金融风险的严重误判。纽约联邦储备银行曾在次贷风生水起的2004年提交过一份“房贷会是下一个泡沫吗？”的研究报告，得出的结论是“不会”，因为从历史数据来看房价的下跌不会对整体经济造成毁灭性打击。这种认识一直持续到2007年的春天，无论财长保尔森还是联储主席伯南克都不认为房地产泡沫会引发系统性金融危机。前联储主席格林斯潘甚至认为，在2007年早期，全球非金融企业的资产负债表和现金流都处于一个最好状态。但在结构性金融产品如此复杂和庞大的新条件下，大量的资产和债务没有反映在银行的资产负债表上，此时从历史数据中得到指引无异于刻舟求剑，抵押贷款违约带来的大范围银行系统危机，直接将市场推向崩溃。另一方面，对于金融机构和金融市场放松监管，金融机构面临巨额利润和激烈竞争所迸发的强烈冒险行为的动力，监管当局并没有与之匹配的相同动力去进行技术上和认识上的监管准备。这一点除了态度，当然还有金融理论上的不足，对于金融市场的管制与放松管制，究竟应该在哪里找到平衡点？此外，美国金融系统的多头监管令人头大，美联储、货币监理署、联邦存款保险公司、储蓄管理局以不同立场对金融机构的交叉监管，难以形成对金融机构风险的全面评估和全权负责，相反金融机构还会竭力探索监管套利的机会。

再有，就是政府安全网带来的道德危害。这次倒闭风潮中，处于风口浪尖的是最著名的几家公司，长久以来存在的各种形式的政府安全网，带给这些公司某种侥幸的道德危害倾向。金融监管当局一直认可“大而不倒”（Too Big To Fail），大的金融机构不能倒闭，否则会带来金融恐慌。正由于有了这样的依赖心理，广大存款人、债权人不去关心和监督这些大的金融机构，因为他们的损失有国家兜底；这些大公司更是无所顾忌地冒高风险，因为他们知道万一出了问题，作为最后贷款人的央行不会坐视不管。事实也确实证明了这种判断。不过在这次的危机中，也出现了最后贷款人数着手里有限的纸牌，艰难定夺到底该救谁、该放弃谁，其中裹挟着政治、经济、历史、人际关系等令人头疼的复杂参数，比如危机的导火索雷曼兄弟，有太多活下来的可能性和故事结局的多样性。很多当事人的回忆录之丰富精彩都足以作为影视剧本，如伯南克、格林斯潘、盖特纳、保尔森、希拉、巴尔等。

此外，还有混业经营带来的信贷市场与资本市场的风险无法有效隔离。混业与分业的历史老难题像幽灵般不定时盘桓在人类金融市场，1929年危机之后的反省，促成了严格分业经营管理的《格拉斯·斯蒂格尔法案》，但随着金融创新和金融效率的历史潮流，1999年美国又通过《金融服务现代化法案》，放弃分业思路，重新回到混业经营的格局，这也成为2008年危机的推动剂。但危机后几大投行向控股银行的转型又进一步深化了混业的态势，所以混业究竟是原因还是结果，没有准确的答案。格林斯潘先生纵横一生，却于风烛残年接受国会无情质询，但如果换个联储主席，未必做得更好。

美国政府还是换了个前联储主席来整治残局，格老的前任——沃克尔先生重新在混业与分业之中权衡考量，并创设了后来以沃克尔名字命名的“沃克尔法则”加强危机后的监管。同时，危机后美国还通过了《多德·弗兰克华尔街改革和消费者保护法》，致力于保护消费者，解决金融系统性风险问题。即便如此，我想我们还是不能够准确预测下一次金融危机何时到来，改革金融市场监管规则和市场基础设施的作用，可能只是帮助市场在经历下一次风暴的时候有足够多的缓冲并减少损害的程度吧。

这场戏剧性的金融危机也给了戏剧界很多鲜活的素材，有两部这一主题的影视作品获得了奥斯卡金像奖。根据华尔街畅销书作家迈克尔·刘易斯同名小说改编的电影《大空头》（*The Big Short*）描绘危机前后华尔街形形色色的人与事，似乎每个人都知道风险就在前方，但大多数人选择掩耳盗铃，只有几个看上去最平常不过的华尔街普通人在风暴前夕直视皇帝的新装。他们成为整个市场的异类，在房地产行情一片大好的情况下做空房贷债券，操纵CBS市场，最终获得难以置信的收益。电影获得第88届奥斯卡最佳改编剧本奖。片中布拉德·皮特友情出演的一个小角色对大空头们厉声指责：你们对赌的是美国经济！你们赢了美国就完了！这部电影还顺道科普了一系列金融衍生工具，其中的经典场景之一，是2017年诺贝尔经济学奖得主理查德·泰勒（Richard Thaler）友情客串出演，他在赌桌旁向歌手赛琳娜·戈麦斯（Selena Gomez）讲解什么叫作合成型担保债务凭证（Synthetic CDO），可见金融工具的复杂性已经到了多么令普通人目眩的程度。电影中最掷地有声的对白来自奥斯卡最佳男配角贝尔（Christian Bale），他扮演的基金经理面对危机将至的华尔街，无尽感慨道："人们总是容易相信权威而不是真相。"

另一部影片《监守自盗》（*Inside Job*）获得第83届奥斯卡最佳纪录长片奖。这部写实作品跟踪采访这场危机中的各方参与者，从总统、财长到投行高管、金融学家、从业者、财经记者，力图尖锐地揭示这场很多人都能预见但却未作为的危机背后更深刻的根源：金融永远与政治相纠缠。马特·达蒙（Matt Demon）富有磁性的旁白似乎在一次次追问：你们的良心不会痛吗？剧情中本应承担男主角的格林斯潘并没有出镜接受采访，电影没有呈现到格老对这次危机的评述。

不过格林斯潘随后在他的著作《动荡的世界》（*The Map and the Territory*）中进行了深刻反思，这部著作与他在2008年危机前出版的《动荡年代》（*The Age of Turbulence*）在逻辑上和信念上一脉相承。格老大概表达了这样几个思考：首先，是关于人性对于金融市场产生的影响，他认为凯恩斯提出的动物精神在经济活动中发挥着重要作用，并且动物精神除了凯恩斯层面上的自发行动本能，还包括恐惧导致的风险规避。这种动物精神带来的对市场瞬间判断的“快思考”（Fast Thinking），与人类理性科学探究产生的“慢思考”（Slow Thinking）显著不同，但这种不同一直以来没有被纳入经济预测模型，而宏观模型恰恰在市场最需要它的时候遭遇了这次彻底失败，譬如雷曼兄弟的破产，就是动物精神激发的恐惧所带来惊散（Stampede）效应。其次，格老认为大而不倒政策带来的美国式裙带资本主义对于危机的产生也有着重要推手作用。同时，全球的金融风险管理体系没能阻止市场崩溃的原因，部分在于没有认识到尾端风险（Tail Risk）的蔓延程度，格林斯潘自己就一度以为2008年危机对经济的冲击程度可能与2000年互联网泡沫那次差不多。但事实上，2000年时候高杠杆机构持有的互联网技术公司股票较少，居民家庭持有较多，这类损失被居民自身充分吸收，而不至于在高杠杆机构间产生连锁的资金链的崩溃；而到了2008年，高杠杆机构持有大量的有毒资产，这些眼花缭乱的证券化操作把大量分散贷款捆绑起来，看似总体风险变小，但如果同时受到房价下降这同一种宏观经济冲击，反而风险程度更高。最后，即使面对各方对联储工作的各种质疑，格老依旧认为作为监管者应有行为的界限，监管者不会比产品发行者和投资者更具有判断力，如果用政府监管来代替市场机制，很少能带来改进，所以对于危机后出台的《多德·弗兰克法案》，格林斯潘并不看好。

还有很多人在不断进行各种反思。有人开始思考市场经济是否有效？欧洲和美国在救市过程中出现国家直接接管金融机构，被打趣为美国特色的社会主义，于是很多人对于发展中国家学习西方自由市场理论开始抱有怀疑。自由市场绝对不是完美的，这次风暴就带来对于如何让自由市场更好运转的思考，但是因为不完美就认为是不好的，并不恰当。还有人在提问，金融经济的发展有没有边界？每个金融系的学生在学习最初，就了解到金融的功能就在于它是实体经济的润滑剂，来实现资金由盈余人手中流向最具有生产性投资机会的人手中。但是金融的发展，从支付媒介开始，直至现在复杂的衍生品，是不是已经超越了其应有边界？金融究竟可不可以、应不应该来实现人们的投机目标？还有的反思来自如何处理政府和市场的关系，很多学者和深陷危机中的金融机构都不太认同现在政府的救市方法。时任美联储主席伯南克所采取的救市措施和路线，可以说是一种超越常规金融发展的战时策略，这有可能是他在博士论文阶段就专注研究1929年大萧条的经验提炼。面对即将崩溃的金融市场，在伯南克看来，美联储主席需要做的或许不是捍卫自由市场准则，而是挽救国民经济。但对此不认同的深刻讨论依然存在：政府对于市场的干预是不是扰乱了正常的市场竞争秩序？是否应该由纳税人来为金融机构的过失买单？政府监管的边界和干预的方式如何更好地确定？这个从凯恩斯和弗里德曼开始就在争论的问题再次回到我们的视野。

第八章　自然科学技术与支付迭代

一、新千年的区块链技术

进入公元21世纪，开始一个新的千年，人类社会自然科学领域的探索产生了一次新的飞跃。这次技术革新带来不同于以往人类社会的信任生态，对众多学科和行业都形成冲击，首当其冲的是支付工具和金融市场。

2008年11月1日，一篇不长的论文"比特币：一种点对点的电子现金系统"[1]，掀开了这次技术浪潮的序幕。直至今日，仍无法确定这位署名为Satoshi Nakamoto（中文译为"中本聪"、日本则译为"中本哲史"）的作者究竟是一名密码朋克（Cyberpunk）的个人还是一支技术团队。在此后轰轰烈烈的世界性比特币和区块链洪流中他始终没有露面，他留给世界最多的自我介绍就是这篇论文中涉及的电子货币及其算法，

1　参见Satoshi Nakamoto. Bitcoin: A Peer-to-Peer Electronic Cash System [2016-11-19].https://bitcoin.org/bitcoin.pdf。

以及在第二年初发布的基于比特币算法进行挖矿的客户端程序。在一个被社交媒体和大数据吞噬的新千年，居然还有像圣殿骑士团的财富、共济会的力量那样神秘的人与团体，也是让很多人感到莫名兴奋和神往的事情。好奇之外，更是因为这位 Nakamoto 手握100万个比特币，按照2022年4月的价值计算，相当于378亿美元！

对于比特币的最初争论，是非常激烈和两极化的，有人认为这是作为又一次人类货币技术更迭的重要标志，也有学者直言不讳这和棒球卡有啥区别？你生产受欢迎的限量棒球卡，不能阻拦别人也生产同样质量的卡片投向市场。这场争论是注定长久而曲折的。但同时，作为比特币底层技术的区块链逐渐成为一种独立考量的对象，它在技术手段和业务逻辑上的颠覆性已经被众多学科和行业审慎对待。区块链（Blockchain）是一种去中心（Decentralized）、去信任（Trustless）、集体维护（Collectively Maintain）的分布式公开账本技术，它是由一串使用密码学产生的数据区块有序链接而成，无需信任单个节点，而是通过共识机制确保交易的真实和不可逆，这样在某种意义上就重建了不同于以往人类社会的“信任”生态。对于处于新世纪的金融机构与金融市场，区块链提出的挑战其实是，在无中心机构信用背书条件下如何完成金融的核心价值，也就是在不确定条件下资源的跨时配置问题。

现代金融机构和金融市场围绕的核心任务之一是如何解决古典福利经济学最先提出的信息不对称（Asymmetric Information）问题。阿罗（Arrow, 1963）在论证帕累托效率和瓦尔拉斯均衡的过程中，把对称信息作为预设前提，但又指出现实的经济活动其实并不满足这样的要求。随后乔治·阿克洛夫（Akerlof, 1970）在著名的“柠檬市场”讨论中，进一步展现了自由市场在信息不对称条件下，由于卖方比买方拥有更多的信息，买的没有卖的精，低质量产品会驱逐高质量产品，最终导致市场萎缩。阿克洛夫在论证中提出的二手车市场的经典案例，成为日后探讨金融市场信息不对称的必经之路。其后这方面的研究更加具体到细分的金融市场，Stiglitz和Weiss（1981）的信贷配给（Credit Rationing）理论深入间接金融领域，认为由于非对称信息的存在，当面临对贷款的超额需求而银行无法分辨单个借款人风险时，就会在一个低于竞争性均衡利率但是能够使银行预期收益最大化的利率水平对贷款申请者实行配给。

这一类研究把金融市场当中的信息不对称问题分为两类：发生在交易之前的逆向选择（Adverse Selection）和发生在交易之后的道德危害（Moral Hazard），这两种情况都会使资源配置出现扭曲，个体为此而进行的信息收集成本太过高昂、过程太过复杂，所以在信息处理方面具有规模效应和专业技术的金融中介便成为金融市场历史发展中的关键要素。金融市场依靠金融中介降低逆向选择和道德危害、润滑资源配置、提高市场效率，最终完成经济的增长，这是我们之前探讨金融工具和金融市场的演进与变迁过程中所看到的，同时也是经济增长理论学者的结论（Greenwood and Jovanovie, 1990; King and Levine, 1993）。

新千年的区块链分类账本技术，正是对金融市场的这种既定逻辑提出挑战。区块链依靠数学法则创建的诚实、信任和共识，无需借助第三方金融中介就可以实现全球价值转移。也就是说，在金融脱媒的状态下，依然可以降低信息不对称，将资金从缺乏生产性投资机会的一方向具有生产性投资机会的一方转移，保证市场效率和经济增长。

种种迹象看起来，金融市场在一千多年路径依赖的历史进程中，似乎要突然出现断裂性发展，那么为什么会产生这种崭新的信任生态？这要从区块链的几项底层技术去找寻答案。

1. 去中心

区块链中的区块是记录交易信息的存储单元，是一种分布式呈现的数据库，其技术逻辑完全不同于我们所熟悉的互联网中心服务器或中心数据库。工作流程中没有中心化的控制者，也就是说所有的节点都是对等的，数据的记录、变更、存储、传输都寓于云系统的分布式结构中，由网络中所有节点共同观察、确认和管理。这样在信息不对称、脱离了中心化金融中介的环境下，无需信任单个节点，通过各个节点之间建立信任，遵守共同约定的规则来实现自治，这一方面可以有效避免中心化系统中的服务器出现超载、单点故障与攻击等常见的技术问题，另一方面也规避了管理者失职和腐败等道德风险。

2. 哈希值与Merkle树

在去中心的环境下，不同节点间建立的信用通常被称为算法信用[1]，它通过区块链的数据确认过程来完成。观察其具体生产过程可以看到，在特定时间内的交易信息通过哈希（Hash）值产生了一种数字指纹，把这种数字指纹封装在带有时间戳（Time Stamp）的区块内，后一个区块会包含前一个区块的哈希值，不同区块之间通过哈希算法的随机散列技术和Merkle树数据结构形成一种链状，并向全网进行广播。在这个过程中，依靠算法信用创建的共识机制使得交易和权属具有唯一性、真实性、可追溯性和不可篡改性，这就可以成为共同验证、防止伪造的基础，进而能够建立起不依靠中央中心和第三方中介的信任验证范式，也就是说，用对数学算法的信任替代了对中央中心或是第三方中介的信任，同时在理论上解决了“拜占庭将军问题”（Byzantine Failures）。

解释一下什么是拜占庭将军问题。拜占庭是东罗马帝国

1　目前建立共识的算法有工作量证明（Proof of Work, PoW）、权益证明（Roof of Take, PoS）和股份授权证明机制（Delegated Proof of Stake, DPoS）。

的首都，今天的伊斯坦布尔，当时幅员辽阔，战事不断。拜占庭问题是描述分布在不同地方的拜占庭将军们如何就一起发动战争、采取军事行动取得共识，因为在当时的通信条件下，间谍和叛徒都在迷惑着将军们。这个问题其实是虚构的，编故事的人是微软的研究员莱斯利·兰伯特（Leslie Lamport），2013年图灵奖得主。通过这个故事，兰伯特想描述的是：在互联网的背景下，当人们需要与陌生的对手方交易时，如何避免被欺骗和迷惑而做出错误的决定。将拜占庭一般问题进一步扩展到技术领域，其内涵可以描述为，把军队想象成计算机节点，把送信的信使想象成计算机间的网络通信，攻打敌军就是写入一个大家公认的区块。区块链技术在发送信息中加入了成本，采用了工作量证明（PoW），即一个节点必须经过大量尝试性计算才能得出一个结果，而其他节点只需极少的时间就能证明它的真伪，这样能够减少假消息和垃圾信息在节点间传播。在缺乏可信中心节点和可信通道的情况下，通过区块链技术，提供了一种无需信任单个节点就能创建共识的方法。所以拜占庭问题可以理解为在分布式系统中，如何在互不信任的节点之间创建共识、进行信息交互而无需担心被篡改。

3. 集体维护的可靠数据库

区块链实现了一种去中心、去信任的分布式数据库，使物理形态上的多点同步和逻辑演绎中的信息统一这两件事在同一线程中并发，那么进行欺诈、舞弊、违约等逆向选择和道德危害的成本就过于巨大，以至无法在操作中实现。因为任何一项对区块链数据与价值的修改，都需要在全网超过51%的节点之间建立共识，想象一下，要控制整个网络中超过一半的使用者，这对于金融市场中的任何主体来说基本都是无法完成的任务。所以，依靠集体维护的数据库，其可靠性具有理论推演和实践操作的保障。

4. 智能合约

在区块链上，智能合约的部署是重要技术要点。智能合约就是使用一种近乎图灵完备的语言，将人们契约中的权利与义务写入分布式账本，当触发条件时自动执行预期计划，全网都可以观察记录到合约状态，违约可能性降到极低。与已经存在的传统数字合约比较，智能合约的优越之处就在于，运行环境没有中心化中介，这使合约的任何一方和管理员都无法篡改结果，在规避了操纵风险的同时，还能按时、高效地履行合约。智能合约可以想象到的运用场景是极其丰富的：数字货币交易、保险理赔、供应链管理、游戏开发和社会公共服务，等等。

基于以上技术属性的区块链，触动了金融的底层基础架构，当人们把数学法则保证的分类账本技术应用到现实金融市场当中后，在降低信息不对称、减少价值交换成本方面就会逐渐产生崭新的场景，并建立机制，由国家或金融中介来进行信用背书的金融市场传统逻辑开始面临偏离和改变。

二、区块链与金融市场的耦合

从前面底层技术的讨论中，已经可以预计，区块链对金融市场的冲击最初和最显而易见的场景一定发生在依赖中介信用最多的领域：支付和汇兑就是这个最早的试验田。

前面探讨过人类社会支付和汇兑体系不断衍生、发展的历史过程，该体系通常依靠中心化的金融中介信用来连接金融市场中不同主体，通过降低信息不对称、依托权威机构建立信任机制，来实现价值转移。这样的中心化信用角色比如集市贸易中的私人银行家，比如山西平遥的日升昌票号，再比如美国联邦储备银行。在一次金融交易中，所有参与方一致认可的、具有绝对公信力的中央中心被称为单一真相来源（Single Source of Truth），这个单一真相来源持有最高效力的账本。通常在汇兑过程中，需要开户行、对手行、境内清算组织、国际清算组织、境外银行等诸多金融机构参与，每个机构都需要与中央中心在彼此的财务信息系统中建立代理关系，进行清算和对账，这就会产生高昂的网络维护成本、汇兑成本，并且整个支付汇兑过程时间较长，资金流动性不高，同时在安全性方面也存在支付风险和系统风险。

放弃传统的中心化中介信用而转向区块链去中心的逻辑时，这些情况发生了改变。算法信用支持下的分布式支付清算解决方案所实现的是全网点对点的跨境支付，对账户的管理体系不再依靠第三方，而是通过公钥和私钥两把密码钥匙的非对称加密技术来解决信任问题。这样做的好处显而易见。一方面，避免了单个中央中心机构遭受攻击可能带来的整个系统的停摆，这种攻击可能来自恶意的黑客，可能来自服务器机房的火灾，也可能来自操作者的舞弊，在分布式账本的情境下，由于每一节点都有完整的账本副本，部分节点的故障不足以影响全网的运行。另一方面，很大程度减少了建立第三方中央中心机构需要的服务器以及日常维护产生的费用，代理行和清算组织造成的跨境支付成本也得以降低，银行结算效率显著提升，使跨境支付和汇兑能够遵循最佳资金汇划路线和最优收费模式，更容易形成一种高效低价的全球区块链网络金融传输协议。说到传输协议，可以与现在的SWFIT体系进行比较。SWIFT，全称Society for Worldwide Interbank Financial Telecommunications，中文叫作环球同业银行金融电讯协会，是在国际金融市场逐步发展成熟过程中，于1973年成立的国际银行同业间的合作组织，总部在比利时的布鲁塞尔。该组织提供的业务核心是为国际金融业提供电文网络，进行金融数据传输，以及撮合、清算和净额支付服务，也就是金融机构都通过其与同业进行电文交换以完成交易，从而支持国家间日益增长的货币流通和金融结算业务。目前的SWFIT网络遍布全球206个国家和地区的8000多家的金融机构。我国从1983年中国银行首先加入之后，如今国内的大部分银行都是该组织会员。在便捷环球贸易的同时，SWIFT的费用一直居高不下，主要体现在电讯费、所有参与行的网络维护和合规调查费用、外汇汇兑费用三个方面[1]。那么，如果使用区块链技术下的分布式清算解决方案，会有比较显著的效率改善吗？有学者做了相应的计算，较之现有的SWIFT体系，分布式网络将使每笔交易的成本从26美元下降至15美元[2]，节约费用约42.3%。但分布式网络固有的交易速度迟缓问题，将是必须面对和解决的一大难点。

基于这种设计，美国的金融科技公司Ripple从2013年开始进行相关领域的尝试。Ripple通过区块链技术建立了所有参与机构[3]都能共享的跨账本协议（Inter Ledger Protocol），使跨境支付在一个去中心、点对点的平台进行，不仅支持各国不同货币的支付汇兑，还支持常规法定货币与数字货币的汇兑。这种区块链的架构设置并不是全网共享，而是“私有链”[4]的方式，只有加入Ripple平台的金融机构才拥有权限，这样既满

1　以中国银行为例，每笔跨境支付业务收取150元的电报费和汇款金额千分之一的汇费。

2　见麦肯锡研究报告“区块链——银行业游戏规则的颠覆者”，2016年5月。

3　到2016年底，有42家金融机构加入了Ripple平台。

4　区块链可分为公有链（Public Blockchains）、私有链（Private Blockchains）和联盟链（Consortium Blockchains）等不同类型，任何人都可以读取数据、参与共识过程的称为公有链，部分去中心化、由某个机构控制读取数据权限的称为私有链，由预选节点控制共识过程的称为联盟链。

足合作机构使用底层区块链技术带来的操作平台，又可以保证金融行业所具有的私密性。但在这个平台中，给监管者留下的接口和权限并不太清晰，还有待继续观察。

与国际汇兑的场景相似，同样涉及中央清算组织等数个金融机构多重参与和操作的，还有证券交易市场。根据相同的逻辑，证券市场也可以在区块链技术下实现变革。传统的资本市场运转需要投资主体、证券公司、交易所、银行、中央银行、中央登记机构多个关键点，中心化的清算交割不仅需要多方协调，还存在内部人交易、违规操作的潜在风险。中国的登记结算市场，约存在3亿个账户、18000只证券，日结算总额约5000亿元[1]，中央机构、金融机构中后台、用户端不仅都背负着高昂成本，也承担着风险的传导和递延。同时，同一个券商主体在上海和深圳两所两网分别拥有交易席位，但交易清算机制却相对独立，也进一步造成了流动性的减缓、交易成本的增加和效率的降低。如果在区块链技术支持下，实现证券结算与清算过程中点对点实时交易的话，股权结构、身份信息、交易数量都可以全网共同观察、确认，交割过程的清晰、透明、自动化、便捷化等方面都会是一次飞跃。在分布式交易机制中，不再需要中央对手方（Central Counterparty）进行轧差，这就减少了记账、验证、审计的成

1 见“取代去中心化 分布式特性更适合区块链金融”，新闻来自 http://finance.sina.com.cn/roll/2016-09-25/doc-ifxwermp3852771.shtml。

本，同时原子操作（Atomic Operation）实现的券银对付在执行过程中不会中断也不会休眠，非常类似于Java失误处理机制，要么全部执行成功，要么全部失败，资金和证券同时完成交割，也就是成为一种“交易即结算”的机制。这种机制下流动性会有很大程度的改善，因为一方面减少了证券经纪人、资产托管人、中央银行、中央登记机构等多种交易成本，另一方面无法篡改的、可追溯的交易记录也会使违规行为显著降低。此外，区块链技术在证券市场上还有一个特别有用之处，就是交易时间更加灵活，减少大量的股票市场营运性开支。在这方面最先进行尝试的是美国纳斯达克（NASDAQ）私人股权管理解决方案Linq[1]，该方案从2015年开始在Pre-IPO阶段率先试验了基于区块链的完全电子化、分布式的金融服务场景，通过“股权时间轴视图”，使股权登记和转让逐渐清晰化、自动化。通过这些已经取得的进展，再考虑到当前区块链技术在交易速度、系统能耗和交易设施方面的局限，如果展望未来区块链在资本市场的应用，可能最先触发的是那些场外的、区域性的、离散的业务。

在汇兑和清算领域之后，区块链还有可能进一步在票据市场和供应链金融中扩展应用空间。区块链的可靠数据库具有可信、可追溯的特点，以往通过金融中介完成的资产登记、

1　Linq成立于2015年，是纳斯达克交易所基于区块链技术在私人股权市场推出的一种交易平台，通过去中心化实现全新的股票发行、交易、登记模式。

来源追踪、合约数据验证和价值传递，能够简化为点对点的确认和转移，并通过分布式账本的全网广播形成自我证明。比方说传统票据市场，作为短期资金融通的重要场所，自打从意大利集市贸易中诞生起，一直扮演着把不能流动的挂账信用转化为可以流动的票据信用的角色，成为货币市场的重要组成部分。但这个市场一直存在着诸多隐患。以中国市场为例，票据交易虽然经过央行电子商业汇票系统ECDS进行交互认证，但流程中人工介入较多，有大量的审阅、验证、保管交易单据的环节，相当部分的交易单据为纸质版本，拒付、重复支付、诈骗等风险案例时有发生，纸票“一票多卖”和电票打款背书不同步现象尤其显著。此类票据市场的波动还会迅速传导到其他金融市场，影响金融稳定，所以一直以来如何降低逆向选择和道德危害，成为票据市场发展的掣肘。

区块链技术对票据市场的变革，是从票据信息依靠分布式结构进行存储、确认和传递开始的。依靠哈希算法建立的信任背书和时间戳带来的不可篡改性，票据买入银行、业务合作银行、ECDS等各个环节的交易者和参与者可以同步观测票据从交易开始到交易结束的全过程，票据的签发、承兑、背书、托收、贴现、转贴现、买入返售各个环节也能够脱离物券形式和手工交易。这给票据市场呈现了崭新的系统存储、传输结构和运行模式，在有效约束和激励交易主体、节省基础设施成本、控制金融风险方面实现进步后，票据市场的流动性和安全性都将有所改善，在深层次发展过程中逐渐演化出新的信用生态圈。

同样，在供应链金融领域，传统运行方式依赖于将银行信用融入上下游企业的交易活动，通过多样化的金融服务和金融产品增强企业的商业信用，协助供应链上的企业间建立长期战略协同关系。这种以信用为支撑，来为供应链各个环节进行风险定价的金融服务，也能够通过区块链技术应用降低相关主体间的信息不对称。如果把货物的供应链流转和资金的供应链流转全部嵌入区块链，信用证和提货单可以在全网进行不可篡改的确认和验证，无论是应收类融资、预付类融资、存货类融资，涉及其中的贸易融资企业、贸易供货企业和参与银行能够共享分布式总账，这就使信用评估不再孤立于某个市场主体，而是基于整个供应链上的生态环境和风险识别进行，将更有利于帮助供应链上的企业盘活流动资产、提高采购能力。同时，在既定的条件下由系统自动触发货款给付，会大幅缩减时间，以及降低在这个过程中物理资料的收集、审核、确认、存档和汇兑等造成的交易成本，避免供应链主体纠纷处置中的举证、追责带来的效率损失，在缓解信息不对称、风险控制方面，都有望形成更好的解决方案。

除了汇兑、票据和供应链金融之外，能够使区块链技术与金融市场相勾连的还有诸多场景，其中有很多是靠智能合约来触发。智能合约，指的是由于区块链中引入“脚本”的技术，使金融合约具备了可编程性，形成自动强制执行绑定代码，在环境达到预先设定的生效临界时自动触发合约的执行。这与在银行卡的生活消费服务里定制自动缴付每月手机账单一样，逻辑上并不复杂，但合约执行可以简化大量手工金融服务流程，使整个交易过程算法化、智能化、透明化，也就是在保障真实性和可追溯性的同时，还不必担心对手方的履约信用风险。同时，智能合约更多地会与大数据结合，将大数据的分析预测与智能合约的执行代码形成完备的预测—反应—分析—执行的自动化体系。金融市场中最有可能率先试水“合约”的领域莫过于保险市场和衍生品市场。

自诞生之日，即从劳埃德咖啡馆年代开始，一直困扰保险业的问题就是严重的逆向选择：越是有安全隐患的船只、越是有身体潜在疾病的人、越是容易引发火灾的房屋结构，就越有可能购买大量保险。而在区块链技术支持下，保险公司可以通过分布式账本获取投保人的身份信息、资产信息、权属信息、健康记录，这些信息是真实、不可篡改的，会帮助保险产品的风险评估和定价，降低保险购买之前的信息不对称。同时，哈希值与时间戳使跨越时间和空间的真实保险交易更加容易辨识，也有助于改善目前保险领域的风险建模，更具创新和更具弹性的保险产品能够基于此得到进一步开发、定价和实践。在理赔方面，当保险事件发生时，如果写入区块链的信息已经满足赔付条件，便会触发启动理赔程序，自动拨付赔款，提高合约执行速度，所有保险交易相关参与方都可以实时访问信息、检查流程，减少保险欺诈，使保险产品实现自我管理。此外，投保人可以更加主动和灵活地投资保单，实现全新的投保操作模式，通过创建风险池系统，在众筹保险、互助保险和共享经济方面呈现出更多发展路径。而对于金融监管当局来说，这套新网络可以相对便捷地跟踪和监控保险资金的执行和流向，减少信息不对称可能带来的违规违法和政策套利行为。以上这些方面的变革，有可能全面影响到保险人、再保险人、核保人、经纪商、监管者和其他参与者既有的行为方式和工作效率，带来保险业务形态、客户满意度、准确性和安全性方面的改善，从而在很大程度上改变现在保险行业的运行方式。

衍生品市场是智能合约带来变革的另一领域。衍生品本质上就是一种金融合约，是对基础资产未来某种条件下权利义务关系的约定，其保证金交易和现金差价结算的方式需要建立在高水平的市场信用基础上。区块链技术运用到这种经济契约中，分布式衍生品账本上既存储着资产账本信息，也同时存储和托管现金，通过智能合约自动、高效地计算衍生品仓位和义务，包括实时计算保证金变动、负债净额和实现交易，这会节省在银行间转账和往来中央清算机构的交易成本，整个衍生品市场能够比以往需要更少的流动性。美国存管信托和结算公司（DTCC）率先对信用违约互换产品（CDS）进行了基于区块链的智能合约测试[1]，并与IBM、Axoni签署合作，着手调整现有的交易信息数据库，让市场在满足预设条件时自动触发合约执行。这类应用的试验与推广，在提高效率、规避违约和降低成本的同时，将对衍生品市场的发展带来新的推动和挑战。

面对以上这些区块链能够给金融机构和金融市场带来革新的理论讨论，全球重要的金融机构、金融科技公司都意识到了新时代的来临，2010年后纷纷开始在区块链的金融应用领域展开实践探索，体现在两个方向上：一是成立区块链应用企业或是在自身内部成立研发团队，进行局部试验，比如Ethereum[2]、Ripple Labs[3]、BaaS[4]、Circle[5]；另一个方向是进行跨

1 新闻来自http://www.globaladvisors.biz/inc-feed/20160407/the-dtcc-and-4-top-banks-used-blockchain-tech-to-trade-credit-swaps/。

2 Ethereum，以太坊，成立于2014年，是一个基于去中心化账本协议的、图灵完备的开源平台和编程语言，可以使开发人员构建和发布分布式应用，用来完成交易、投票、众筹、合同管理、知识产权保护等。

3 Ripple Labs，该公司2011年发布了基于区块链技术的分布式支付清算系统Ripple，通过跨账本协议建立的共识，形成即时、低成本、最优兑换路径的去中心化的国际支付结算网络。

4 Baas，即Blockchain as a Service，区块链即服务，成立于2016年，是微软公司在其Azure平台上建立的基础设施，为其他金融机构和企业提供区块链的承载。

5 Circle，成立于2013年，致力于同时进行比特币和法定货币的储备和支付。

机构合作，像R3[1]、Hyperledger[2]以及中国的分布式总账基础协议联盟[3]和金融区块链合作联盟[4]，这些机构的关注点主要是区块链基础设施和技术环境的开发，工程、研究项目的协作，以及跨国别的行业标准及协议制定。当然，这个跳跃式的金融市场发展过程是充满挑战和未知结论的，因为区块链的安全措施和内部协议具有较大的差异性，开发结果要达成原则兼容和技术实施，不仅需要把金融的商业逻辑编写整合成代码，通过清晰、便捷、可靠的交互性实现信任机制，建立自由市场能够进行有效价值交换的前提，也需要进一步在存储容量、处理速度、加密算法等方面剔除障碍，在技术指标上满足高频、低延迟的现代金融市场需求。同时，更艰难的步

1　R3，国际金融创新公司，成立于2015年，参加者包括摩根士丹利、富国银行、高盛、汇丰银行、荷兰国际集团、中国招商银行等60余家国际大型金融机构，致力于为全球金融市场设计和应用分布式共享分类账技术，制定行业标准以及探索实践。

2　Hyperledger，超级账本，成立于2014年，是由Linux基金会牵头的开源区块链项目，参加者包括IBM、英特尔、思科、摩根大通、伦敦证券交易集团、中国华为等来自重要金融科技行业和金融业的100余家机构，致力于推进跨行业的区块链技术，创建应用分布式总账的开放标准以及开源代码开发库。

3　中国分布式总账基础协议联盟，成立于2016年4月，参加者包括中证机构间报价系统股份有限公司、前海金融资产交易中心、浙江股权交易中心、大连飞创信息技术有限公司等十余家国内金融和信息技术企业，致力于开发中国的分布式总账系统及其衍生技术。

4　金融区块链合作联盟，成立于2016年5月，参加者包括微众银行、平安银行、恒生电子、京东金融、腾讯、华为等30余家金融和信息技术企业，致力于整合中国国内的金融区块链研究及技术资源，并实现应用场景。

骤是让监管机构、银行、交易所、清算机构、经纪公司都同意采用同一套崭新的内部系统，保证金融稳定性、市场包容性和消费者权利，说到底，协调不同立场的人的认知是最困难的事。

所以，到21世纪的第一个十年结束，在对变革和技术进行热切展望的同时，也有很多人仍然审慎。由于一项技术的颠覆性和革命性而顺理成章地认为一定要在现行的金融机构与金融市场中进行试验或许并不恰当，真正能够提高金融效率、带来充足利润、减少交易成本、改善社会福利，并且符合监管和法治要求才是区块链金融能够发展的根本。在学界和业界已经有充分共识的效率与成本这些问题之外，目前看来，监管与法治将成为区块链在金融市场进一步发展最不可逾越和让人关注的关键问题。

金融业的共享事实（Shared Facts）是金融机构间的金融协定（合约），金融业需要的是交易对手们确信：我们看到的是同一件事，而且我们都知道这些会报告给监管者[1]。这是区块链金融试验团体R3在2016年一份报告中所进行的思考。在有效监管下推进区块链金融协议设计，在协议运行最初就保障监管方对各个节点的观测、评估和纠错机制是区块链金融

---

1 R3CEV报告，Richard Gendal Brown, “Introducing R3 Corda: A Distributed Ledger Designed for Financial Services”, http://www.r3cev.com/blog/2016/4/4/introducing-r3-corda-a-distributed-ledger-designed-for-financial-services。

的应有之义。因而在一段时间内，监管思路和技术的不成熟，也会成为制约市场成长的因素。美国证券交易委员会（SEC）在2017年3月连续拒绝了Winklevoss兄弟和SolidX公司在交易所上市比特币ETF的申请，其理由就是交易所与重要市场尚未达成对该商品的基础产品和衍生产品的共同监督协议，部分司法管辖权也不够清晰。

面对新技术产生的监管困境在不同国家和地区都有所展现，不少监管当局开始探索前进。支持创新、寻找有利监管环境的监管沙盒（Regulatory Sandbox）[1]是英国、新加坡的有益尝试。所谓沙盒，就是为区块链和金融科技提供一块“监管试验田”，一方面在一个较为清晰的框架下评估新业态及其挑战，另一方面在“安全区域”（Safe Place）中放松监管约束、激发创新活力，让创新与风险能够在这个空间中寻找到合适的均衡状态。在监管沙盒中有一个基本前提，就是对消费者权益的保护，这包括消费者的知情权、保密权、安全权、消费自由以及公平交易权。同时监管者的意向和底线也在沙盒中进行各种途径的明确传达，形成一种富有弹性的监管规则，这在相当程度能减少监管官员们与区块链金融创新

1　最初来自计算机用语，指在有安全隔离措施下，为一些无法判定意图的程序提供试验环境；英国率先将此概念用于金融监管领域，指在确保消费者权益前提下，允许金融科技创新机构在适用范围内测试，监管机构对其进行监控和评估，以判定是否授权并推广。

行为的博弈成本，提高市场主体与监管者的沟通效率。此外，还有待检验的是，完全去中心化的平台是否能够实现有效监管？如果不能，金融市场中的区块链是否能在完全去中心化到不完全去中心化的光谱上找到合适的立足点？或者换句话说，区块链天然承载着去中心化的理想，金融市场中监管者在场这也是不能改变不能退让的必备机制，二者到底能不能找到兼容的契合点？这将是这次技术革命在金融领域能否得到广泛部署的关键。

区块链金融场景中另一个棘手的问题是法治。在去中心化的环境中，如何衔接传统法律与区块链代码、如何调用传统法律来进行智能合约的纠纷处置、权利救助以及维护正义，如何给法治留下合适的入口和技术手段都还没有成熟的实践路径。在现代国家与社会的发展进程中，法律体系的跟进必然是缓慢和谨慎的，它要确保新技术新范式的使用符合公共价值观和社会愿景。发生在2016年的DAO黑客事件[1]并不只是显示区块链在安全性能上有可能失败，而是提醒在技术探索过程中，人类社会最终无法单纯依靠数学和机器，充满人性和社会化的法律和道德应该植根其中。

---

1 2016年6月17日，以1.5亿美元创下全球最大众筹项目的去中心化自治组织The DAO，由于智能合约中递归调用splitDAO函数的漏洞，遭到黑客攻击，价值6000万美元的300多万以太币被分离出资产池，引发了对于区块链安全与法律问题的关注。

在2008年之后的十几年间，区块链在金融系统逐渐经受技术、法律、监管的测试，金融市场方面没有很快速地就行业标准和应用的真实有效达成共识。与现有制度的整合与更迭要遵循路径依赖和变革成本的制约，将区块链应用到现有金融市场中尚需要过程、技术与论证。尤其是“去中心”这个核心理念，在实施过程中会发现理想与现实的差距，很多数字设施依旧是偏爱有中心的存在，人类社会信任机制的重建没有那么轻而易举。这究竟是无法跨越的障碍还是暂时的曲折迂回发展，我们还需要更加深入的思考。但是2020年代开启的时候，尽管对真正整合到金融机构的设施建设和市场秩序并不清晰，区块链技术仍然使越来越多的金融从业人员和研究者对其产生兴趣和期待，这与1990年代我们面对TCP/IP而对互联网究竟会怎样改变生活的模糊期待非常相似。当时在互联网上发送电子邮件和在即时通信工具上寻找好友的我们这些大学生已经非常前卫和新潮，仍不可能想象出使用手机电子支付和利用人脸身份认证如此司空见惯，互联网深深嵌入生活方方面面的场景。在今天这个时刻展望未来20年区块链与金融市场的关联，可能一切想象都不为过。

三、私人数字货币的发轫

伴随着区块链技术在信息、金融等行业形成的革命性冲击，以比特币、以太币、莱特币为代表的私人数字货币率先出圈，开启了货币领域基于区块链的通证化（Tokenization）过程。其实从20世纪后半叶开始，货币职能、货币形态和支付手段的阶段性进展就很大程度趋附于自然科学领域的进步，受惠于密码学、数学、信息学等学科的发展，以及计算机、互联网的普及，人类社会各方面生活图景发生剧烈变化，货币领域中电子货币、虚拟货币、数字加密货币陆续开始出现[1]，前面在第三章结尾的时候已经提到这一点。这一过程，不是单一学科和单一人类精英的偶然贡献，而是自然科学诸多学科交叉互动，分别进行了全方位的技术突破和准备。

在密码学领域，MIT三位研究人员李·维斯特（Ron Rivest）、阿迪·萨莫尔（Adi Shamir）和伦恩·阿德曼（Len Adleman）于1978年提出了以他们三人姓氏命名的非对称公钥加密算法RSA。所谓的非对称加密，就是加密和解密不使

1　对这三种货币类型内涵的认识有诸多不同视角和判断，在本文的探讨中，我们进行如下界定：虚拟货币，产生于与现实经济没有关联的网络虚拟空间或是组织机构内，由中心化的组织发行，使用法币进行充值或使用法币的消费行为附带产生的虚拟货币，用以购买特定的商品和服务，比如游戏币、QQ币、航空里程和信用卡积分，虚拟货币通常不能逆向兑换法币。电子货币，是把法定货币的物理形态改变为电子化的存储和支付形式，其性质和职能与法定纸币没有差别，由货币当局发行，具有无限法偿的性质，也具有被赎回的保证，比如卡基支付、移动支付、电子银行支付。数字货币，则是一种资产价值的数字化表现形式，它基于密码学分布式账本技术，采用去中心化的点对点支付机制，货币当局和私人机构都可以作为数字货币发行人。本文的讨论聚焦在数字货币的发展与功能。

用同样的规则，信息传输过程需要两把密钥，公钥（Public Key）和私钥（Private Key），发送的时候使用公钥加密，收到信息后使用私钥解密，公钥可供发布信息的任何人使用，私钥只供自己解密使用。RSA算法其实是构造了公钥和私钥的生成方式，利用了两个大素数相乘容易、但反过来进行因式分解就很困难的特点，所以将其乘积作为加密使用的公钥，两个素数组合作为解密用的私钥。RSA算法至今都在广泛应用，影响深远，但进行大数运算造成的运算速度较低一直是其没有解决的缺陷。到了1985年，尼尔·克伯利兹（Neal Koblitz）和维克多·密尔（Victor Miller）将椭圆曲线数学应用于密码学，利用椭圆离散对数的计算困难性，通过椭圆曲线乘法可以从私钥计算出公钥，但反之则不可逆，提出了更高安全级别的公钥密码方法ECC，其优势是能够比RSA使用更小的密钥，在给定密钥长度的情况下，是最为强大的算法，这个算法也为数字货币的发生奠定了最关键的根基。

在支付领域，密码学家大卫·乔姆（David Chaum）在1983年提出不可追踪的密码学网络支付系统，利用盲签名（Nlind Signature）来解决电子货币的双花问题（Double Spending）[1]，基于“银行—个人—商家”三方模式，围绕银行

1　也称“双重支付问题”，即非物理形态的价值转移过程中如何避免使用同一笔钱进行两次或两次以上的支付。

这个中心化机构发行E-cash货币，具有匿名、不可追踪的特性。大卫还非常富有实践精神，自己组建了Digicash公司来进行E-cash的落地试验，也曾经在德意志银行等一些金融机构进行内测。这些试验在当时并没有引发更大规模的效应，但其逻辑已经接近于准数字货币。

在信任机制领域，前面提到过的虚构出拜占庭将军烦恼的莱斯利·兰伯特（Leslie Lamport）作出了关键性贡献。这位图灵奖得主、美国工程院院士，中学时代就用参观IBM纽约实验室时顺手牵羊的几根真空管做成4位计数器，显示出卓越的科学潜能。MIT 博士毕业后兰伯特逐渐开始计算机科学方面的建树。当时正值世界石油危机，NASA委托兰伯特的单位研发一种能让飞行器更省油、更稳定的操作系统，在完成这项工作的过程中，兰伯特发现在多个不可靠的处理器之间达成一致协议是件困难的事情。看到有获图灵奖的科学家研究“中国将军问题”，兰伯特索性给他研究的难题起名“拜占庭将军问题”，因为这地儿距今时间久远，谁也不得罪，也不好考证。兰伯特最终建立的容错性分布式系统，使多个基于零信任基础的节点达成共识，解决了拜占庭将军问题，也就是公开网络中的信任问题。

在算法领域，数码朋克、密码学家亚当·拜客（Adam Back）1997年发明了哈希现金（Hashcash）算法机制，利用数字稀缺性，通过CPU的计算代价来获取某些资源。其实最早是防止发送数量众多的垃圾邮件而设计的应用，要求发件人在发送邮件时进行标题的有效性检验，这种工作量证明的计算在单封邮件中可以忽略不计，但在数量庞大的垃圾邮件中将是沉重的负担。中本聪在设计比特币的过程中还就哈希现金问题与拜客进行过通信沟通，但拜客当时没有意识到中本聪的历史重要性，也没有探究这究竟是一个人还是一个团队。到了2005年，哈尔·芬尼（Hal Finny）又将哈希现金改进为可重复使用的工作量证明机制RPOW（Reusable Proof of Work），成功避免了双重支付问题。哈尔·芬尼毕业于加州理工学院，就是美剧《生活大爆炸》里那个理工男层出不穷无比智慧的学校。芬尼早期加入电子邮件加密程序的开发，一直十分关注隐私保护、财务加密等领域。他不仅奠定了日后比特币工作量证明机制的基础，而且在中本聪发布比特币白皮书之后，积极与中本聪互动，帮助其修改漏洞，发表了Twitter历史上关于比特币的第一条推文，并接受了中本聪转账测试发来的10个比特币，成为第一个比特币转账接受者。遗憾的是芬尼患有萎缩性侧索硬化症并于2014年离世，基于一生对技术的信仰，芬尼选择在自己去世后冷冻身体，期待医学进步之后再回到我们的世界。其实，有不少人一直怀疑芬尼就是中本聪。

在连接应用领域，既是计算机学家又是法律学家的尼克·萨博（Nick Szabo）1998年提出智能合约（Smart Contract）

概念，这是一套以数字形式定义的承诺，当一个预设的条件被触发时，自动执行相应合同条款，使计算机代码能够与真实世界的资产进行交互。萨博敏锐地指出现有金融系统对第三方中介的依赖，存在安全性、成本等诸多问题。遍布街头的自动售货机给了萨博启发，投入货币到售货机，触发内置于售货机的程序，便会自动实现商品发售和找零，这种智能合约如果应用到金融世界，将带来金融市场的很多改变。

在网络技术领域，肖恩·范宁（Shawn Fanning）和肖恩·帕克（Shaun Parker）1998年开发出点对点（P2P）技术，从而在分布式账本上，能够实现以呼叫问答机制向全网广播。当年还在波士顿东北大学读书的范宁在一次校园派对上听到很多同学对于下载网络MP3的抱怨，大量低效链接浪费时间和心情，引发了他点对点互传、共享音乐的最初模糊构想。缺乏技术基础的范宁找来Unix课本现学现卖，两年后他居然真的和网友帕克一起琢磨出了MP3共享软件Napster，并获得了大量用户，也惹急了卖CD的各家唱片公司。他们所创设的P2P协议成为去中心化系统中的关键一环，不仅仅奠定了日后数字货币的技术基础，还影响到下载软件、金融工具等社会生活的很多方面。

至此，一个完整的数字加密货币应用场景具备了所有要素。

基于以上科学家们的贡献，密码学家戴伟（Wei Dai，

1998）提出一种匿名的、去中介化的分布式电子加密货币构想“B-money”，这个体系面向全网公开协议执行和货币支付，所有人都可以通过解决一定的网络计算问题来创造货币，其核心逻辑和关键技术特质非常接近后期的数字加密货币，工作量证明、匿名交易、去中心化账本已经全部出现，这成为人类历史中第一次数字货币实验，但在具体应用环节戴伟没有提供可行的方案。根据现有资料推断，戴伟应该是一名华裔，但是互联网上找不到一张他真正的照片，这可能是自我定位为密码朋克的人比较酷的地方。虽然中本聪在白皮书中提到了B-money的研究，但戴伟觉得自己对中本聪的影响并不大，那是中本自己的创意和构想。在比特币白皮书推出10年之后，戴伟带着真正属于他的创意和构想，一个名为Mercatoria的区块链项目回到已经无比炽热的区块链圈，也许会有更加有趣的故事在前方。

神秘的中本聪正是在前面所有这些技术积累的基础上，把之前的关键性技术节点与戴伟的思想融会贯通，阐释了关于点对点的数字货币“比特币”产生、流通、交易和隐私保护的相关问题。所以说中本聪和他的庞大财富并非横空出世，而是人类智慧的积累与结晶。与第一代数字货币相比，比特币基于区块链（Blockchain）技术实现了一种去中心（Decentralized）、去信任（Trustless）、集体维护（Collectively Maintain）的货币体系，彻底实现了没有中央机构和金融中介的情况下，依靠共识机制确保交易的真实和不可逆，重建了不同于以往人类社会的“信任”生态。

但是，比特币的天然弊端和它的天然优势一样显而易见。

根据中本聪的设计，比特币的产生其实是通过在网络中解决复杂的数学问题来竞争记账权的过程，俗称为“挖矿”。2010年后随着比特币概念的火热，全世界越来越多的人成为矿工，致力于挖矿这件事，他们需要进行大量计算找到符合条件的哈希值。而参加挖矿的人越多，挖矿难度就越高，不仅需要性能强劲的计算机硬件作为矿机，还需要全天24小时不停歇地运转计算。根据2021年的一项统计，如果把比特币挖矿和其他国家的全年生产生活用电量进行对比的话，全球用于比特币的电量在所有国家用电量中排第27位。这种对能源无尽的消耗，造成环境负担和资源浪费，引起了很多人的质疑。为解决这个问题，比特币社区希望寻找更好的共识机制，比如挖矿从工作量证明POW（Proof of Work）转向权益证明POS（Proof of Stake），也就是不需要大量计算，而是持有权益（代币）的人可以决定链上的验证，以此减少计算工作、节约能源。但权益持有者更有可能获得更多权益和奖励，这又引发财富集中的忧虑。

比特币的另一大弊端是隐私保护问题，这也是其他加密货币所共同面临的难题。这个难题有点反讽，因为区块链技术从诞生之日被赋予的优势之一就是加密系统和隐私保护，技术层面的推导过程中确实如此；但是，在目前的实践环节，由于没有办法做到完全的去中心化，加密货币的流通和交易总是会和中心化交易所相勾连，这反倒为确定某些人的网络地址和进行追踪提供了条件。由于分布式网络中账本的公开透明，当某人的地址一旦泄露或锁定，他的所有交易都将被观察到，他有多少钱、用在了什么地方、转给了谁都一目了然，这件事难免让人心生恐惧。加密货币社区当然也在着手解决这个问题，并且已经有了混币器等一些新鲜的思路。

所以，看起来加密货币天然存在的问题和后续的解决方案总是像在捉迷藏般魔高一尺道高一丈，解决了老问题，出现了新问题，那么再接着解决新问题。包括以下在货币职能和货币政策方面更加深入的思考。

四、数字货币视野中的货币理论与政策

在比特币热潮之中，以太币、莱特币、瑞波币等一批私人通证化货币大批量出现，货币理论和货币历史真正进入革命性的新阶段。数字加密货币这种技术上的飞跃，也把前面讨论过的货币名目主义、哈耶克的货币非国家化、新货币经济学BFH体系进行了实践试错，从而在货币本质和货币职能的判定上引发了更加深刻的论题。

1.关于货币的职能

在货币理论历史上，货币名目主义实现了把价值储藏从

计价单位和交易媒介中剥离，BFH体系实现了计价单位和交易媒介的剥离，而基于区块链技术的数字加密货币的出现和发展，在一定程度上检测了以上两种理论的设想。与传统货币不同，数字加密货币的供应量是由代码协议规定，其本身并无价值，即便存在部分以算力为证明发行的数字货币，对于计算机的劳动是否算作无差别的人类一般劳动，仍是一个有待讨论的问题。

在计价单位或者说价值尺度方面，数字货币最初作为一个区块链应用的抽象概念出现，市场对其的价格发现一直处于剧烈变动过程中，并且在很大程度上被投资者视为稀缺商品、大宗商品来进行投机交易，长时间处于或有的巨大泡沫之中，其价格与生产数字货币的全网算力、各国央行的数字货币政策、Twitter和微博的公众情绪、Google搜索量、数字货币平台交易量、股票指数、黄金指数、美元指数等指标的相关性检验目前仍不清晰。所以，数字货币从诞生开始就未曾在价值尺度上有所表现，价值尺度要求承担此职能的商品或资产具有相对最优的价值稳定性。尽管伴随着投资者结构的日益多元化、机构投资者的加入、比特币期货等对冲工具的推出，数字货币价格的波动性有降低的趋势，但是总体上看，数字加密货币的价格仍然不稳定，这使得其现在还难以充当其他商品和劳务的计价单位，数字货币其本身价格仍需要央行发行的法币来进行计量。

数字货币目前在承担货币职能方面有所突破的仅在于交易媒介方面。虽然各国货币当局在理论认识上仍存在分歧，数字货币并未在所有国家和地区都成为合法的支付手段，但最近的发展显示，越来越多的商户和场景愿意接收比特币、以太币、莱特币，数字货币钱包APP的使用也日益增长。而货币成为交易媒介的前提即是“一般授受性”，支付的一方愿意“授予”，卖出的一方愿意“接受”，这是无论金属货币、信用货币还是数字货币要成为交易媒介所必须具备的条件，即在商品或劳务的支付中或债务的偿还中被普遍接受。作为一种人们用来交易的媒介物，在支付手段中被广泛应用，才是其能够继续发展的根基。这又回到了洛克在四个世纪之前就提出的论断：货币具有的是人们一致同意的想象的价值。[1]

2. 在货币的主权特征与货币政策方面

现有的上千种竞争性私人数字货币并没有国家权力体现和国家信用背书，这对于货币起源理论当中主权论和税收驱动论是一种背离，但对于哈耶克的“货币非国家化”是一种应用。在未来的数字货币演进过程中，每种货币的数量是否真正能通过竞争和自利来实现市场供给与需求的均衡，从而使得货币总量测算和调控不再具有意义，都将是对哈耶克理

1 〔英〕约翰·洛克：《论降低利息和提高货币价值的后果》，徐式谷译，商务印书馆，1962年，第19页。

论的检验。更重要的是，在多种私人竞争性数字货币与法定货币共存的货币生态中，各国货币当局的货币政策将作出重大调整。各国央行无论是选择总量指标还是利率指标，都需要对货币政策的操作指标、中间指标和最终指标进行修正；数字货币穿越时空限制的国际传播，使得通货紧缩和其跨越国界的影响更甚，为实现内部均衡和外部均衡，各国央行的货币政策合作与协调成为重要任务；在央行铸币税收入方面、作为最后贷款人角色方面、履行国家的银行的职能方面，以及私人来提供公共产品的一系列制度保障方面，也将面临全新挑战；最直接显著的影响还是在货币供给和货币乘数方面，货币供给模型中需要将银行对准备金的需求行为函数和社会大众的货币选择行为函数金引入，货币供给结构面临重构，货币量将涵盖数字加密货币这一部分，货币乘数的计算由于数字加密货币对部分法币的替代以及现金漏损率的调整也将出现重大改变。

3. 在数字加密货币的属性判断和监管归属上

在数字货币的属性判断和相应的监管方式方面，截止到2022年各国的认知依然差异显著。我国监管当局的态度非常明确，在挖矿和发币经过短暂的狂热阶段、许多投资者陷入加密投资陷阱乱象，2017年9月中国人民银行等七部委发布《关于防范代币发行融资风险的公告》，2021年9月中国人民银行又联合国家网信办、最高人民法院、最高人民检察院等十部门发布《关于进一步防范和处置虚拟货币交易炒作风险的通知》，这两份文件成为到2022年为止中国官方对于私人加密货币的权威表态：在中国不允许比特币等私人数字货币和人民币的交易，银行系统不接受不提供私人数字加密货币作为支付工具的相关服务。美国监管方对加密货币的判定一直没有准确的答案，在比特币出现最初，美国商品期货委员会（CFTC）将数字货币归于大宗商品，由CFTC进行监管；但近年来美国证券交易委员会（SEC）宣布了几十种加密货币为证券，由SEC来监管。两大监管机构分别有各自的定义，目前监管边界的趋势是，不符合“去中心化”标准的属于证券，归SEC管理；属于去中心化的资产属于“商品”，归CFTC管理。日本在加密货币领域方面比较宽容，较早承认比特币等数字货币的货币地位，由日本金融厅（FSA）对合规支付、交易所牌照、交易税率进行监管。欧洲央行早先规定加密数字货币为动产,不受传统金融业监管，后来随着加密产业的发展，欧洲央行和欧盟也出台一系列调整措施。这些不同的规定，显示对数字加密货币这种新生货币形态正确认知的难度和复杂性，各个国家对其监管思路并未成熟，监管边界尚未清晰。

另一方面，伴随着10年来的发展演进，在资本狂热追逐、技术迭代发展的环境中，数字加密货币市场规模快速扩容，新币种大量涌现，数字货币在结构与功能上其实呈现出鲜明的类别特征和代际特征，或许也并不适合采用单一标准去判定。我们可以把比特币为代表的第一代数字加密货币看作信用货币，依靠计算机进行繁复的哈希计算而产生，与金属货币不同，其本身没有内在使用价值，不承担价值贮藏的功能，因而具有显著的现金特征。以太坊和NEO等可以划入第二代加密货币，相比较比特币而言具备更多的可扩展性和协作性，并提供了链上的虚拟机、智能合约等有价值的应用资源，在这个意义上可以定义为一种商品。而除此以外上千种的形形色色的各式代币可以视为第三代数字货币，由于采用了众筹形式和模仿证券的IPO形式，其代币也隐含了募资项目的相应权益，此类资产更接近于证券。

4.公众的持币选择

私人数字货币的出现，改变了普通公众只拥有一种本国法定货币（也有的人和家庭或投资几种外币作为资产组合）的情况。公众现在可以在一国内同时拥有法币和若干种其他流通货币，此时如何对这些货币进行投资组合成了新的经济学问题。按照传统经济学的理性人假设，每一个财富持有人都会安排其财富持有的组合，同时根据马科维茨的均值-方差分析、希克斯的货币需求理论以及托宾的资产选择理论，投资者不同货币组合的基本原则是预期效用最大化，也就是投资者对于每种货币收益和风险的衡量，以及投资者对不同货币形式的嗜好和偏好，并在消费者行为理论中的预算限制下，得到各种货币持有形式的最佳组合。在现实中，整个货币市场和资产市场是互相关联的，脱离其他资产和货币类型来考察某一种货币，无论是传统法定货币、法定数字货币和私人数字货币都是不可能的，任何一种货币的收益率变化和需求变化都会引发货币选择和资产组合的替代。货币投资组合收益的正效用将随着收益的增加而递减，风险的负效用将随风险的增加而增加，因而，人们的货币资产构成中如果只有法定货币而没有数字货币，为了获得数字货币的资本利得或者支付便利，会把一部分法币换成数字货币，直至新增数字货币带来的收益正效用和风险负效用之和等于零时，投资者会停止将法定货币换成数字货币。由这些因素引发的公众持币组合的变化，必然影响到央行相关货币政策的运用。

五、从私人数字货币到稳定币

私人数字货币价格高波动性带来的货币职能方面的困境，深刻困扰着加密货币领域，相关的优化路径也逐渐展现，私人部门稳定币（Stable Coins）陆续登场了。所谓稳定币，就是通过一系列技术和安排，使数字货币与特定资产或是一篮子资产的比价保持在一个相对稳定的范围内，能够具备交易媒介和价值贮藏的货币功能，从而可以成为数字加密货币和法币世界的一座桥梁。对于那些既想从区块链技术的优势中获益，又想享受法定货币信用的人，稳定币自然成了最优选择。

稳定币最初是2012年威利茨（J. Willett）在《第二比特币白皮书》中提出的，当时他使用了“锚定资产价值的加密货币”这个称谓，已经非常接近稳定币的核心理念。2014年，Tether、Nubits和Bitshare先后推出稳定币项目。由于自由兑换，跨境流动、有法定货币或是其他资产作为储备，并且还有升值预期，这些稳定币推出后受到市场欢迎，成为去中心化金融（DeFi）的基础解决方案。特别是在资本和外汇管制国家，居民可以通过技术手段访问相关数字交易平台，用本国货币买入稳定币，随后将其卖出并在境外账户上获得其他国家的货币，完全绕过现有的监管框架。至2022年，市场上已经出现200多种稳定币，占据整个区块链总市值的8.6%。数字货币也因此发展到一个新阶段。

不同稳定币追求稳定的方式并不一样，大致可以分法币抵押型、加密资产抵押型和算法型三个类别。法币抵押稳定币占有绝对主导地位，典型代表就是USDT和USDC，它们有1∶1的某种法定货币作为发行准备，这种锚定的安全性带来了币值的稳定，也建立了强大的信任机制；加密数字资产抵押稳定币以Dai最为典型，Dai运用智能合约系统，当客户超额抵押一定数量的以太币，系统会按照预定比例为客户发放Dai，这种自动执行机制，比Tether看上去更加透明和安全，但是以太币市场价格的波动会影响其稳定性；算法型稳定币则不需要任何抵押，依靠一定的货币供应规则来控制货币量和货币价值，以BAY、UST为代表，通常价格上涨时算法会发行更多货币，价格下跌时则回购市场上的货币，由于没有抵押和锚定，在遇到市场情绪和其他变化时候，会引发市场恐慌和下跌螺旋，让稳定币难以稳定。

稳定币推出后，在与监管当局的博弈中产生了多样化的路径，既有未获得监管当局执照而率先发币的Tether公司的USDT，也有获得纽约金融服务部（NYDFS）批准的USDC，Gemini 和Paxos Standard。

2014年Tether公司的USDT（United States Dollar Tether）作为稳定币的先驱率先登场。USDT是法币抵押型稳定币，宣称100%进行发行准备，并可以为客户1∶1兑付美元，但也给自己留有余地，比如规定在特定条件下可以延期兑付。USDT到底有没有百分百的足额准备金，不得而知，因为从来也没有公开的审计数据。可以看出，Tether公司在USDT的发行、管理、审计等诸多方面都有着绝对主导地位，USDT具有明显的中心化特征，这是有悖于区块链初衷的。不过基于价值稳定和美元储备，USDT具有了价值贮藏的功能，很快成为一种喜闻乐见的支付手段，因为通过交易所可以随时将USDT兑换成美元，这具有了一般授受性，能够被人们普遍接受。USDT在市场中的受欢迎度很高，到2022年其市值已经突破800亿美元，毫无悬念地成为币值最大的稳定币，同时在整个加密货币领域的规模紧随比特币和以太坊排在第三位。

但USDT的潜在风险也显而易见。中心化管理模式下，缺乏民主和透明，不能足额完成发行准备的话，一旦遭遇市场冲击，将带来币值严重波动。资金的集中托管方，比方说交易所，如果面临经营问题或是法律问题，这批货币将面临冻结的风险；交易所遭到挤兑的话情况就更糟糕，其压力和速度远远超过银行系统的挤兑，因为这种挤兑不用去银行排队，在链上就可以完成。况且，USDT目前受到广泛欢迎的地区正是资本监管严格的国家，这对于这些国家的主权货币、资本管制是潜在冲击，同时USDT也常被用来进行洗钱、毒品交易、恐怖主义融资等犯罪活动，影响到其他国家货币体系和社会管理的稳定运行。如果USDT跨国界广泛使用，在国际贸易中进行结算，对汇率体系也将产生影响。假以时日，当USDT继续发展成为全球性流行的稳定币后，一旦出现问题将会对全球货币市场和金融稳定造成影响，形成系统性风险。2021年2月，Tether因为USDT涉嫌欺诈认罚1850万美元，在当时就对整个加密货币市场产生了冲击。

相比之下，居于稳定币市值第二位的USDC，在合规性方面更进一步。它所依靠的加密数字交易所Coinbase，在美国监管当局管理之下，并且在2015年拿到官方牌照（纽约州数字货币许可证）。USDC同样锚定美元，1∶1挂钩储备，但是这种储备是将美元存到监管方指定的银行silvergate，显得更加安全和稳定。

伴随着加密货币和稳定币的发展，美国其实逐渐形成美国证券交易委员会、美国期货交易委员会、通货监理署、各州的金融服务部等机构的交叉监管，通过牌照发放、储备资金监管、信息披露和客户身份识别等方面对稳定币实行部分监管。2020年货币监理署提出所有在联邦注册的国民银行都可以代表其客户持有稳定币储备账户，2021年允许国民银行和储蓄协会参加分布式账本的节点验证，并使用稳定币来履行支付等功能。从财长耶伦到联储主席鲍威尔再到特朗普和拜登总统，都对稳定币问题表示关注并发表过看法。总的来说，美国法律对于稳定币的相关法律处理展现出其法律体制的弹性和延展性。

其他主要经济体也意识到稳定币的发展态势难以忽视：欧盟提出了一个监管框架，包括资本、投资者等一系列要求；日本金融厅和央行认为如果一些问题可以解决的话，稳定币将会成为广泛使用的支付手段；新加坡视稳定币与其他数字货币一样，应申请牌照合规化运营。

中国对稳定币的监管如何呢？在稳定币的发展巨浪中，有个显眼的事实是：全球稳定币有60%掌握在中国投资者手中，而来自美国投资者的持有量还不足5%。这可能令人非常惊讶，因为毕竟在中国投资加密货币属于非法行为。但是，可能正是因为这个原因，反而促使中国投资人利用OTC网站和一些特殊APP形成了人民币——USDT——比特币的交易机制，稳定币成为国内投资加密货币的入口，或者可以看成国内资本外流的重要通道。实际上，为USDT交易提供平台的最重要的几家交易所的实际控制人也都来自中国。

这个市场悖论不能忽视。尽管我国通过法律禁止了私人数字货币和稳定币的发行和交易，但是无法通过技术手段真正阻止这些交易。在这种情境下，不能充耳不闻稳定币在全球的发展态势，毕竟稳定币在民间交易中流通。其中，USDT在我国民事纠纷中已经多次出现，在无法可循的情况下，各个地方相关裁定并不一致。当前我国对加密货币的几个最重要的文件不是法律和行政法规，只是一种行政文件，这是非常棘手的问题。当我国禁止的违法行为，在其他很多国家是合法市场行为的时候，我们就不能只停留在风险警示和界定非法的宣传层面，必须要考虑在法律属性上到底如何界定稳定币，以及如何与国际金融市场合作，比如参考巴塞尔银行监管委员会对稳定币的监管要求。对于具备支付手段和价值贮藏功能的稳定型数字货币，是否能够将抵押型稳定币看作货币市场基金、把算法型稳定币看作证券？这个问题可以广泛讨论。或者根据相同功能采用相同监管的思路，也不失为目前可以参考的路径。再或者，是否可以在香港试行稳定币的相关交易？以及探索稳定币与数字人民币的对接问题？因为稳定币大都锚定美元，这将造成美元在全球支付体系中比重进一步提升，人民币国际化的道路会愈加漫长和充满困难。

另一方面，有些稳定币已经与离岸人民币挂钩，这其实给了人民币国际化一个契机，究竟要不要利用这种途径，也是可以深入思索的问题。

在稳定币这股浪潮中，除了私人加密技术公司创设的稳定币，还有一些科技公司和金融机构也在推出稳定币。

美国最大商业银行JP Morgan于2019年2月在其私有链项目Quarum上推出JPMCoin（摩根币），该币与美元1∶1兑换，主要面向摩根大通的机构用户，为企业间的资金流动而设计，旨在降低交易成本和结算风险，简化全球跨境支付流程。JPMCoin可以说是稳定币的又一个发展，在之前的三种类型稳定币之外，形成了第四种稳定币，即依靠金融机构背书型稳定币。它同时利用了美元的信用和摩根大通公司的信用，在信用担保、连接加密世界和法币世界方面比其他稳定币更加稳健；其锚定美元、进行美元和摩根币之间的兑换，这与其他支持多种法定货币兑换的加密货币有所不同；其使用场景和对象仅限于摩根的B端客户，是非公开的、需要许可证的联盟链，这也与其他私人稳定币和私人数字加密货币显示出差异。在美国历史上，摩根银行曾是最早的银行间清算所，在Fed诞生之前实际履行央行的职能，并在金融危机发生过程中肩负稳定金融市场的职责，这家有着传统清算经验的商业银行，在新型结算领域的积极尝试在当时引发了强烈的关注和思考。

但是，JPM在后来几年的发展中，没有人们预期的那样影响重大，截至2022年只处理了价值大约3000亿美元的交易，这在摩根大通的交易总额中微不足道。到了2023年，摩根在一份研究报告中提出将推出基于区块链的新一代货币形式——存款代币，可以理解为一种存款的数字化版本，所有交易是在区块链上完成，便利跨境支付和结算。

JPM之外，还不得不提的是Facebook公司曾经隆重推出的稳定币Libra。Facebook联合26家公司于2019年6月发布名为Libra的数字货币白皮书，开宗明义其使命是“建立一套简单的、无国界的货币和为数十亿人服务的金融基础设施”。[1]很多人将Libra直译为“天秤币”，这也是这个项目的最初提出者马库斯（David Marcus）从占星术角度的解释，天秤象征着正义的天平，在法语中Libre也是自由的意思，那么“自由、正义、金钱”就是从字面上理解的天秤币。殊不知，Libra也是古罗马时代称量贵金属的单位，英镑的单位Pound来源也与之有密切渊源。这一命名不禁令人感慨扎克伯格在下一盘大棋。从货币在人类不同文明中缘起，起承转合近3000年，交易媒介的名称又将回到原点，而交易媒介的实质与意义似乎也有着回到最初的意味，这一点我们留到最后再讲。

---

1 Libra白皮书：https://libra.org/en-US/wp-content/uploads/sites/23/2019/06/LibraWhitePaper_en_US.pdf?from=singlemessage&isappinstalled=0。

先来看看新千年新时代的人类精英扎克伯格。与旧时代人类智慧王冠上的先知们不尽相同，他不是一位横贯各门科学的智者，而是在信息与网络时代有着高阶智商和敏锐嗅觉的IT王者。扎克伯格出生在纽约州的一个犹太家庭，中学时代就展现出在计算机和程序编写方面的卓越才华，在哈佛读大学阶段，年少轻狂的小扎与两位双胞胎同学一起开发了一个在校园内评选辣妹的程序Facemash，可以视为日后社交巨头Facebook的前身，这个程序由于太过火爆在当时搞砸了哈佛的服务器。从这次成功的经验中小扎已经摸到了未来的方向。这段哈佛故事后来被拍成了电影《社交网络》。当年的合作创业者双胞胎兄弟也不是一般人，前面提到的在比特币浪潮的最前沿，SEC一度否决的比特币ETF发行方案（最终这支ETF还是成功面世）的创设者Winklevoss兄弟，就是这对双胞胎。天才的世界还有更多只有想不到没有做不到的事情：2008年在北京奥运会他们夺得赛艇男子双人单桨第六名。

2004年扎克伯格20岁时，创建了Facebook。紧扣着互联网技术的发展，社交网络生逢其时地出现在世界各个角落，2012年Facebook的上市成为硅谷有史以来最大的一笔IPO，小扎从此稳居福布斯世界富豪排行榜的top10，Facebook的用户数量也逐渐到达30亿。但看起来小扎依然过着朴素的生活，和中国裔妻子活跃在慈善和科技探索的场景中，像是不断实践自己的人生哲学，希望整个世界都能更加透明、公平和极简化。到了2019年，这个曾经钩织起30亿人的社交网络的天才，正在试图钩织这30亿人的交易网络。

用来钩织交易网络的正是Libra。与其他稳定币不同，Libra并不依附于单一法定货币，而是与一篮子货币和资产挂钩，这种锚定方式接近于特别提款权（SDRs）和2005年以后的人民币，但篮子内权重的确定和持续等值的落实机制并不清晰。作为哈耶克意义上的“非国家化货币”，比起其他数字加密货币，Libra更好地具备了交易媒介、计价单位和价值贮藏这三大货币职能。[1]同时，Facebook既有的近30亿用户将形成世界上最大的单一货币用户群体，初创时的26家（未来至100家）合作联盟成员亦分布于出行、支付、社交媒体、电信、区块链、电商等各个数字货币应用领域，形成广泛覆盖的社会支付全场景，有可能将数字加密货币在使用深度和广度方面推向一个历史性跃进的阶段。Libra击中了跨境支付、普惠金融服务、人类社会单一货币等痛点，但是其在合规、身份认证方面还存在困境；在反洗钱、反恐融资领域需要与FATF（多数发达国家为其成员）进行艰难的协调[2]；与美

1　与其他数字加密货币不同，Libra不具备去中心和挖矿奖励机制，并不是一种严格意义上的区块链技术，更确切地，可以称之为基于数据库的加密货币。

2　FATF对虚拟货币的监管要求：https://libra.org/en-US/wp-content/uploads/sites/23/2019/06/LibraWhitePaper_en_US.pdf?from=singlemessage&isappinstalled=0。

元、美元当局之间的关系也非常朦胧；特别棘手的是，将形成对各国货币主权、法治和资本管制的挑战。所以在Libra白皮书发布后，小扎遭到了世界各地很多监管当局的抨击和质疑，美国众议院金融服务委员会对其展开听证和质询，欧盟诸国更是联手抵制Libra进入欧洲市场，初始的合作成员有一些还非常识时务地退出联盟。

面对超出预期的负面环境，小扎在2020年4月发布了Libra白皮书的2.0版本，放弃了“无国界货币”的提法，而改称“全球支付系统”，并降维到结算币，避免对主权货币的挑战。到了2020年底，Libra索性更名为Diem，希望以一个新名字摆脱以往的种种困扰，迎合监管的要求，呈现出更简单的结构与机制。时任美联储主席鲍威尔其实是认真考虑过给Diem提供许可的可能性的，但来自各方的建议或者是顾虑（比如前后相继在政见上截然不同而对Libra却有一致见解的两位总统）也让他踟蹰不前，毕竟一种在世界范围内便捷流动的货币所隐含的洗钱及其他风险不可估量。在与监管部门进行艰难博弈的过程中，Diem的斗志每况愈下，最后甚至又期望与小扎在校园社交网络时代的搭档——Winklevoss双胞胎兄弟能够进行某种发行合作。Libra改名为Diem似乎没能改变其多舛命运，到了2021年底，象征元宇宙的Meta正式成为Facebook的新名字。这次改名与Libra的被逼无奈不同，更像是一次主动更换赛道，面对AR/VR（增强现实/虚拟现实）带来的平行虚拟世界，小扎似乎看到了互联网的新篇章，因而急需从社交网络的标签中抽离出来。而Diem这个超主权金融基础设施，经过一系列兜兜转转之后，最终在2022年1月画上句点，小扎的数字货币梦想告一段落，这是他为数不多的失败之一。但是，这种在接近零交易费用的基础上进行存储、支付和跨境转移的全球货币设想，展现了基于区块链技术的高效支付的可能性。虽然Libra失败了，但在未来适当的技术与监管环境下，是否会出现其他人的Leo、Taurus和Scorpio？在占据了无国界货币、庞大用户、大数据分析、人工智能技术之后，未来的全球性货币将如何在更广泛意义上对公共政策、社会工程（social engineering）方面形成冲击，非常具有深远的思考意义。

美国监管当局在稳定币探索发展过程中的角色和作用超然而特殊，有些类似清末洋务运动中的“官督商办”模式，一方面默许市场与技术的创新与发展，另一方面在超越边界时进行介入和调整，作为监管者既超然事外，而又事事临在。监管当局密切监控着这些大型金融实验的路径选择和技术演进，在一个微妙的平衡当中进行沙盒化管理，并很有可能在其发展演进中比较和筛选最优的技术路线，优化数字货币的功能结构，逐渐合成模糊的数字美元轮廓，为未来某个时刻的数字美元发行合力搭建功能框架，并积累运行经验。美国监管当局其他央行自个儿下场直接参与数字法币研究和发行的做法不太相同，选择了一条更为审慎和开放的道路：一方面，让各种稳定币先自由探索；另一方面，也有官方的研究路线图，波士顿联邦储备银行与MIT合作的汉密尔顿项目（Project Hamilton），也在较早阶段就接入央行数字货币的支付系统设计中，在下一节讨论中可以看到他们取得的成果。

六、中央银行数字货币正式登场

在对比特币、以太币、瑞波币等私人数字货币和迭代版本稳定币的资本追逐狂潮和学术反思之中，越来越多的央行开始探索如何把数字加密技术运用到法定货币的发行与流通之中，英国央行的RSCoin项目，加拿大央行的Jasper项目、新加坡金融管理局的Ubin项目、欧洲央行与日本央行的Stella项目进行相关落地实验，上文提到的波士顿联储的汉密尔顿项目已经公布了第一阶段成果，中国人民银行也早在2014年开始启动法定数字货币（Central Bank Digital Currency，简称CBDC）[1]的研究工作，并在2017年正式进入名为”DC/EP”（Digital Currency/ Electronic Payment）的项目研发。2020年4月开始，苏州、雄安、深圳、成都、上海、北京等地陆续进行了央行数字货币的落地试点，2023年5月起，苏州、常

1　本书将同时使用“央行数字货币”和“CBDC”两种称谓。

熟等多地推进机关事业单位等工资全额数字人民币发放。法定数字货币，一方面是重商主义、货币名目主义、货币主义、奥地利学派、BFH体系、新古典综合学派、补充性货币和替代性货币等货币理论演绎的逻辑成果，另一方面，也是数学、密码学、信息学、计算机、互联网等自然科学技术实施运用的实践成果，两条发展路径上成果的耦合有着技术条件改善、学术更迭、时代场景、社会变迁的必然性，或将成为人类社会货币历史的新阶段。

关于“中央银行数字货币”这个概念的最早表述来自科宁（Koning）（2014）提出的联储币FedCoin，它是由社会公众和企业直接在央行开设账户，不需要商业银行作为中介，除了引入中央银行控制节点外，该设计基本保留了比特币其他基本特征。之后，英国央行副行长布罗德本特（Broadbent）（2016）使用了央行数字货币（Central Bank Digital Currency）的称谓，博尔多和莱文（Bordo & Levin）（2017）、科宁（Koning）（2017）进一步将CBDC区分为法定数字货币账户（CBDA）和法定数字货币（CBDC）。国际清算银行支付与市场基础设施委员会（CPMI）（2018）则根据图形“货币之花”（The Money Flower: A Taxonomy of Money，见图8-1）阐述了法定数字货币的意义界定，这个图形非常精湛，有利于理解和探讨在支付、货币政策和金融稳定方面的相关问题。

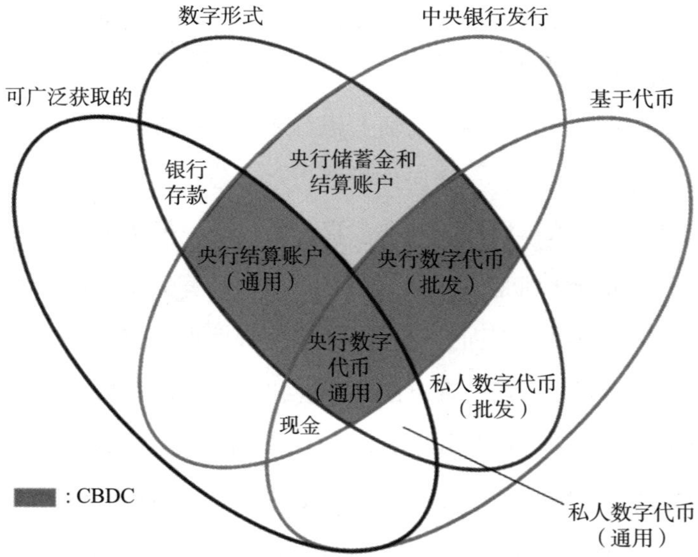

图 8-1　货币之花

在法定数字货币发行机制的研究中，产生了两种意见，一种是与私人数字货币类似的中央银行直接面向公众的一元发行机制，一种是与传统法币相同的中央银行—商业银行二元发行机制。一元发行机制中，个人和企业可以直接在中央银行开户，中央银行根据货币政策确定法定数字货币流通量，通过资产购买的方式直接向公众发行CBDC。二元发行机制，则是中央银行通过资产购买把数字货币发放到商业银行，商业银行再通过向社会公众与企业进行资产购买把数字货币发放到流通领域。

这里需要了解的是，即使是在二元发行机制下，商业银行的法定数字货币与传统法币存款的法律位置也不相同。社会公众的传统法币存款与商业银行之间是投资关系，商业银行有权利使用存款资金向外投资，存款公众在享有存款收益的同时，也承担银行破产存款损失的风险。但法定数字货币与商业银行之间是一种保管关系和支付结算关系，银行不能将其作为自身资产向外投资，这部分货币也不随商业银行的破产而损失。因而，现有的各国法律法规在面对央行数字货币发行时，都需要做出相应条款的调整和增补。以我国为例，现有的《中国人民银行法》《商业银行法》《人民币管理条例》《现金管理暂行条例》和《支付结算办法》等法规和文件，可能都需要进行相应修改和完善，明确各方权利义务。

在一元还是二元的法定数字货币发行机制选择中，各国目前的意向并不统一。中国央行在DCEP项目初期就通过多份研究报告显示出倾向二元的态度，也就是基本保持传统法定货币的发行机制，使数字法币呈现一种渐进的、稳妥的发展方式，并且能够调动商业银行的积极性。如果将二元式发行变革为一元式发行，CBDC不仅仅是对现金的替代，还是对银行存款的替代，以及由此带来商业银行信用派生功能的萎缩，将会对现有商业银行体系，甚至金融体系带来颠覆的、激烈的变革。当然，对于两种立场的优劣比较目前还停留在理论逻辑层面，有待实践检验评价。

无论一元发行或二元发行，都面临是否基于中心化账本或是去中心化分布式账本的底层技术选择。部分央行认同与私人数字加密货币采用相同的去中心分布式账本，新加坡央行、欧洲央行、日本央行的相关法定数字货币的试验结论表明，分布式账本技术（Distributed Ledger Technology，DLT）能够满足传统全额支付系统（Real-Time Gross Settlement, RTGS）的常规性需求，实现流动性节约机制（Liquidity Saving Mechanism, LSM）。这些央行认为，分布式账本不仅为银行间支付清算建立新模式，还能在保理业务、票据交易中提高效率、降低成本、增强安全。但是在去中心的分布式账本中，如何保障监管方对各个节点的观测、评估和纠错机制，如何调用传统法律来进行智能合约的纠纷处置、权利救助以及维护正义，这些技术手段的探讨和突破将决定分布式技术是否能在法定数字货币中进行广泛部署。

中国的DCEP和美国波士顿联储的Project Hamilton则不约而同地选择了中心化的方式，也就是没有采用区块链模式，只是采用了区块链中的部分技术特性，建立交易登记中心，形成了中心化加密的法定数字货币。这种不局限于私人数字货币技术路线的开放视野和迭代包容为未来的发展形成了不错的起点。这种情况下，在我国的场景中，存款货币与法定数字货币两种账户同时存在，并且存款货币实际上已经是电子化存在，除了在支付、划转、结算方面两种账户呈现不同逻辑外，还有两个显著区别之处：一是在货币性质上，存款货币不是无限法偿，具有破产损失的风险，法定数字货币是无限法偿、有国家和中央银行的信用背书；二是在是否计息和是否有负利率空间方面。在这种差异对比情况下，同时运转两套系统的必要性和效率性将被检验，现在的中心化二级发行模式也许在未来适当的发展阶段也会有所变化。

在CBDC对商业银行功能冲击和挑战的过程中，CBDC是否付息将成为一个决定因素。凯恩斯的货币需求理论当中，公众持币的动机分为交易需求、预防性需求和投机需求。传统法币现金可以满足交易需求和预防性需求，但不能满足投机需求；传统银行存款可以满足预防性需求和投机需求，但是不能满足交易需求；如果未来央行对法定数字货币付息，数字钱包对于数字存款（数字理财）向数字现金的资产转换又非常便捷，那么付息的CBDC可以同时满足三种需求，并且能够降低收到假币、遗失现金的几率，减少跟银行兑换的时间成本，规避银行存款由于银行破产而损失的风险。这样法定数字货币就同时从流动性、安全性、收益性三方面增加公众对其的偏好，从而将对传统法币银行存款形成冲击，减少商业银行的可贷资金，形成布罗德本特提出的“Narrow Bank”即狭义银行。并且如果设想出现金融危机等极端情况时，商业银行存款货币由于其潜在的信用风险，将迅速形成向无限法偿CBDC兑换的情况，这将呈现出一种“数字挤兑”

（Digital Bank Run），虽然相比传统挤兑，对于金融市场和社会稳定的冲击将大大减小，但是对于商业银行自身经营管理的影响仍旧非常严峻。

Narrow bank并不是新鲜事物，不仅古典经济学家亚当·斯密和大卫·李嘉图偏爱这种体系，大萧条时期的芝加哥计划乃至2008年金融危机时都曾出现类似情景。布罗德本特认为这会带来两方面的问题：一方面改变了目前商业银行流动性负债支持零售存款的现状，银行不再有流动性来源来满足贷款需求，这看上去使金融体系更加安全；但另一方面，存款从商业银行转移至中央银行，将损害商业银行为实体经济提供流动性的能力。这种狭义银行的担心不无道理，在法定数字货币发行的机制下，实现点对点的资金划转和清算，中央银行的资产负债表将扩张，商业银行的资产负债表将萎缩，基础货币和货币乘数效应不再存在，金融市场的间接融资功能以及商业银行的盈利模式也将面临调整，对商业银行经营管理能力确实是一个重大挑战。

在一元发行机制下，数字货币这部分的信贷资金实际上将形成中央银行—中央银行分支机构—实体经济部门这样的传导路径，在从货币政策到实体经济的过程中剔除了商业银行和其他金融系统的参与，由央行直接面对企业和社会公众，在落实货币政策精准性、提高政策传导有效性方面理论上会有所改善，颇有点类似1978年实施改革开放之前的中国信贷体制。但时空变换的社会经济、技术背景下，存在的问题比当时要严峻和复杂得多，央行及其分支机构如何承载对数量庞大的金融个体的服务，央行信贷的效率将怎样保障？

在二元发行机制下，传统商业银行采用部分准备金制度、非现金结算制度，形成了商业银行存款创造和信用创造的基础，CBDC将部分替代银行存款规模。CBDC由于拜占庭协议避免了“双花”问题，使得被替代的银行存款将不再具有派生功能，一个可能的结果是，商业银行转而专责服务，接受央行的CBDC委托贷款业务，信贷的申请、审批和发放在商业银行的传统机制内嵌套运行，辅助完成货币投放的同时，分享贷款收益，但收益在中央银行和商业银行之间的分配方式、商业银行在传统法币派生存款和法定数字货币信贷中的偏好都是值得探讨的崭新论题。

七、中央银行数字货币潜在的职能与政策工具

1. 法定数字货币的货币职能

传统货币通常具备交易媒介、记账单位和价值贮藏三个方面的职能，但在货币理论与实践发展的过程中，也不断产生嬗变。前面讨论过，16世纪货币名目主义将价值贮藏从货币的基本职能中剥离，20世纪在对货币有效微观基础和哈恩难题的反思中，新货币经济学和奥地利学派进一步论证了在自由竞争市场中货币的价值尺度和交易媒介功能亦可以分离

开来，21世纪基于区块链技术的数字加密货币在一定程度上实践了以上两种理论的设想。与传统货币不同，私人数字加密货币的供应量由代码协议规定，本身并无价值，市场对其的价格发现一直处于剧烈变动之中，很大程度还被视为大宗商品来进行投机交易，所以在计价单位和价值贮藏方面难有表现，在承担货币职能方面仅在交易媒介上有突破，但也未被所有国家和地区认可。

而与私人数字货币不同的是，由央行发行的法定数字加密货币，依靠国家信用进行背书，与传统法币具有相同的币值和无限法偿的性质，解决了私人数字货币资产价值信任问题，同时具备了记账单位、交易媒介和价值贮藏的货币职能。并且，与传统法币比较，区块链技术实现的点对点支付方式，使支付、结算更为便捷，保存也更为安全，在交易媒介和价值贮藏两方面优于传统法定货币；与银行存款比较，数字加密货币在储蓄和现金之间转换成本更小，同样在交易媒介和价值贮藏方面更有优势。

2.新的货币政策工具

如果CBDC不计息，那么对现有货币政策的冲击比较有限，主要货币政策工具依然有效，依靠新工具处理的是货币量统计与估算，需要按照能够产生派生存款的传统法定货币和不产生派生存款的法定数字货币分别计量基础货币量、货币乘数、货币流通速度和货币需求函数，同时由于CBDC在存款和现金之间的便捷转换，使得统计指标当中M0、M1、M2的划分依据变得困难。

未来的发展之中，如果CBDC开始计息，以中国利率逐渐市场化的场景为例，在批发端（Wholesale）和零售端（Retail）都将成为一种新的货币政策工具，[1]使利率在资金配置中的价格导向作用更易发挥，银行间市场利率的调整能够

---

1 在批发端，如下图，i_s是央行常备贷款便利（Standing Lending Facility, SLF），i_c是法定数字货币利率，如果隔夜利率上升并超过i_s，银行会停止向同业拆借，而无限转向央行常备贷款便利，在这个水平上，准备金供给具有无限弹性，因而供给曲线是水平的；如果隔夜利率开始下跌，并低于数字货币利率i_c，银行将放弃在同业市场上放款，而以持有CBDC的方式在央行账户存款，从而降低央行准备金数量，于是准备金供给在i_c也是平坦的；准备金的需求曲线R^d通常是向下倾斜，如果需求曲线右移至$R^{d'}$，隔夜利率不会高于i_s，而如果需求曲线左移至$R^{d''}$，隔夜利率也不会低于i_c，因此CBDC利率和常备贷款便利利率一起在批发端将利率保持在狭窄的走廊内，成为市场利率走廊的下限。同理，在零售端，CBDC又将成为商业银行存款利率的下限，如果商业银行存款利率低于CBDC利率，那么人们将选择持有CBDC而放弃传统法币存款，央行同样可以通过CBDC存款来指引商业银行存款利率。

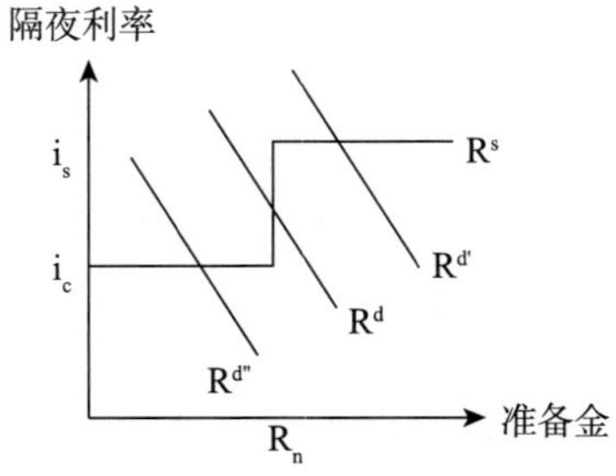

图　利率走廊通道

快速有效，央行利率对银行贷款最佳利率起到先导作用，而不是完全依靠信贷市场内生。此外，CBDC利率可以低于零利率，这相当于放大了货币政策的操作空间，在面对经济衰退、通货紧缩的情况下增加了量化宽松货币政策工具，通过CBDC将资金向企业和社会公众进行直接转移，对总需求的刺激和积极货币政策是直接、快速的工具。

另一方面，CBDC由央行发行，其信用高于商业银行存款，CBDC如果计息，将取代银行存款充当无风险利率，成为金融资产定价的重要基础。由于现金本身成为生息资产，CBDC的发行过程中将与同样使用政府信用的国债发行形成竞争态势，国债发行利率将相应提升，同时财政政策和货币政策执行也将更为纠缠和错综复杂。如果国债以CBDC计价和交易，CBDC计息的效应，相当于在国债利率之上附加了一定的通胀预期，将一定程度推升国债利率，增加国债发行成本和财政负担。一些西方国家央行是经由购买国债或者资产抵押债券来实现货币发行和投放的，法定数字货币计息，将一定程度上降低央行购买外部资产的必要性，原有的货币发行机制将面临调整。CBDC在名义利率零下限时会使得货币政策空间放大，也将经由提升通货膨胀预期等途径，影响国债利率和无风险利率，间接影响金融市场的资产价格波动。

3. 与私人第三方支付工具的竞争：重夺货币流通大数据

CBDC在支付领域的使用，还将对现有的第三方快捷支付形成一定比例甚至大规模的替代效应。进入新世纪以来，伴随着互联网、通信技术、智能手机的普及，尤其是在中国，第三方支付在广大公众日常生活和工作的小额支付场景中迅速发展、兴盛起来。这种在移动支付方面惊人的发展速度，与美国和欧洲国家呈现很大差异，在相当程度上与中国个人支票、信用卡支付未能实现普遍化有一定关联。也就是说，在小额支付领域，中国从现金阶段不充分经过信用卡阶段，而跨越性发展为第三方快捷移动支付时，更有驱动力和吸引力。类似的情境也出现在其他新兴经济体国家和发展中国家如印度、坦桑尼亚和肯尼亚等。在这个零售支付变革的过程中，第三方支付替代了部分法定货币支付功能，弥补了在新的社会场景下法定货币支付工具不足的问题。截至2023年，中国央行发行的有效第三方支付牌照为188张，其中Alipay和微信支付占据了九成的市场份额，其母公司腾讯和阿里巴巴在日常小额支付领域实际形成了寡头地位，再加之两家公司的金融全牌照、庞大的客户信息、领先的信息与人工智能技术，构建了系统重要性的生态圈，同时获得了大量的货币流通大数据。

这个过程其实是私人部门的创造性、灵活性、对市场的反应速度超越央行的结果，央行在失去支付工具主导权的同时，实际上也缺失了不同层次、不同渠道、不同频率的支付记录，对于货币流通的监测和引导，货币量的计量与估算、货币政策的调整以及穿透式监管都难以实现精准的数据支持。因而，法定数字货币如果在使用中能达到或超越第三方移动支付的便捷性，那么将对Alipay和微信支付等第三方支付产生大规模替代效应。并且，在商业领域的公司大额支付中，CBDC的交易费用和时间成本方面也具有竞争性，将替代部分银行转账、支票支付。类似地，在金融机构和非银机构之间的结算清算、跨境支付和汇兑方面，依靠分布式技术也会带来效率提升和成本节约。

从货币当局数据收集的角度，交易大数据将重回央行，并且更为精准和可靠，还能进一步帮助央行监测商业银行的资金流向，约束信贷资金流向实体经济部门，管理货币运行效率，对微观金融行为调整和宏观审慎管理都将产生正效应。由于所有的CBDC账户信息和交易信息存储于央行的节点上，数据的不可篡改使得数据质量非常可靠，结合大数据技术能够有效帮助央行在反洗钱、反恐融资监测方面更为便利和高效，并且伴随着机器学习技术的深入发展和逐步应用，央行经由CBDC交易数据来监测市场异常交易、非法交易也将逐步成为可能。斯蒂格利茨（Stiglitz）在电子货币系统宏观经济管理的研究中就曾预计，电子化和大量的数据将帮助央行改善货币政策的有效性，更好地监测货币流动和组织市场。不仅如此，如果想到发行libra币的Facebook公司曾因用户数据泄露而丑闻缠身，其用户数据甚至被Cambridge Analytica公司用于美国大选和英国脱欧公投的广告投放，并由此显著影响了美国总统选举结果和英国脱欧进程，那么按这样的思路继续延伸的话，当央行重新夺回流通货币大数据权利的同时，中央政府将数据应用于多个社会治理的场景将成为可能，也就是在我们讨论的货币理论范畴之外，这种数据归集的变换将衍生更多的社会管理功能，并赋予更多的政治学与社会学意义。

在CBDC交易的技术支撑手段方面，法定数字货币作为法定货币履行交易媒介的功能，无限法偿和支付全场景覆盖也是应有之义，这是其区别于并且优于现有私人移动支付工具的方面。这就要求在没有网络、不能进行二维码扫描的情况下依然能够运用法定数字货币进行离线支付，目前在这方面的发展趋势是苹果公司所使用的Apple Pay 近场通信技术NFC。虽然在中国国内的移动支付领域，Apple Pay在市场覆盖率上无法与占据绝对优势地位的微信支付和Alipay进行正面竞争，但Apple Pay的技术基础却成为中国央行数字货币支付的参考。近场通信作为射频识别技术的应用，支付过程不需要网络连接，只需将移动设备靠近支付终端，极大地扩展了支付场景，并且适合保密数据交换。在央行数字货币近场支付的过程中，改造和部署包含NFC芯片的POS终端、与改变公众的消费习惯都将是此项金融基础设施建设的关键环节。

可以看出，未来CBDC作为支付工具的应用，是央行在私人部门率先变革的情况下，为维护金融稳定、掌握货币流通主动权的客观需要而后发的变革，是一种被动发生、被市场倒逼出的诱致性变迁（Induced Institutional Change）。这种变迁是面对金融基础设施供给不足、制度不均衡的情况下，形成金融生产要素的演化与配置，因而与市场、经济、技术、社会习惯具有黏合性。

4. 铸币税

铸币税（Seigniorage）在不同政府和学术机构有着多种不同的界定方式，前文探讨货币最初随着主权宣示而出现时也曾提及，视其为货币当局发行货币获得的总收益，将大致包含两部分内容：其一是货币铸币税，即货币当局生产和维护货币的成本与货币产生的交换价值之间的差额，这是从金属铸币到信用货币以来，一国主权在货币领域彰示的表现，是货币当局独占货币发行权的垄断收益，在纸币作为信用货币之后，铸币成本已经相当低廉，这部分收益不断增长；其二是机会成本铸币税，即央行资产负债表右侧的无息负债和左侧生息资产之间的差额，表右侧央行创造的货币以流通中的现金和商业银行存放央行准备金的形式存在，通常没有利息或是极低利息，表左侧体现的是央行把货币发放出去的途径，包括购买债券、外汇、再贴现、再贷款等，这些资产都产生市场利息。

在发行法定数字货币的情境下，铸币税的数量在以下不同方面都会呈现复杂的变化:第一，由于在印制、保管、运输、损耗等方面与传统法定货币不同，CBDC发行成本应该大幅度下降，相对于同等数量的传统法币，数字法币的铸币税收益将更多；第二，由于数字货币的周转速度提升，流通中现金的需求量显著下降，如果未来CBDC再实现计息，在收益性和流动性方面会获得社会公众的更多偏好，这对传统法币银行存款会产生挤出和替代效应，商业银行在中央银行的存款准备金数量相应减少，这些因素将导致央行资产负债表右侧无息负债的数量减少，铸币税数量下降；第三，如果数字货币计息的话，将进一步减少机会成本铸币税；第四，通胀预期下，计息的CBDC将比传统法币具有一定的抗通胀性，良币驱逐劣币的道理会使传统法币的吸引力下降，进一步减少了铸币税。综合以上四个方面不同方向的影响，对于铸币税的变化，需要在数字货币发行规模、发行机制、是否计息、替代效应等多因素之上进行计量分析。

5. 金融危机

上一章回顾和总结了1997年亚洲金融风暴和2008年美国次贷危机，就其产生根源，业界和学界的研究结论莫衷一是，但毋庸置疑，金融危机发生初期，监管当局对于市场流动性风险和信用风险的失察和误判，是危机蔓延和扩大的一个重要因素。假设CBDC在相当程度上替代传统法币流通，一方面可有效抑制商业银行的货币创造，减少商业银行资产负债表的顺周期效应，避免因资产价格非理性上涨带来的风险；

另一方面也将压制投资银行的信用滥用，减少有毒资产在设计上的层层嵌套和风险隐藏，复杂金融产品的风险收益特征更易于识别和监测，金融监管当局对于局部信用风险暴露也有更多的空间及时采取隔离和定向注入流动性等手段，局部信用风险不至于蔓延和升级为系统金融风险。

6.CBDC与人民币国际化

如前所述，Libra币的发行规则引起各国货币发行当局高度关注，人民币没有进入Libra挂钩的一篮子货币，如果接下来，人民币同样不能进入一系列全球化的数字货币的储备，会不会阻碍和迟滞中国正在发力的人民币国际化进程呢？着眼人类支付演进的新阶段，和未来各国家间可能在数字货币领域形成新的竞争态势，人民币国际化遇到的国际环境难免复杂，毕竟在这个新千年，在国际经济实力和金融市场角力当中，中国已经开始挑战第二次世界大战以来美国的绝对地位，美国和数字美元会全力迎战。

相比较传统法定货币，中国发行的CBDC在国际汇兑、支付、清算结算等领域具有效率和成本优势，未来很可能考虑同“一带一路”共建国家在大宗商品订购合同、工程结算、贷款投放、汇兑、机构间清算等场景中优先使用CBDC，并促成新开发银行和亚洲基础设施投资银行优先将CBDC作为储备货币和结算单位，同时如果鼓励“一带一路”共建国家扩展CBDC的消费场景应用，在与其他数字法币及libra币展开竞争的同时，某种程度上也会加速人民币的国际化进程。无论如何，这个新赛道，充满了未知、创新和希望。

自然科学技术在新千年带给人类社会猝不及防的改变，通证化第一次在交易媒介中占有了一席之地，并且从私人支付代币的私人数字货币，发展到国家层面的通证化法定数字货币，这样的迭代正在从支付领域迅猛波及其他金融领域，金融市场将要产生耳目一新的变革了。

第九章　从数字货币到数字证券

一、从IPO到STO的演化

进入新千年的第二个十年，也就是2020年代，区块链技术已经对社会经济进行了十年有余的全方位冲击，在这一轮技术变革的进程中，通证化（Tokenization）作为区块链技术与金融市场结合的天然属性越来越凸显。从比特币、以太币、莱特币等纷繁生长的私人数字货币，到USDT、USDC、JP Coin、Libra天秤币等稳定币，再到各国央行正在竞争性研究与试验的法定数字货币，数字货币完成了通证化的第一阶段，即货币通证化，也就是在支付手段、价值尺度和记账单位等货币职能方面的通证化变革。按照技术演进和市场发展的共同逻辑，当支付与交易领域的通证化变革完成之后，融资、投资和价值储藏领域的通证化，即证券通证化STO（Security Token Offerings）的趋势也将无法避免。证券通证STO，是以区块链通证为载体进行证券的发行、记账、交易和流通，Token对应着现实中的金融资产或权益，可以是公司股权、债权，也可以是黄金、房地产、区块链系统的分红权等。作为整个通证经济的重要组成，STO在金融市场能够进一步实现全新的生产关系。通证激励机制和区块链大规模协作机制将会产生证券发行和交易的崭新生态模型，同时对既有法律约束、监管框架带来挑战，更为重要的是，向我们展现了未来金融市场泛金融工具的发展空间。

事实上，2017年前后，伴随着私人数字货币的发行热潮，大量区块链ICO（Initial Coin Offering）项目曾经以骇人的速度涌现，通证首次发行成为区块链初创项目的融资工具，用以募集比特币、以太币等私人数字货币。从融资手段的名称和机理看，ICO是在模仿传统资本市场中的证券首次公开发行IPO（Initial Public Offering）。之前介绍资本市场历史演进的时候，没有讨论像IPO这样的细节问题，其实传统IPO的上市门槛和融资成本一直以来都相对较高，且过程冗长，需要复杂的材料准备和上市辅导，不仅最终能够获得上市融资的企业数量有限，而且还有很多种类型的股权资产、债券资产、房地产、艺术品不能通过资本市场进行交易和流通。而在新千年出现的ICO，仅仅凭借项目信息、团队介绍和募资用途的白皮书就可以向公众募集资金，发行标的物从IPO的证券变成了ICO的货币通证，确实在实际操作上提升了融资效率和市场流动性。但是，面对新技术带来的金融市场新工具，各国监管层面的准备还未成熟，ICO这样看上去就很赚钱的操作，很快出现诈骗性项目和持续破发，从美国到中国，从韩国到越南，人们群集的乌合状态形成了世界范围内匪夷所思的花式圈钱骗局，甚至有不少令人忍俊不禁的案例，从基于人类共识向太空进行的探索，到云端现代行为艺术的创作，无奇不有。伴随着已经全民普及的手机、平板电脑等移动互联设备和社交网络，ICO的疯狂生长更呈一种螺旋上升的态势，冲击了正常的金融秩序。很快，各国监管者纷纷从保护消费者利益出发，开始着手对ICO进行各种约束，其中美国、欧洲将其等同为证券发行实施监管，中国则将其视作非法融资给予彻底打击。ICO掀起的融资工具变革逐渐冷却。

在这样曲折的背景下，STO应运而生。作为证券通证发行，STO在市场逻辑上与IPO有类似之处，在通用技术上与ICO有共同基础，但STO必须修正ICO的致命缺陷才能有发展空间，这种努力是从两个方面展开的：一是以真实的资产或者收益作为价值支撑，将KYC / AML[1]机制自动化，使STO有真正的底层资产，而不是各种眼花缭乱的虚拟概念；二是将STO置于符合相应监管和法治标准的前提下，并必须通过所在国家证券监督管理机构的注册和审批。STO正是在这种思路下登陆国际金融市场，其创设某种程度是为了摆脱

1 KYC/AML，Know your customer和Anti-money Laundering政策，是指金融机构在反洗钱过程中，了解账户的实际控制人和交易的实际受益人，强化审查，确保资金来源的合法性。

ICO在前序发展中造成的混乱，为证券类产品基于数字技术的通证化发行探索方向。

二、STO在金融市场的探索

1. STO的三种形态

随着STO在全球金融市场的试错与发展，其逐渐呈现出多样性存在形态。将视角切入底层资产，可以看到STO的三种可能：基于实际资产的STO、基于证券的STO和基于支付的STO。

基于实际资产的STO，类似资产证券化的结构与设计，拥有基础资产池，由资产组合而成的基础资产池现金流是偿付STO收益的基础，可以将信用增级措施、现金流归集机制、破产隔离运用到发行与交易过程。我们可以认为这种STO就是将传统的资产证券化产品（ABS）上链，同时利用区块链技术和分布式账本对其实现了多方位拓展：使每笔资产的账本对所有主体开放，用技术支撑管理人对资产的详实性尽调；为评级机构对资产质量的分析提供更加全面透明的基石；使投资者便捷地掌握资产的还款和违约状况，穿透底层资产，增加信任度；分布式账本的多重签名能够极大提高循环购买的安全性及效率，资产的每一次转让都完整真实地记录在区块链上，为缓解传统ABS所固有的二级市场流动性不足问题提供了办法。

基于证券的STO，在产品结构和逻辑上与存托凭证

（Depository Receipts，简称DR）[1]类似，可以理解为存托凭证的上链。其业务流程是，上市公司将一定数额的股票委托某一存托机构保管，由存托机构通知发行人在链上发行相应数量的STO，之后STO以数字资产形式进入二级市场、全球范围内的证券交易所或柜台市场交易。从投资人的角度来说，STO是由存托机构发行的可转让股票凭证，证明一定数额的某上市公司股票已寄存在保管机构。

这里存在一个问题，STO的持有人实际上是寄存股票的所有人，理论上其所有的权利与原股票持有人相同，但此类STO很难明确所有权，更像是为了实现股票的交易便利性，降低交易成本，简化交易后的清算结算而派生出的一种股票的收益凭证。因此，从法律角度上来说，此类STO投资人是拥有所有权还是收益权，仍需做进一步的探讨。

基于支付的STO，是区块链技术出现肇始就与支付手段融合的产物，也是市场最为熟悉的形态。从前文的探讨已经看出，所有的经济金融活动都是基于支付来组织和进行，在某种意义上，支付就是金融的本质。从本书开头的美索不达美亚、吕底亚的支付启蒙，到后来金属主义、名目主义、私人货币、“补充性货币”、替代性货币的发展，再到20 世纪后半叶开始，

1　存托凭证是基于一般信托制度演变而成的国际资本市场投资工具，最初是由J. P. 摩根公司为了方便美国人能够投资英国的股票而创设，是指在一国证券市场流通的代表外国公司有价证券的可转让凭证。

电子货币、虚拟货币、数字加密货币陆续开始出现，可以看出，基于支付的证券化通证STO就是数字加密货币继续衍生、扩展到下一阶段，将含有更多内容的智能合约写入数字货币，进而将股票、债券、期权等多种金融工具进行整合的结果。

让我们从我国支付领域的晚近历史来审视数字技术带来的这一次支付演进。20世纪80年代末、90年代初，货币、股票、债券分别是图9-1[1]的形态。经过20年电子化和互联网技术的快速发展，现实生活中大部分的实物凭证逐渐消失，如今这三张纸质票券中，实物国库券变为记账式国债，股票实物凭证电子化，只有现金还在流通使用，而随着微信支付、支付宝成为主流支付方式，现金支付的场景也在大幅萎缩。

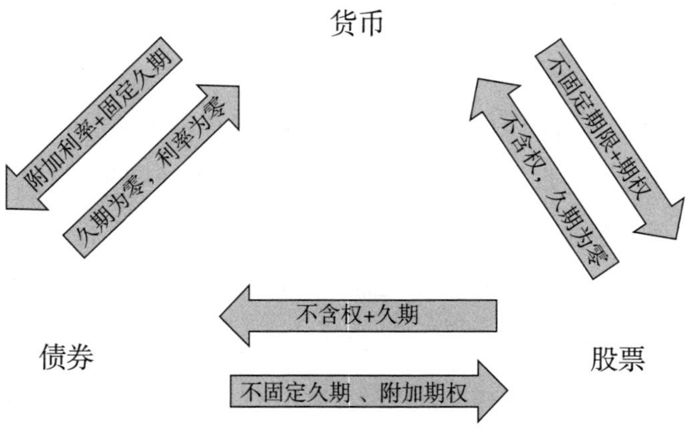

图9-1　货币的重新定义：货币、债券、股票的角色互换

1　图分别是现金（旧版的人民币）、实物国库券和股票。

如果一切金融活动的本质是支付，循着STO的逻辑和路径，接下来会产生怎样的演变？人民币纸钞是一张纸，无法在上面附加任何权利和义务，也不能背书，在上面签名和乱写乱画还会涉及违法行为。央行数字货币的发行，将在很大范围取代流通中的现金。纸币变成一串代码，在区块链的环境中可编程，以实现功能的衍生和扩展，也可以理解为，央行数字货币具备能够在加密货币上添加内容的功能。

如果在数字货币智能合约中写入固定的兑付期限，并约定从支付到兑付期间的固定收益，到期自动返还本金和剩余利息，在这个场景中，加密货币经由支付转变为一张久期为0、票面利率也为0的债券。如果支付对象是企业，就成为企业债；如果支付对象是地方政府，就成为市政债；如果支付对象是财政部，就成为实质上的国债。那么，从这样的逻辑反向去定义债券，债券则成为了有固定久期和固定利率的货币。

如果在数字货币智能合约中写入不固定的兑付期限，挂钩不固定的收益期权，那么这串代码就成为股票。在每个财务年度结束的时候，从公开财报中准确读取企业的盈利数据，一旦满足区块链线上智能合约的触发条件，企业就会向支付方自动派发股息。在这个场景中，加密货币经由支付转变为股票，同样，从这样的逻辑反向去定义股票，股票实质上成为一种期限不固定、内嵌期权的货币，或者，是一种不固定利息的永续债。

更进一步，数字货币智能合约中如果存在两个支付方A和B，其他条件不变，只是将兑付顺序设置为“A的利息—A的本金—B的本金—剩余收益分配”，通过兑付顺序的特别安排，实现了股票在风险收益上的优先和劣后的分层机制，支付方A和B则分别成为优先股和普通股的持有人。甚至，如果在智能合约中没有约定兑付的期限，但挂钩了收益权行权条件，此时货币经由支付成为期权。

以上这些过程，需要智能合约的支持，当然也需要央行数字货币发展到可编程的阶段以及法律环境做出相应改变后才能实现。

作为支付手段的STO与央行数字货币类似，会形成对传统货币政策和货币工具的冲击，造成基础货币量、货币乘数、货币流通速度、货币需求函数的改变，使统计指标当中 M0、M1、M2 的划分愈发困难。对基于支付的STO的认知，有利于我们站在人类社会支付演进的宏大空间视角，思考货币的本源和本质，预见未来货币的形态变化。

2. STO的交易优势

STO交易的一个优势是减少了第三方信用中介，大幅降低了证券交易佣金以及在清算、结算环节的成本，并且不受时间限制，24×7全球性全时性交易，扩展了证券可交易的空间和时间，从而提升资本市场的开放性，改善市场效率，这些都将使市场的价格发现功能更加有效。STO同时还拓展了筹集资金的方式和资金使用的灵活性。一方面，资产的标准化协议将使不同质资产、不同通证间的互通更为便捷，投资者可以通过STO投资于流动性较差的资产；另一方面，通证的可拆分性，资产所有权可以切割为更小单位，从而降低投资标的的投资门槛，并能够投资于房地产和高端艺术品等传统金融工具下无法拆分的标的。比如，中国资本市场中A股股票最小买入数量是100股，这样的交易制度使得部分散户难以买入高价股票。以2023年1月的行情来看，买入1手贵州茅台（600519）股票需要170000元人民币，证券市场上80%左右的散户可能无法投资茅台股票。如果将茅台股票进行通证化，并拆细token至很小的份额来交易，将使得大多数散户投资者可以进行投资。同时，由于token交易单位可以拆细至小数点后18位，将有利于大型的机构投资者，在管理指数产品中，可以实现对指数的更精确复制；在多空策略中，可以实现多空头寸的更匹配对冲；在量化策略中，也可以实现持仓比例的更精准配置。

STO的另一个交易优势在于实现自动合规和清算。分布式账本避免了以往中心化管理中的内部人交易、腐败操作的潜在风险，其无法篡改的、可追溯的交易记录会使违规行为显著降低。STO的发行需获得监管机构的批准和许可，各国金融当局可以将针对KYC和AML的规定写入智能合约，实现协议层面自动化管理，以及自动可编程的资金归集、将合同和会计报告的数据上链。这些都能更好地跟踪和监控通证的执行和流向，减少信息不对称带来的违规违法和政策套利行为。

3. 证券通证化与资产证券化、通证证券化：泛金融工具的初步探索（STO的发展途径探索）

通过以上对STO的探讨，可以发现STO所代表的证券通证化与资产证券化（Asset-Backed Securitization）、通证证券化（Securities Tokenization）这三个概念彼此相似和交融，在理论逻辑和技术背景方面互有联系，亦有区别。

证券通证化，前文已经进行过界定，是以通证为载体进行证券的发行与交易，也就是将有价证券代表的所有权或收益权数字化地存储在分布式账本上，并通过区块链协议转移所有权或者收益权。这个过程根据底层资产的不同，分别类似于将全球存托凭证和资产证券化产品上链，但又同时具有更多的特质，除了将国内外证券市场进行联通，还将传统的证券由账户范式过渡到Token范式，从而使得传统的证券在流动性、可编程、交易成本等方面获得极大提升。

通证证券化，着重针对近年来ICO热潮中，随着大量融资项目破发造成一定范围的市场秩序混乱，为配合强监管，ICO发行人更多地参考证券IPO的发行规则来调整通证发行程序，将通证与证券的某些特点相结合，所形成的通证证券化模式。在这个过程中，除了顺应监管，还尝试在代币发行过程中加入更多底层资产，资产注入SPV[1]进行破产隔离，并将资产收益权映射于区块链通证，由此展现了比传统ICO更为积极的信号，展现出一些类似资产证券化等成熟金融工具的设计思路。因而，通证证券化并非市场自发演进的结果，更像是代币发行向现有法律环境和监管做出妥协的产物。如图9-2所示，通证证券化与一般意义上的金融工具演进方向是不同的，甚至是反向。

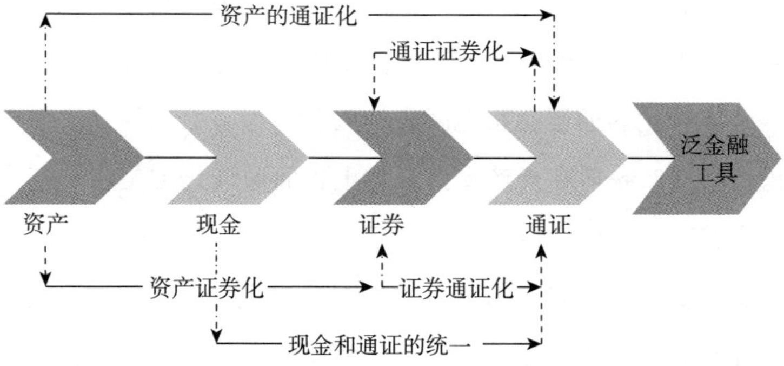

图9-2　金融工具的演进路径

资产证券化，应该是三个概念中最成熟和最被市场了解的，即指资产所有者将缺乏流动性、但具有可预期收入的资产集中在一个池子里，然后其转让给法律实体，避免发起人

1　SPV，Special Purpose Vehicle，特殊目的载体，是指在资产证券化过程中，从资产原始权益人处购买证券化资产，以自身名义发行资产支持证券进行融资，再将募得资金用于偿还发起人基础价款的机构。

面临交易对手风险或破产风险。特殊目的实体通过在资本市场上发行证券向投资者出售证券，获取融资，以最大化提高资产的流动性。

如果从金融工具的演进过程来看这三个概念，早期的资产交易以神庙配给、文字记账、农作物或工具交换等方式进行，货币出现后，充当了资产交易的媒介；之后，资本市场的建立为资产进行份额化融资提供了专门的融资工具和交易场所，融资效率和资产流动性有进一步的提高；在进入通证经济时代后，各种固有的金融工具有了更多的相互借鉴和融合发展。

证券化和通证化都是融资行为，有很多共同特征。证券化是将资产映射在资产支持证券上，而通证化则是将资产或者证券映射在区块链账本的数字通证上；证券化的过程只是将资产实现了份额化和可交易，通证化比证券化更进一步，将资产进一步碎片化，更便于分拆交易和构建投资组合，并且经由通证的智能合约可编程特性，专业投资机构可实现自动交易、动态组合管理等扩展功能；最为重要的是，通证化实现了资产所有权或者收益权从账户范式到token范式的跃迁，提升了交易的便利性，大幅降低了交易成本。

另一方面，也应该看到，通证的证券化过程并没有显著提升通证作为新型金融工具的效用，而只是出于适应监管规则的需要，更多地向证券特征靠拢。因此通证证券化的路径并不符合金融工具的演进逻辑，而体现为一种暂时性或者妥协性的融资方式。甚至可以认为，即使证券本身，作为一种成熟的金融工具，也仅仅是在技术条件约束下，交易信用欠缺环境中产生的一种所有权或者收益权的凭证。随着技术条件的改善，资产的自金融逐渐成为可能，资产本身也可能成为支付手段，那么作为所有权和收益权凭证的证券，将不再是不可或缺的，而仅仅是一个过渡形态的金融工具。而通证兼具资产自金融的功能，并呈现同现金融合、实现资产的自我支付的趋势，也可能成为未来的泛金融工具。

三、非同质化代币NFT：数字技术从金融市场向其他市场的延伸

在区块链技术、数字货币、证券化通证（STO）经历了一段时间的理论发展与实践场景之后，一种崭新生态功能的非同质化代币逐渐浮出水面。非同质化代币（non-fungible token），简称NFT，是用来表示数字资产的唯一加密货币通证，作为一种稀缺、不可拆分、不可替代的具有区块链管理所有权的独特数字项目，大多基于以太坊ERC-721的标准（这是与数字代币ERC-720不同的标准），且包含有唯一代币ID的智能合约，是一种建立在区块链上的数字资产所有权的生态系统。这段描述有些艰涩，其实非同质化代币本质上可以理解为是区块链技术的下一个迭代，这种迭代将数字货币产品进阶到数字财富市场，在数字空间中为货币之外的其他

数字资产提供确权和价值认定。

作为如此抽象的金融产品，NFT发展过程也充满神奇和意外，可以溯源到比特币所引发的第一代私人数字货币风潮。2008年中本聪的白皮书后，与比特币相似的第一代同质化代币渐渐生发，其中以2013年年仅19岁的程序员Vitalik Buterin创设的以太币（Ether，ETH）最为出众，很快成为仅次于比特币的市值位列第二的私人加密货币。更重要的在于，Vitalik的视野不仅局限在加密货币，而是同时创设了加密货币与去中心化应用平台以太坊（Ethereum），这是一个开源的能够运行智能合约的公共区块链平台，通过一套图灵完备的脚本语言提供各种模块，让用户来搭建应用，在协议的拓展性方面超越了比特币。随后几年中，在以太坊上陆续涌现很多知名应用，如去中心化创业投资The Dao，去中心化预测市场Augur，虚拟宝物交易平台FreeMyVunk，社会经济平台Backfeed等，这些应用都通过以太币来处理点对点的智能合约。

到了2017年，以太坊上先后出现两个有趣的应用。首先是“加密朋克”（CryptoPunks），就是利用像素头像配合使用以太坊数字钱包，用户免费领取后进入链上市场进行不同头像的交易。这种没有成本的进入壁垒使许多投资者和收藏家加入到使用“Cryptopunks”进行流行艺术投资的队伍，也第一次带给人们从区块链独特数字字符到个人数字资产的理念转变。紧接着，同一年CryptoKitties加密猫游戏出现在以太坊上，这个游戏通俗地讲就是在区块链上云养猫，每只猫咪都拥有独一无二的基因组，呈现出不同的外观和秉性，游戏玩家不仅可以收藏、饲养这些数字猫咪，还可以建立链上育种算法进行下一代猫咪的繁殖，运用封闭智能合约及复杂的激励系统确保繁殖的随机性。这个集成了时代最前沿技术、网络流行游戏场景和新千年享乐人生态度的项目风靡全球，很多参与者希望体验一种新的游戏生态。而这些游戏玩家没有意识到的是，在这一轮游戏中，他们已经悄然参与到新一代通证类型的创造中，即非同质化通证，或者称为非同质化代币，游戏中每一只与众不同的猫咪就是这种无法互相替代的非同质化存在。

加密猫作为第一个非同质化代币主流项目，通过浅显易懂的加密猫繁殖及交易机制诱发了清晰的获利道路，在一定程度证明了NFT的货币价值和游戏乐趣，对于NFT 的提出和实践提供了革命性意义和巨大推动力，也开启了从同质化代币阶段向同质化与非同质化代币共存新阶段的演进。同质化代币基于ERC720协议发行，非同质化代币基于ERC721协议发行，我们可以理解为，ERC720 相当于印钞机能够产生批量相同的货币，而ERC721 相当于DNA双螺旋系统，每一个产物都具有不同的基因排序，因而非同质化代币与同质化代币最显著的不同，体现在其不可替代性和不可分割性。就像每一只宠物猫都是独一无二的一样，每一个非同质化代币都具有唯一基因序列，无法被替代。而同质化代币每一枚都是相同的，我手里的一个比特币可以交换你手里的一个比特币，他们没有价值上的差异。然而，由于复杂基因呈现出的非同质化代币一旦分割就不再具备之前的独特属性，不能够像比特币、以太币等同质化代币被无限分割和交易，尤其是在承担交易媒介职能时，比特币日益增大的币值使很多交易都需要对比特币进行分割化使用，因此在这种场景下，非同质化代币的特征使其不具备此交易职能。

2018至2019年，非同质化代币市场进入稳定期，开始由游戏界发展到艺术界。由于艺术品具有价值的核心要素是能够可靠地证明一件艺术品的所有权并将其展示在某处的能力，非同质化代币与艺术品投资呈现出契合的特质，并为解决数字艺术所有权问题带来了方案。“不可替代”作为描述新资产类别的主要术语，渐渐生发了数字艺术平台，开辟了用于批量创建、可解锁内容的更多功能，艺术家、数字创作者甚至音乐家不断加入，加密货币市场参与者与非同质化代币市场参与者之间产生强烈交叉和互动。

而将NFT彻底推向世界瞩目之焦点的历史契机来源于美国的视觉艺术家Beeple（原名Mike Winkelmann）。Beeple从2008年开始持续在社交媒体Instagram上更新自己的画作，到了2021年已经进行到第13年，这些年的每一天Beeple都通过自己的作品表达自己对未来社会趋势的想法和态度，这一仪式化的行为为他陆续吸引了上百万粉丝。当他把过去13年每天的作品制作成拼图合集——“Everydays”并加密上链之后，这样一个非同质化通证在佳士得艺术品拍卖行最终以6900万美元成交，刷新了数码艺术品拍卖的最高纪录，并将数字资产所有权确权讨论推进到最新高度。

以*Everydays*为标志，非同质化代币被热切关注并急速发展，投资者、监管者、艺术家和大众媒体都以极大的热情关注和探讨非同质化代币这个崭新的领域。在*Everydays*成交后一个月内，NFT市场销售额突破了3亿美元，以太网上已经分布着9600多个不同的NFT合约，每份合约都有自己的信任网络和对应的数字资产。NFT从最初的区块链游戏、艺术品投资领域开始向外辐射到音乐、体育、出版等各种形态的数字产品行业中，也展现出未来对于金融市场、社会生态其他领域的可能影响。

1. 区块链游戏与娱乐领域

首先，加密游戏领域井喷式活跃起来，集换卡牌游戏Gods Unchained、体育股票交易游戏TradeStars、模拟经营类游戏The Sandbox都吸引了数量庞大的游戏爱好者和数字投资者。这些游戏通过ERC721标准在以太坊上开发，提供了具有创造性和可玩性的沉浸式社交平台，这类平台普遍具有操作透明、去中心化、流动性稳定的特质，为参与者提供了真实数字所有权。

在流行音乐界，曾经四次获得格莱美奖的摇滚乐队莱昂国王（Kings of Leon）也率先跨界到NFT领域。来自美国田纳西州的这四位表兄弟一直以来以其混搭了蓝调、乡村、福音、车库摇滚的风格拥有遍及世界各地的拥趸。而这一回，四兄弟实现音乐唱片与NFT捆绑，将他们的最新专辑推出代币化限量版本，并获得了766以太币（约140万美元），在音乐界和金融界都引发热潮。乐队“NFT+”的销售方式为大量的艺术家、音乐家展现了可观收入的新途径，也让很多粉丝成为这一历史事件的参与者，许多音乐爱好者开始对密码朋克领域产生浓厚的兴趣。

在体育领域，世界最大的职业联赛之一NBA开始将进入市场多年的实体球星卡向虚拟世界投射，开发了基于新公链FLOW的数字收藏平台，用于发行NBA Top Shot，允许用户购买和出售赛场上的精彩视频瞬间，开了运用非同质化代币协同加密用户在二级市场中交易数字体育收藏的先河。自从1980年代大卫·斯特恩开启了NBA卓越成熟的商业化运营后，现实世界中球星卡模式已经培育了稳定的球迷消费群体，这使得NBA的NFT球星卡相对容易地实现了非同质化代币娱乐应用场景。2019年洛杉矶湖人队和萨克拉门托国王队的一场看似很普通的比赛中，勒布朗·詹姆斯完成了对他来说司空见惯的一次灌篮，其技术难度和视觉观赏度不一定能排到詹姆斯职业生涯的前十位，但这次灌篮视频做成的NFT售价很快达到了10万美元。如果说一张限量版纸质球星卡炒到天价，似乎还能够理解，因为支付者毕竟可以独占这张卡片，可以放在房间里最显眼的位置，但一段人人可以在互联网查找和观看到的视频做成的数字虚拟卡片卖到这个价位，估计詹姆斯本人也不得其解。陆续还有很多匪夷所思具有收藏功能的数字产品以NFT的方式交易，比如Twitter的CEO在2006年发出的历史上第一条推文、特斯拉创始人马斯克的歌声、香港影星陈小春的照片都成为受欢迎的NFT收藏品。

2. 艺术品投资领域

传统的艺术品投资，是相对狭窄和缺乏流动性的市场，艺术品的真伪鉴别、价值判定要求市场参与者具有高度专业的相关能力，保存环境、修复工艺、保险费用和运输条件也造就极高的交易成本，更棘手的问题在于，各国对于艺术品进口的关税设置使很多作品只能停留在瑞士、中国香港等自由港地区。而在*Everydays*拍卖之后，艺术品的交易市场看到了全新的空间和场景，米卡·约翰逊、克里斯·托雷斯等艺术家的NFT作品相继卖出上百万美元的价格，摄影师Lyle Oweko，涂鸦画手Jon Burgerman和3D数字艺术制作人Perry Cooper等也在叫作Nifty Gateway的NFT交易市场中找到了自己职业生涯的新起点。我国严肃高尚艺术的代表敦煌莫高窟也在这股热潮中率先入场：莫高窟第156窟《宋国河内郡夫人宋氏出行图》被创设为中国首个公益NFT，窟内展现的晚唐生活场景、社会风俗给NFT拥有者以一种数字化形式的展现。2022年北京冬奥会期间，体育领域的非同质化代币更是吸引了市场的关注，以数字盲盒形式出售的吉祥物“冰墩墩”系列产品再次推动NFT市场价格持续走高，其中除了NFT的吸引力，还有作为顶流的冰墩墩表现出的超级无敌可爱因素。在该系列产品中NFT还具备了实际的使用功能，实现了其与相关游戏领域的产品价值兑换，进一步完善在游戏和体育衍生产品混合作用下的闭环系统。从目前的发展来看，GIF、网页、视频剪辑、经典藏品都成为NFT可以代表的数字化存在，对于艺术品投资者来说，拥有一副NFT艺术品，相当于拥有了该艺术品的链上资产凭证。当然其他人也可以免费在网上查看和下载，也就是说并没有形成对欣赏这件艺术品的独占权。无法简单评价这种链上所有权拥有者真正获得价值几何，或许人类社会的消费需求也正在从单纯的资本收益向社交属性、生态权益和自我乐趣的多元化发展。

3. 数字版权领域

在长期被版权保护问题困扰的出版领域，NFT数字内容版权页提供了新的应用实践。以往数字内容领域缺乏统一规范的版权存证服务，且数字行业中存在版权交易与交易信息不对称行为，使得版权收益难以有效地在原创作者和第三方机构中进行公平分配，继而引起这个行业深入发展的一系列问题。由非同质化代币所代表的艺术品、音乐、专利等涉及版权领域问题的相关项目，利用区块链分布式账本的不可篡改、去中心化、公开存储特征以及非同质化代币所使用的数字分类账，实现了数字产品的不可变更标识和产权登记，不仅使原创作者拥有了在区块链中跟踪所有权的能力，而且ERC721标准实现了普通代币无法比拟的唯一性，创造出相较于同质化代币无法实现的标记原生数字资产所有权的方法。

4.去中心化金融领域

金融票据市场中，在区块链最初阶段，已经出现票据信息依靠分布式结构进行存储、确认和传递，从而在流动性和安全性两方面促进票据市场深层次发展的趋势。到了非同质化代币阶段，金融票据与非同质化代币的融合，对于票据的唯一性、真实性提供了更加直接的技术手段，可实现不同金融票据在区块链中的即时售卖和防伪，能够进一步加速金融市场票据的处理周期，探索下一阶段的金融服务新范式。

再回头看已经经过几年发展实践的数字货币支付领域，加密货币定价与刚刚出现的非同质化代币价格变动存在着共同运动趋势，未来非同质化代币在某些场景下也有可能取代同质化加密货币。或许可以说，2008年出现的比特币冲击了传统法定货币理念，那么非同质化代币则是在区块链的基础上，又一次可能改变传统的交易支付概念。与比特币运用分布式账本移除代理银行等中介机构来实现跨境多币种交易相同，非同质化代币也可以规避或移除诸如拍卖行和应用商店之类的中介机构，并且引导购买者通过“资金–代币–非同质化代币”的交易流程完成支付。面对非同质化代币市场的不断扩大，交易平台层出不穷，很多公链开始演化，越来越多的非同质化代币交易市场选用稳定币这类低于传统数字货币波动性的锚定数字货币作为首选，推动了数字支付领域共识理念的变革。而未来，非同质化代币是否能够越过数字货币而实现直接的相互交易，是个有趣的问题。

伴随非同质化代币市场的不断延伸和被接纳，将会有越来越多的二级市场交易，产生一定的流动性。数字艺术相关作品通过区块链技术实现所有权的多次变更，继而捆绑出售的非同质化代币及所有权令牌，将使所有权持有人获得与音乐或艺术相关的特许权使用费或股利流。如果将多次交易产生的令牌视为对该艺术产品的投资，则此类非同质化代币非常类似一种证券，很有可能被金融当局视为证券发行。这从另一个视角来看，实际上是形成了一种普惠和民主化变革机遇，普通的NFT交易者通过智能合约将作品所有权与加密货币进行勾连，实现数字证券发行自由。

以上这些行业非同质化代币的出现，向市场展示了数字资产确权技术和共识机制，表现出NFT在数字收藏品、音乐、游戏、影视、体育、金融等领域的现实应用。随着未来市场的进一步培育，在实体资产不动产领域、身份证明与存证领域、票务领域、奢侈品领域，NFT可能会继续展现出多样的可能性。但同时，抽象神秘的NFT也在塑造一个若隐若现的泡沫。伴随非同质化代币市场不断扩张，尤其是数字艺术品市场的火热趋势，诸多原创作品行业的交易者都不假思索地投入其中，在加速数字经济创新趋势的同时，积聚了市场整体的风险。同大多数区块链技术带来的新商业模式一样，非同质化代币具有不确定性和漏洞，特别是该市场的新颖性、虚拟性，一般消费者缺乏了解，被动物精神驱动的非理性投资者或许会在一段时间内演绎新时代的资产泡沫传奇。非同质化代币作为新兴行业，尚未探究其如何适用于金融、技术、加密货币等各行业法律框架及条例，且其不同于ICO的证券化方式，无法单纯从金融角度适用法律，从而缺乏行业规则和监管设计。对于NFT的底层智能合约和交易机制的监管，相关国家和地区的监管当局目前也没有展开深度的工作，究其原因仍是对NFT这一崭新事物的认知还在逐步探索阶段，这一次支付与金融的发展又一次抢跑到了理论和监管的前面。

站在现在这个时点进行展望，金融监管及时跟上市场创新的步伐，找到恰当的监管手段与在场方式，是NFT市场能否继续演化的必要条件。

四、RWA的接力演化

2021年前后，另一个资产证券化的区块链版本RWA

（Real World Assets）现实世界资产通证出现了。它比之前STO三个模糊的发展途径更加清晰，一切现实世界的资产，货币、贵金属、股票、债券、房地产、收藏品，甚至碳信用分等，都可以通证化、代币化，从而使所有这些资产具有在区块链世界的流动性。RWA的外延非常宽泛，几乎把所有形式的资产全都纳入其中，既包含了STO，也包含了NFT。

如果仔细思索STO当时的几种发展方向，会觉得RWA并不算是新东西，它的交易生态和优劣势与STO没有两样，或者可以说稳定币某种意义就是RWA的基石。那为什么还要创设RWA？也许这个时代这个行业需要新叙事，市场需要更多的投资机会，加密世界也需要进一步弥合去中心金融市场与传统金融市场之间的沟壑。非要挖掘STO和RWA的差异的话，那么STO更侧重证券领域和同质化代币，RWA更注重现实世界资产领域，既包含同质化代币也包含非同质化代币。

RWA需要两部分的工作结合完成，一是在链下的资产确权，并且认定其具有的价值，二是将其上链通证化，同时通过智能合约来跟踪其价值变化。首先，链下资产的定价问题是个难题，需要调和不同的认知差异；其次，怎么上链、如何保障资产权益有待解决；最后，链下资产的执行无法通过链上的智能合约，是否通过中心化机构来建立信用机制也值得讨论。可以看出，RWA发展过程中的痛点在于上链之前和下链之后。所以，目前很多的RWA项目是倾向于中心化的管理方式，项目创设方自己进行现实资产审查、托管、执行等业务。这比较接近于监管方的需求，但是中心化机制潜在的腐败和故障问题，与区块链的设计初衷相背离。

2021年后，很多RWA项目开始运营。其中有区块链金融机构的一系列创新操作：MakerDAO发行了稳定币DAI，扩大了抵押品种类，将代币化房地产、发票和应收账款全部列入抵押品；Goldfinch开发了一种去中心化贷款承销协议，允许任何人作为承销商在链上发行贷款，由于链上公开透明的交易历史，将使交易成本降低；Centrifuge是一个为中小企业提供将其资产抵押并在链上获得稳定资金、同时为投资者提供稳定收益的协议。此外，还有一些传统金融机构在这个领域探索：西门子利用RWA的形式发行了6000万欧元的数字债券；高盛上线了数字资产平台GS DAP，为欧洲投资银行发行了1亿欧元的数字债权；新加坡金融管理局的Guardian项目将债券和存款代币化用于各种DeFi协议中。

到2023年上半年，RWA最大的发展呈现在固定收益领域，包括私人信贷和公共信贷，股票和实物资产的市场还比较小。其中美债是最受欢迎的项目，通过美债代币化，让美元的收益上链，这让很多平时因为门槛问题无法投资美债的投资人获益，也给美债带来了更多的流动性。其他信贷还包括农作物抵押的农业贷款、住房贷款抵押的稳定币，等等。

本书写作和即将问世之时，RWA正处于非常引人注目的上升期，我们所能讨论的东西不算太多。RWA未来将在金融市场画出什么样的轨迹并不确定，但可以确定的是，全球的监管者都会对其展开相关工作，就凭其目前主要涉及的美债市场业务，再怎么严格细致的审查管理可能都不为过。

五、类数字证券的监管困境与挑战

STO、NFT和RWAF作为类数字证券跻身金融科技市场的前沿，其发展现状除了要与各个国家与地区的金融科技、区块链技术水平相匹配，很大程度上还要与全球不同监管当局的立场与法律法规相兼容。

在法律层面最为关键和困扰的问题，是对这些类数字证券的界定，简言之，它们是否属于证券？是否适用证券发行的相关法律法规？在这个问题的回答上，各个国家既有的法律体系和惯例使其判定存在显著差异。在金融历史发展中，美国拥有最活跃的资本市场和相对完备的法律体系，其对证券的界定一方面沿用《1933年证券法》当中对证券内涵的列举，另一方面根据1946年佛罗里达农场土地回购案中采用的豪威测试（Howey Test）[1]进行条件判定。它的优

1 在1933年证券法颁布之后，美国联邦最高法院1946年在判决佛罗里达一桩农场土地回购案件中采用了具有里程碑意义的豪威测试（Howey Test），即判断特定交易是否构成证券发行的标准。该标准包含四项条件：1.是金钱（money）的投资；2.该投资期待利益（profits）的产生；3.该投资是针对特定事业（common enterprise）；4.利益的产生源自发行人或第三方的努力。

势在于提供了相对较大的法律弹性空间和宽容度，对那些法律条文无法穷举的概念，尤其是随着社会经济变革产生的创新金融工具，可以依据豪威测试的条件进行是非判定，从其实际性质和功能出发，而不囿于是否存在于证券法已有范围内。同时，在判定属于证券后的公开发行注册阶段，还通过《D条例》《A+条例》《S条例》和《众筹条例》以及JOBS法案（Jumpstart Our Business Startups Act）增设豁免条款。从生长环境来看，在美国的监管标准下，通过豪威四项条件判断，STO、NFT和RWA将大概率属于证券，并且在无法满足SEC注册要求时，凭借满足一条或多条豁免条例，得到合法发行。与美国类似的还有新加坡和瑞士。这两个国家金融当局对金融科技和区块链发展一直持技术中性态度，采取了豁免条款明确通证的发行规定，发行方必须遵守所有证券及期货相关法案，满足合规要求。中国金融法律法案的弹性和宽容度则比较有限。中国的《证券法》一直以来对证券的定义采用列举的方式，依据该法第二条的规定，证券包括境内的股票、公司债券、存托凭证、政府债券、证券投资基金份额和国务院依法认定的其他证券等。这种定义，把所有在列举范围之外没有穷尽或是在法律公布时还未出现的金融工具的判断，都交付国务院的依法认定，而这种认定程序注定是冗长和复杂的。

除了在法律界定方面暂时的困惑，2008 年金融危机后全球各金融监管当局普遍收紧的金融监管也对这些数字金融先锋产品不太友好。美国政府的《金融监管改革框架》强调加强系统性金融风险预警和监测,《多德—弗兰克法案》更是开启强监管模式。英国也通过《金融监管改革方案》,在央行下设立金融政策委员会和审慎监管局，维护金融稳定，强化审慎监管。这意味着各国监管当局强金融监管环境将长期存在。

监管的强化来自混业经营一直以来隐含的套利行为。金融市场分业和混业之辩在经历近一个世纪的实践和反复后，终于殊途同归趋向于混业经营的方向。美国、英国、德国等国家的金融业均实行混业经营模式，金融控股公司或金融集团的业务涉及银行、证券、保险等各个领域。中国目前虽然是分业经营，但金融行业之间的界限越来越模糊，平安、中信、光大等集团拥有全部金融牌照，集团下属子公司从事各类金融业务，多种金融业务的交叉导致金融产品的属性难以判断，各类金融业务的混合使金融风险升高，并且风险更容易在各个主体之间扩散，需要新的数据分析手段对金融风险加以区分和识别。

随着新千年以来人工智能、区块链、云技术和大数据等数字先导技术在金融领域的落地及应用，金融科技发展迅速。各国的监管部门都显得较为被动，技术手段无法跟上创新步伐时，一方面会造成金融秩序的混乱，像曾经火爆的P2P、ICO和现金贷等业务，另一方面为防控风险采取抑制创新的方式，又会形成对金融科技领域的束缚。从一个长时段的视角来看，怎样在管制与放松管制博弈中保持长效监管思路，提升监管效能，更好地平衡“防范金融风险”和“抑制金融创新”关系是2020年代人类社会金融生态的棘手问题。

面对这个难题，在金融创新企业和金融监管当局的双重需求下，新兴的监管科技正演化为两条发展路径：一类是Comptech（Compliance Technology），即金融科技企业利用新技术使自己更好地符合监管部门规定；另一类是Suptech（Supervisory Technology），即监管部门使用新技术来提高监管效率。对于金融企业来说，通过Comptech希望合理控制费用的同时利用数字化手段显示更高水平的合规性，减少人工查阅监管条例、搜集数据、制作报表造成的时间与金钱成本及其人工差误。对于监管当局，则希望通过Suptech来扭转后发追赶式监管的现状，实现前瞻引导式监管，从更深层次利用监管科技构建新的金融基础设施，重塑整个监管体系。这需要从思维和理念上进行创新与突破，对于金融产品，要实现从基于账户范式到基于账本范式的转变；对于监管对象，要实现“机构准入”监管向“用户准入”监管的转变；对于金融行为，也要实现从防止“市场价格操纵”到防止“代码操纵”的转变，并且要解决如何处理现实世界资产和链上数字资产的衔接和映射的问题。在科技金融日益精湛的时代，唯有Comptech 和Suptech 两者分头发展和相互激励兼容，才能共同推进金融监管的质量与效率。

作为世界第二大经济体，在人类社会第二个千年到来的时候，中国刚刚经历将近300年的艰难历程，重新返回世界文明与经济的领先阵容。面对这场遍及支付、金融与社会全场景的证券化通证革命，中国不论主观意愿还是客观需要，都将是这个历史进程的主角之一。

首先的重要原因之一是通证化以及各种数字证券给金融市场带来的变革与进步，迎接和适应这种技术迭代是金融演进的必要道路。虽然1914年惠芳茶楼的股票掮客们就在中国成立了第一个本土证券交易所，但后来的政治曲折和战争侵扰使得新中国证券市场1990年代才算真正开始起步。经过30多年后发展形成了主板、创业板、中小板、科创板、股转系统（新三板）、地方性股权交易所、Q板等全国性或区域性多层次资本市场的架构，但依然不够成熟和高效。证券通证发行，意味着无论规模大小，公司都有机会迅速从全球投资者中募集资金，同时规避巨额成本，丰富了社会融资结构，对中国正在建设中的现代金融市场能够产生重要效用。另一个重要原因即金融市场交易成本过高是中国现有制度中会出现的头疼问题。STO和RWA的融资方式加速风险资本的民主化，消除对中间商的需求，使得交易中买方和卖方主导作用突出，市场供需的信号更为清晰，有助于发挥市场自主配置资源的作用。更重要的是，由于金融中介大幅减少，交易中的责任也转移到买方或卖方，金融机构腐败和市场操纵的可能性大幅下降，这对于塑造一个清洁、健康的金融机制异常重要。

另一方面，对于中国金融监管当局来说，在新技术范式下的众多金融创新和探索中，类数字证券相对来说是最易于纳入监管的金融创新工具。STO、NFT和RWA的出现，晚于P2P、现金贷、ICO，是互联网金融领域发展到较高阶段出现的更透明更合规的金融创新方向，对部分非法的互联网金融项目和金融产品，具有很强的替代效应和挤出效应。这些项目需经过KYC/AML等合规审查，发行的通证需要有实物资产、公司利润等背书，项目代码受到实时监督，这些机制能够过滤剔除掉一部分劣质项目，有效降低市场投资人风险，正视和规范这类崭新金融产品的发展，有利于金融监管实现升级和监管科技的扩大应用。

如果抛开以上金融领域的考量，STO对于中国还有更重要的含义，就是如何通过掌握基础性前沿科学技术，在世界范围内重夺领先地位。进入新千年后，区块链技术发展迅猛，Bigtech企业在稳定币领域展开竞争，各国央行在法定数字货币上的布局日趋激烈，不少资本市场也已经在STO、RWA领域进行探索。在通证经济的时代，由第一阶段的货币通证向第二阶段证券通证的发展趋势是必然的，对于股票和债券市场容量都居于世界第二的中国，在这场竞争中无法缺席，并且以中国目前在数字货币以及中国央行在DC/EP项目上积累的技术优势，也将有助于在该领域取得竞争优势。

第十章　支付手段与金融市场在数字技术中的变迁

一、人类社会的新技术范式

1990年代的信息技术进步和互联网浪潮，成为一次全新技术革命的基石和催化剂，经过近30年的孕育、演化后，广泛触发了其他相关科学和技术的发展与交织，到2020年代已经形成一个足以重塑人类社会信息基础设施和生活面貌的新技术范式。组成这个新范式的，有我们在数字货币和数字证券中探讨过的区块链技术，还有其他众多极为丰富和深刻的技术革命，如大数据、云计算、边缘计算、人工智能、联邦学习、物联网、数字孪生以及平行智能等，这些共同构成了一幅数字技术群星闪耀的图景。

大数据（Big Data），望文生义即一种规模大到非常规的程度、既有的数据软件技术无法进行获取、分析、管理和存储的数据集合。这些数据不仅庞大，而且以加速度日益增长。我们生活的世界究竟每天会产生多少数据？普通人基于对手机、电脑、移动硬盘等信息知识的掌握，通常都知道1MB（1兆）等于1024KB，1TB等于1024MB，再往上计数，1PB等于1024TB，1EB等于1024PB，1ZB等于1024EB，1YB等于1024ZB……我们在前文讨论的全球最大的社交网站Facebook，每天产生的数据是4PB，这其中包含100亿条信息、3.5亿张照片和1亿条的视频浏览。电子邮件方面，目前全球用户数量为38亿人，每天发送和接收的邮件数量超过3000亿封，以每封邮件平均500KB计，每天由邮件产生的数据量是146EB。2020年代正在逐步上路的无人驾驶汽车也是数据生产大户，以特斯拉无人驾驶车为例，每行驶8小时大概产生4TB的数据，100万辆特斯拉汽车每天就将产生数据3.8EB。根据IDC的一份报告，到2025年，全球每一个接入互联网的人每天将有4909次数据互动，全球产生的数据将从2018年的33ZB跃进到175ZB。175ZB是什么概念？如果把这些数据全部存储在DVD中，这些DVD碟片摞起来的高度将是地球与月球距离（月地距离为39.3万公里）的23倍！遍及全球无处不在的感知系统、电子设备和采集终端每时每刻都在提供着庞大的数据集合，这些海量数据具有不同的数据类型和快速的流转过程，并且不是随机样本数据而是全部发生数据，也就是说数据具有的价值密度并不一致，绝大多数数据可能是低质量数据，大数据技术的关键点正是在于找出高质量有价值的数据并进行相关处理与应用，这就需要对于庞大的结构化、非结构化和半结构化数据展开价值挖掘和统计分析。

大数据的发展与应用，在最初的电子商务、物流配送、传染病追踪领域后，逐渐超越了商业信息基础设施的范围，开始成为一种资本、一种生产资料和一种战略物资，渗透到每一个行业和职能部门，在政府、企业、家庭中开始了普遍的量化进程，也带给人们重新看待世界的方式。十几年前葛优在电影《天下无贼》里的经典对白“21世纪什么最贵？——人才！”，如今真正身处21世纪的我们，突然感觉可能是数据最贵。对大数据的管理和掌握，意味着执政能力强化、生产率提升和消费者剩余增加，俨然成为新千年各组织核心竞争力的组成部分。大数据在各个部门的影响已经全面印刻在每一个人日常的社会生活和生产过程中：购物平台通过大数据分析个人购物偏好和品位、推送的差异化商品广告；地图类应用根据路况信息数据为个人规划并不断调整的最佳驾驶路线；公共安全领域里相关部门利用大数据对危害社会行为的侦查和追踪、反恐维稳、保障国家安全；维斯塔斯风力系统通过Biginsight软件和IBM超级计算机分析气象数据，对风力发电厂进行选址，无一不显示出大数据技术带来的全新技术手段和生活生产方式。2020年席卷全球的新冠疫情，更不由分说地提供了各国政府和医疗部门必须调用大数据的真实场景，也向普通民众科普了如今大数据可以覆盖和产生的能效范围。

与大数据技术几乎孪生出现的是为这些大数据提供存储和计算、价值挖掘的平台技术——云计算（Cloud Computing）。云其实就是一个提供资源的网络，通过软件进行自动化管理，使云上的计算资源和数据中心能够快速便捷地被提取使用。云计算的概念是2006年在世界搜索引擎大会上由谷歌CEO埃里克·施密特（Eric Schmidt）率先提出的，很快便在当时的互联网技术和IT服务领域引发一轮变革。云计算分为基础设施即服务（IaaS）、平台即服务（PaaS）和软件即服务（SaaS）三种类型，这三类新技术服务风潮跨越了时间和空间的界限，通过虚拟化的应用和资源，使计算速度和灵活性迅速提高，根据不同客户的特点按需部署，减少了单个用户使用高昂价格和超大存储主机的成本，优化了物理资源。其实我们身边就存在着最简单的云计算应用，比方说每天都要用到的搜索引擎，各大网络公司都提供的各种云存储服务，个人手机里的照片和邮件一般默认云存储，这样在手机更换或者丢失的时候，云存储的珍贵照片和邮件可让人高枕无忧。云存储技术与各个行业领域的结合而形成的如医疗云、教育云、金融云、交通云也已经普遍地发生在我们生活中。

但是，即使云计算提供了如此便捷的资源与计算，仍有很多部门和企业在从本地设施交付云端的过程中感受到不便和负担，他们开始寻找更加快捷和便利地在本地完成计算的途径，这就产生了边缘计算（Edge Computing）。边缘计算是在靠近数据源头和用户的一侧提供实时、动态服务，从而产生更快的网络响应和更好的隐私保护，尤其物流规划、智能交通、智能家居和工艺优化等高动态、低延时、资源受限的领域对边缘计算的需求更为直接，当前很多政府着力建设的智慧城市在很大程度上就是在城市生活应用场景中对各类数据进行边缘智能处理。有科学家用章鱼来打比方说明边缘计算，章鱼的神经元只有40%在大脑，另外60%分布在八条腕足上，依靠这种分布式神经元，章鱼在捕食过程中行动异常灵活，没有听说过八条腿来回缠绕影响行动的情况。边缘计算与章鱼的八条腕足十分类似，将数据的处理、应用等功能的实现从云网络中心下放到更靠近终端客户的网络边缘节点上，一方面减轻了网络带宽和云存储日益增加的压力，降低了延迟级别，另一方面在本地设备上的数据解决方案成本极大地低于云端存储和计算，并且分布式的计算技术使终端敏感数据的安全和隐私保护更为可靠，个性互动体验也会有更良好的感受。依靠多个设备分布的边缘网络，在避免网络安全攻击和进行安全交互的过程中，一个重要发展方向是借助区块链由密码学支撑的分布式技术、共识机制和激励机制来构建边缘计算框架。区块链的分布式节点与边缘计算的各个孤立终端有天然的相似结构，可以有效避免拜占庭问题，更易于在陌生异构终端之间建立信任机制，通过智能合约还能够为节点间数据存储、传输和共享提供解决方案。

大数据的应用与发展，与云计算技术、边缘计算技术密切相连。没有云计算和边缘计算作为基础，大数据无法实现海量存储和提取应用，不能够进行深刻数据挖掘，也就无从找到事物的相关性。大数据与云计算、边缘计算的概念几乎是携手同行，而他们的发展进程，都离不开另一项先导技术——人工智能。

人工智能（Artificial Intelligence），是1950年开始从计算机科学内部发展出来的一门新学科，其创设目的是探究智能的实质，并生产出能以人类智能相似方式进行反应的智能机器。人工智能在发展过程中突破了计算科学的边界，涉及数学、哲学、心理学、语言学、神经生理学、控制论等诸多学科，研究和应用的领域也扩展到机器人、语言识别、图像识别、智能控制、专家系统、遗传编程等丰富的场景。既然要仿效和模拟人类智能，那么首先需要提问，什么是智能？早在17世纪，学贯数学、天文、哲学、法学的人类精英莱布尼茨，就不断对人类智能进行哲学和科学上的探索，他晚年所提出的智子（Monad）理论中，智子作为灵性和智性的基本单元，成为构成智能系统的标准粒子。而人工智能所要塑造、模拟的便是这种智子的组成，试图让计算机去完成需要智子集成才能完成的工作，或者超越人类智子所能达到的高度。这类人工智能的发展很大程度基于机器学习和深度学习而取得进展，机器学习依靠人类专家将原始数据转换成机器系统内的特征向量，机器自动学习出所需内容；深度学习则广泛使用卷积神经网络、循环神经网络、去噪自编码器和长短期记忆等方法来学习和发现高维数据的复杂结构。经过60余年的发展，人工智能技术已经从当年在科幻电影中特工人员进行视网膜识别的传说，转变成了普通人身边最日常不过的社会生活场景：结账时候的人脸识别支付，普通住宅里越来越多的智能扫地机，手机里随时帮你答疑解惑聊天谈心的Siri、Alexa、小度、小冰，在国外旅行时使用的智能翻译软件，空无一人的工厂里普遍实现的机器流水线作业，还有载歌载舞的波士顿机器人……

仿制人工智能成功之后，人类随即陷入将来人工智能机器是否会反捕人类的困扰。由不同年代的两场棋局引发的两次全球大讨论中，这种忧虑尤为明显。第一次是1997年，由IBM公司生产的拥有超计算力的电脑“深蓝”（Deep Blue），在人机对抗的国际象棋比赛中，首次击败了当时世界排名第一独孤求败的棋手加里·卡斯帕罗夫，这或许是第一次非常尖锐地把计算机超越人类的论题摆在人们面前，人工智能究竟应不应该超越人类智能成为讨论的焦点。第二场棋局发生在2016和2017年，谷歌公司基于深度学习技术研发的人工智能围棋系统AlphaGo，分别向韩国棋手李世石和中国棋手柯洁发起共计八盘棋的挑战，除李世石赢得一盘外，其余七盘人类棋手全部告负。围棋需要计算的变化超过国际象棋，在自主学习方面，AlphaGo相比深蓝进步巨大，同时第二场围棋赛举行的时代人们已经被各种数字移动媒体所包围，棋局的进展和结果牵动着世界上不同地方无数围棋爱好者和人工智能爱好者的心绪，AlphaGo因而也引发了比深蓝更加深刻的关于机器超越人类的反思。

不久前的2020年，曾败给深蓝的棋手卡斯帕罗夫时隔23年再次回到当年举行对弈的位于纽约的一家酒店，此时早已释怀的大师打趣道，他是第一个受到机器威胁的知识工作者，他告诉人们，不要去抱怨技术进步太快以至于侵犯了我们的生活，而是要去做一个牧羊人，和系统一起进步，并把人工智能引导向正确的方向，因为，你是一个训练有素的人类。

在人工智能和机器学习技术的不断发展中，如何在不同数据拥有方之间进行人工智能协作的问题也逐渐涌现出来，就是不同机构在保护各自隐私和数据安全、遵守各自国家相关规定、不发生数据转移的情况下，如何进行联合建模，建立一个机器学习框架，这也被称为联邦学习（Federated Machine Learning）。究竟什么样的机构之间需要进行这种看上去很抽象的联邦学习？比如用户特征重叠较多而用户重叠较少的情况，像分处北京和成都的特斯拉汽车4S店，双方用户完全不一样，但是用户特征比较接近，这个时候就需要应用横向联邦学习。

而用户重叠较多和用户特征重叠较少的情况，像同在北京地区的有线电视提供商歌华公司和金融机构工商银行，他们拥有大量相同的客户，但是双方持有的用户相关特点不相同，这个时候就需要应用纵向联邦学习。无论横向还是纵向，联邦学习都是一种分布式的机器学习技术，需要有相应的加密手段以保护各自的数据隐私，不同机构间传递的是加密后的参数，通过参数交流建立共享模型，可以看出，这与区块链分布式账本技术在技术基础上有相似的地方。

此外，人工智能在产品制造、工程建设和医学分析行业的发展还带来另外两个相关的先导技术：数字孪生和平行智能。数字孪生（Digital Twins）是在人工智能仿真模拟的过程中，通过历史数据、传感器更新和物理模型而形成的对实体过程的一个虚拟空间映射。该技术最初来自美国国防部对航天飞行器的应用，每次飞行器执行任务的同时，会在数字空间建立真实飞行的模型，与实际飞行同步所有状态，有助于进行评估分析和维修保障。这种多学科、多尺度的数字化映射过程被运用到工业制品装备车间，相当于产生了生产过程的数字化双胞胎，从产品设计到制订生产计划，再到实施制造作业，可以监测和调控产品全生命周期，并对生产活动进行仿真分析和优化。当车间在进行生产之前就拿到一套数字孪生模型时，一方面可以减少实施制造中的误差和风险，另一方面也能够在生产过程中提高实施效率、及时解决问题。数字孪生最大的价值在于开启了从真实物理世界向虚拟数字世界的反馈，也就是物理产品的数字表达，这对于智能制造、医药临床等诸多领域有着极大的启发意义。也许在未来的某个时间，当我们接收到一个产品，会同时接收到一套与之映射、高度详细的数字模型，数字孪生这个今天读来还拗口的名词在那个时候可能已经习以为常。当所有的行业和职能部门，工业、农场、学校、医院、政府、社区等都在虚拟世界有一套数字孪生的映射，将会形成一个拥有平行智能的世界，人类的智能将通过平行的世界得到扩展。此外，AR（Augmented Reality）、VR（Virtual Reality）通过穿戴设备和传感装置带来的加强现实和虚拟现实，所形成的物理世界与虚拟世界的交互（最新的提法是元宇宙metaverse），也将造就平行智能世界的一部分。

以上关于信息和数字先导技术的讨论中，还有一部分内容没有涉及，但却是几乎和上述讨论都会发生关联的技术，那就是物联网。物联网（Internet of Things，IoT）指的是基于互联网，通过信息传感器、射频识别技术、地理信息系统（GIS）等技术设备对物体或实施过程进行相关信息采集，形成物与物、人与物、机与物、机与机、机与人、人与人之间广泛连接、互联互通的网络，从而能够进行智能化管理和控制。早在20世纪90年代，当时正叱咤江湖意气风发的比尔·盖茨写了一本书《未来之路》，当中就率先提到了物联网，只不过在当时的信息基础设施条件下，没有引起普通读者的注意。现在回头去看1995年的盖茨和他对世界的想法，不得不再次景仰和赞叹。“未来之路”走了25年之后，物联网经历了从概念到实践再到广泛使用的过程，伴随着互联网、无线网络、传感器、红外设备、蓝牙设备、射频设备、地理定位技术、二维码的逐步涌现和成熟，并不断与云计算、大数据、人工智能等技术发展和平台相互支持，在区块链技术出现后，更是在区块链复合层的工业应用程序编程接口中得到高度契合的基础设施配置，其应用场景从农业、工业、交通、物流、安保等领域延伸到教育、医疗、家居、金融和旅游，正在实现着智能物体的万物互联。

从以上讨论可以看到，过去几十年，大数据、区块链、云计算与边缘计算、人工智能、联邦学习、数字孪生、平行智能、物联网，这些数字技术全方位影响着人类社会，从信息基础设施搭建到各行各业，人们的生活与生产状态正在发生变迁，这种变迁也必然影响到金融机构与金融市场，促进人类支付行为的进一步衍化。

二、金融信息基础设施的重构

新千年多项数字信息领域形成的技术新范式，带来了金融信息基础设施的崭新思维和架构方式。面对更复杂更丰富的金融产品，银行、证券、保险、信托等不同业态的金融机构的算力和存储都呈现飞跃式需求。在满足监管、合规、数据隔离的条件下，要做到业务的快速响应和风险管控，云计算、大数据、区块链、人工智能和物联网搭建的虚拟化算力与数据分析平台是重要的技术支持。说到底，这些新技术范式在金融市场中还是围绕着解决信息不对称这个核心问题，通过提供新技术路径，从而为人类社会支付手段演化、金融资源配置、风险管理带来新场景。这些正在重塑中的金融业生态，涉及支付结算、存贷款、资本筹集、投资管理、市场设施等多个方面，在科学技术与金融深化融合互动的新布景新角色下，金融机构如何展开新的历史进程，是饶具趣味的论题。

在金融数据安全性方面，金融数据云存储、边缘计算和区块链分布式账本，要求确保重要敏感数据的授权、使用和共享，同时兼顾数据的及时性与合规性。超大规模的金融数据会逐渐改变以往存储在中央中心的模式，越来越多地分散生成并存储在边缘节点，通过公钥和私钥两把密码钥匙的非对称加密技术，使边缘数据的来源追踪、数据验证和价值传递形成全网广播的自我证明，避免数据应用风险和隐私暴露，从而得到更好的金融边缘数据库解决方案。在越来越多的金融产品通证化过程中，金融数据的及时、有效、安全的获取成为必要条件。

在金融产品建模方面，人工智能和边缘计算通过海量数据的分析运算、信息交互，使传统金融操作中由于信息不对称造成的产品设计障碍大幅度降低，哈希值和时间戳跨越时间和空间的真实金融交易非常容易被辨识。人工智能、机器学习、联邦学习、数字孪生技术使不同节点能够在确保金融数据隐私的同时进行学习交互和分散训练，将自身边缘节点的学习结果与动态数据分析参数上传至区块链，同时能够及时获取他人的更新参数和学习结果，解决了不同金融机构“自私”节点分享与协作的困境，进一步支持了更富创新性和更富弹性的金融产品出现。货币、证券、衍生品、保险产品、信托产品、外汇产品，都可以在新技术基础的支撑下，呈现出新的逻辑和内容，并对相关产品进行定价和风控。

在金融交易过程方面，区块链和大数据支持的点对点的实时交易结算、清算服务带来时间和费用两方面交易成本的降低，提高了金融市场效率。在支付、清算和证券交易过程中分布式全网交易模式不再需要中央对手方，“交易即结算”的方式减少了中央登记机构、金融机构中后台和用户端的高昂成本和风险传导。区块链和物联网的结合会重新塑造供应链金融的业务流程，将传统模式进行反向保理：把供应商和核心企业间的应收账款通过资产网关上链形成数字债权凭证，各级供应商将数字债权凭证分拆流转给上游供应商，金融机构对各级供应商进行融资贴现，整个过程将核心企业的信用传递至长尾多级，在提高小微企业融资可得性的同时，也为金融机构获取了低风险高收益资产。区块链的智能合约还可以在众多金融机构的业务流程中实现金融合约的快速准确反应，比如保险产品的理赔和金融衍生品的保证金结算，将在环境达到生效临界时自动触发合约的执行，算法化、透明化的交易过程在保障真实性和降低交易成本的同时，避免了交易对手的违约风险。物联网和人工智能还能够使金融服务网络深入客户生活和工作场景，泛在连接的智能物体网络和AR、VR技术呈现远程化个性化金融服务，将来的某一天足不出户的浸入式金融体验会成为习以为常之事。

在金融风险管理方面，区块链、大数据和物联网集中解决了事前和事后的信息不对称问题。在事前的逆向选择环节，区块链分布式账本上信息的不可篡改性，结合大数据提供的客户信息，在银行进行贷款审批、保险公司出售保单、使用通证化泛金融工具进行支付等金融业务操作时，真实、有效的数据将保障金融机构的风险控制。在事后潜在的道德危害环节，银行对信贷客户抵押物质押物的监管、盘点、核实将通过物联网智能设备和区块链节点信息高效、智能地实现，保险公司对出险事故的真实性、具体性可以得到准确情报，衍生品、货币通证、证券通证的交割与结算也在分布式技术、智能程序的保障下将安全性提升到前所未有的程度。

在金融监管方面，大数据、云计算、区块链、人工智能、物联网所集成的数字先导技术，非常有助于金融监管当局对金融市场和金融机构的各个节点进行观测、监督、评估和纠错，在保证宏观审慎和微观审慎的监管需求方面提供更加智能化、市场化的方案，一方面保护金融市场中消费者的自由与安全，另一方面在激发金融机构进行金融创新过程中也能够保持富有成效的积极沟通和条件约束。

以上这些金融基础设施的重构，可能会从支付手段、定价方式开始影响整个金融市场与金融机构的变革，人类社会未来的场景充满新鲜和挑战。

三、新技术范式下的支付场景

1. 交易媒介

正在建立和深化中的新技术范式，具备了带动货币化通证、证券化通证和非同质化通证更进一步深刻发展的潜能，人类社会或将进入支付演进的新阶段。

从美索不达米亚的楔形文字、古老中国的种子和工具、吕底亚的铸币、北宋的交子，到金本位时代的英镑、布雷顿森林时代的美元，以及中间间或出现的替代性货币和补充性货币，再到21世纪分布式账本支持的比特币、各类稳定币、央行数字货币和泛金融工具，人类社会的交换与支付从最初的多种媒介历经漫长岁月，发展至主权国家与国际金融系统取得共识的单一主权货币，再经由私人数字货币的出现，重新向着多种交易媒介发展而去。并且，此时的多种媒介，甚至突破了货币的形态（无论实物还是数字形式），通过分布式技术、人工智能、边缘计算、物联网、大数据等技术基础，数字证券通证化正在把所有的金融资产作为交易媒介的备选项，非同质化通证又进一步使其他类型的非金融资产和具有所有权的一切物质皆具备交易媒介的可能。

可以说，人类社会第一次具备了如此丰富的支付可能和支付媒介。

在多样化的支付场景中，法币仍然受到市场的一定偏爱。法定货币的安全性、流动性和收益性依然发挥至关重要的作用，政府层面的财政收支最终将兑换成法币来标价和实现。对普通公众而言，在第八章讨论过的货币资产持有组合衍变成了支付媒介持有组合，该组合里法币也依然占有一定比例，日常生产生活中对公的支付活动仍旧依靠法币完成。

而多种多样的通证化产品都将成为泛金融工具，新技术范式使广泛的金融产品和非金融产品都具有自金融的功能，通证化所带来的自由切分单位使标价和交易过程更加灵活，交换物品的需求双重吻合性更容易匹配。一部手机的交易可以是1000个单位法币，也可以是0. 15个单位的茅台股票，还可以是一只性情活泼长相可爱的数字化NFT虚拟金毛小狗。这与在人类社会初始阶段的物物交换的显著不同在于，避免了最让人糟心的我希望用NFT金毛小狗购买手机、你却希望用手机换取茅台的社死场面。因为这些具备自金融的物品实现了在分布式网络中的确权和定价，能够被全网的交易者所观察并得到价格信息与节点来源，而不需要在面对面有机会交易的对象中寻找需求的双重吻合，从而具有了很大的流动性。我用虚拟金毛可以向网络中任何有需求的交易者点对点来交换商品和服务，接受我支付的人不一定在同一个城市或是国家，但我们之间可以用这些共识价值通证随时交换彼此心仪的产品与服务。

2. 定价过程

在产品与服务的定价过程中，将不再具有唯一性，同样的产品与服务，可以用传统法定货币标价，也可以用各种通证进行标价，并且这种基于区块链技术的定价方式是可以随时进行变动或者通过智能程序触发变动的。

当你在北京通州的环球影城尽情欢乐玩耍拍照，手机电量却告急，此刻你需要通过分布式网络、边缘计算和地理信息系统看周围有哪些商家和个人分别以什么价格提供出租充电宝的服务。距离1000米的城市大道上的商家显示价格是每小时6元人民币，距离500米的哈利·波特奥利凡德魔杖店里标价是每小时10元人民币或者0.01个单位的环球影城门票ABS，而近在咫尺、都在霍格沃茨城堡里排队的某位游客愿意以每小时一枚以太网虚拟海德薇胸章成交，面对如此多的交易媒介和交易可能，为了节省时间和精力，而你又恰好收藏了好几枚以太网的虚拟海德薇，或者网络中显示有人持有的海德薇胸章正以8元人民币出售，那么你大概率会用这只猫头鹰来换取此刻弥足珍贵的充电宝。或者，如果在霍格沃茨城堡中，有三位和你一样的魔法师都遭遇了手机没电问题，那么这位可以提供充电宝游客的节点上很有可能被智能程序将价格调整为两枚海德薇胸章，你可以考虑是否同意这个变化，当然你也可以考虑用其他魔法和咒语解决充电这件事。

比起租用充电宝、理发、购买耐克鞋、上一堂油画课，还有其他大量更复杂的支付活动，此时的多种媒介不仅仅是token化的金融或非金融产品，更有可能是有着丰富编程和书写内容的通证。股票、ABS、期权、存托凭证、艺术品、娱乐周边、游戏装备都能够成为这种复杂编程的通证，这样的交易媒介显示了人类社会的丰富场景，和金融技术的高阶发展，并将权利义务关系和公平交易准则体现在新的发展通道。

3. 价值储藏

与交易媒介和价值尺度类似，通证化带来的泛金融工具在价值储藏方面也表现出崭新面貌。市场越来越接受多种形态通证的价值储藏功能，无论是标准化的通证类货币、证券产品，还是非同质化的各类通证，都有其市场认可的价值，这种价值在分布式账本中能够得到共识、确认和转让。首先是各种主权货币类通证，纸币形式和通证数字形式的法定货币具有主权货币特有的价值，并在国际金融体系中与其他主权货币形成兑换比例。其次是名目繁多的公司及私人的稳定币、数字货币，当然这一点不是在所有国家都会实现，不同国家的监管当局对私人货币的容忍度呈现显著差异，即使随着时代变迁，这种差异仍将长久存在。在法律允许范围内的私人或公司货币通证，将在市场的供给与需求过程中调整产量，产生相对价值，并在彼此之间以及与法定货币之间形成兑换比例。再有，就是各类被通证化的金融资产，包括基金、证券、信托产品、保险产品、衍生品等多种底层资产的通证化，这类资产的计量单位可以被无限切割，多次流转，价值随着货币市场和资本市场中相关资产的变动而变动，具备灵活的价值储藏功能。最后，即各种可以被通证化的非金融类资产，包括游戏、艺术品、音乐、影视、书籍、娱乐周边等各种常规化虚拟数字产品，也包括数字头像、数字音频等非常规化数字产品。还有的可能性是，在物联网、大数据、分布式账本支持下，可以将在特定消费人群中具有价值的非数字化实物资产通证化上链。这类特定价值的资产以往在价值储藏中具有一定的局限性，究其原因还是流动性，对这类资产价值的认定只存在于对其感兴趣的特定人群，不感兴趣的群体会不具备“授受性”而不愿持有。个人经历的一个小故事更生动地说明这一点。行文至此时2022年北京冬季奥运会刚刚结束，使我想起2008年北京夏季奥运会的时光。那时我穿梭在赛场内外，执着于一件事情：换取奥运纪念徽章（Pin）。跟观众换、跟工作人员换、跟运动员换，不分国籍不论长幼，最终收获颇丰：我不仅集齐了北京奥运发行的所有纪念章，还交换回来历届奥运会相关的徽章，这使我长时间沉浸在收藏的喜悦之中。但我一直没有去打探这些收藏能值多少钱的想法，可能潜意识中认为这些徽章和康熙青花龙纹瓶是完全不一样的收藏，原因在于青花大瓶有其相对稳定的公开交易市场，因而具备流动性，而徽章这种太过个性化小众化的收藏不值一提。但在分布式账本支撑的通证化世界里，看起来我这一类的收藏可以将其通证化上链，不仅可以作为价值储藏，还可以进一步实现价值交换和流转。

展望未来的这些场景，似乎周而复始返回到了人类社会最初的交易状态——以物易物，但经历了几千年的演进发展，此时的以物易物不同于彼时的以物易物。在人类社会的新技术范式下，成熟的货币体制已经存在，物物交换不是唯一而必须的手段，只是在货币交易之外，人们可以自由选择其他交易媒介。由于新技术赋予的点对点分布式账本和民主共识机制，泛金融工具越来越丰富和便捷，人们可以根据便利性、流动性、收益性、安全性的衡量来选择自己的交易模式。

从这个层面，也可以理解为，支付与交易活动通过上千年的不断演进迭代，最终在自然技术的新范式下，使人类社会实现了交易媒介自由。

结束语 万法归一：金融大同世界

这部书稿，从人类支付演进的视角讲述了一个关于金融的故事。

发达的支付体系和金融系统可以减少信息成本和交易成本，分担和管理风险，促进投资和贸易，这对于经济发展和社会进步至关重要。通过对中国和欧洲的支付体系、货币制度、信用体制、股份公司、资本市场、公共金融等方面的比较研究，本书试图从双方支付与金融发生、发展的不同轨迹，逐渐揭示中西方走上截然不同的金融发展道路的原因，阐明不同的金融历程对经济发展的影响。或者说，从支付和金融的角度，思考为什么在从中世纪向现代的转变中，是欧洲经济而不是中国的经济率先完成了从农业社会向工业社会的转变。

在比较研究的过程中，我尝试借鉴社会科学其他领域的知识资源，不是单一的金融历史的演进分析，而是将金融发展置于复杂历史的鲜活场景中，从政治统治理念、民族文化精神、市场体系、国家与社会关系等多个视角透视，来探讨金融制度的生发和变迁，从而实现金融史与社会理论、自然科学理论的结合。

人类社会的支付与交易行为从两河流域的黏土中起始，奔向阿尔忒弥斯神庙的金银铸币，在轴心时代实现了各主要文明的货币启蒙，佛罗伦萨的弗罗林金币和汴京的交子纸币在各自不同的社会基础性制度安排下开启了便利商业、发展经济的道路，重商主义的金银复本位制和传统中国的称提之术也分别在货币理论与货币政策方面开始拓荒与探索。中世纪即将结束的时候，欧洲商队长途跋涉的集市贸易，带来了以支付为轴的金融工具的创新，汇票、支票、公司缔结、海上保险、商业簿记成为西方金融发展与中国所走不同路径的起点，货币数量不再成为经济与商业发展的桎梏，在大航海时代之后，开始一次轰轰烈烈的金融革命，由此成为工业革命的先导。

在金融工具发展的这段日子和以后的时光里，柴思胡同的乔纳森咖啡馆，华尔街的唐金咖啡馆，泰晤士河边的劳埃德咖啡馆，大新街福州路的惠芳茶楼，这些餐饮与社交场所穿插在股票市场、保险市场、外汇市场的生发与成长之中而走在时代前沿，见证了世界各处金融市场的勃发。但咖啡馆和茶楼出现在中国与欧洲，是在经历了上千年不同道路之后的殊途同归，都有着各自原有的路径依赖，不论是来自政治统治理念、民族文化精神、市场体系还是来自国家与社会关系的建构，这些烙印在金融发展中都展现无遗。传统中国在最初之时有着更为发达的统治能力、经济水准，但欧洲经过一系列起承转合后，却更好地提供了金融发展的机遇和空间，这种支付与金融发展的中西分异也成为影响双方近现代社会经济形态的某种因素。

第二次世界大战结束后，44国代表在布雷顿小镇的华盛顿山上华山论剑排定座次后，一个完成现代化转变的、渐趋成熟的民族国家货币体制和国际金融体制在中国和欧洲同时铺展开来，尽管也经历各种嬗变，但主权货币的交易媒介不曾引发大的质疑，支付体系缓步在国际金融和国际政治的角力中演进。直至编年计算的人类社会进入第二个千年时，自然科学技术的再次爆发与进阶，使人们面对几千年来的货币与金融体制时，不得不停下脚步重新思考，不再依赖金融信用中介而运转的人类商业经济是不是成为可能？货币通证化、证券通证化、实际资产通证化、支付通证化的相互交织与渗透，一方面会使金融市场的信任生态从中介信用逐渐向算法信用过渡，另一方面将使得所有金融工具的技术标准在映射上链、点对点即时交易过程中日益趋同。

如果打开思绪，展望这种逻辑演进的未来，货币、股票、基金、保险产品、信托产品、存托凭证、衍生品虽然基于不同底层资产，但外在形态上都可以是分布式技术支撑的通证化产品，不同金融工具的整合将进一步带来证券公司、保险公司、基金公司、信托公司等不同金融机构的归并，金融混业经营在某种程度上成为自然选择。实现整合后的金融工具，继而会在支付领域的变革中推波助澜。在分布式技术、物联网、边缘计算、大数据、AR/VR带来的多种支付新场景中，各种金融工具将增加支付媒介工具箱的选项，任何一种基于统一技术标准的金融通证都可以成为支付工具，自金融和泛金融的金融大同世界或许成为可能。

伴随着泛化为支付手段的金融工具的出现，金融市场将史无前例地融汇到普通人的生活与工作之中。生活在金融大同世界中，在一个基于高度智能云端计算、点对点交易清算、全网共识观察的场景中，个人可以随时调阅、查询所需要的产品与服务，根据供给方设置的法币价格和其他支付手段集合进行匹配和选择，并最大限度地在智能程序的内置触发条件下自动执行交易的操作。信息不对称和道德危害这两个困扰人类交易行为的源远流长的问题在新技术范式下危害大幅度降低，支付的安全和隐私有底层技术和算法信用的严格支持，改善后的金融效率或许将带来整个人类社会生活的全新面貌。金融监管行为相应地退回到对公平正义的审查与监控范围，也就意味着金融当局从微观干预金融市场到宏观制定经济政策的全面退却，一只看不见的依靠算法信用机制的市场之手将引导秩序的发生与演进。

比尔·盖茨在20世纪90年代《未来之路》里所畅想的通

过数字信息物物相连的世界，在新世纪的某个时点可能会真实呈现，人类社会不仅万物互联，而且能够在轮回几千年后，在一个全新的技术平台上重归物物交换。这样的物物交换，与人类交易活动最初的、出于各自拥有物的局限且缺乏一般等价物作为交易媒介的情境截然不同，是由于交易媒介足够丰富而赋予人们差异性权衡选择，实现了支付媒介自由。这般神奇的转圜回到物物交换的起点，人类社会的支付系统就此完成一次轮回。

天地万物，周而复始，往复不殆，万法归一。

参考文献

1. Abu-Lughod Janet L., *Before European Hegemony: The World System A. D. 12501350*, New York: Oxford University Press, 1991.
2. Akerlof, G. A., The Market for Lemons: Quality, Uncertainty and the Market Mechanism. *Quarterly Journal of Economics*, 1970 (84), No.3, 488500.
3. Arrow, K. J., Uncertainty and the Welfare Economics of Medical Care. *The American Economic Review*, 1963 (53): 941973.
4. Black F., Banking and Interest Rate in a World without Money: the Effects of Uncontrolled Banking, *Journal of Banking Research*, 1970 (1): 920.
5. Bordo, M. D., Levin, A. T., Central Bank Digital Currency and the Future of Monetary Policy. NBER Working Paper 23711, 2017. http://www.nber.org/papers/w23711.pdf.
6. Broadbent, B. Central Banks and Digital Currencies, 2016. http://www.bankofengland.co.uk/publications/pages/ speeches/2016/886.aspx.
7. Buterin, V., Ethereum: A Next-Generation Smart Contract and Decentralized Application Platform, http://genius.com/Ethereum-ethereum-whitepaper-annotated, 2016.

8. Buterin, V., Ethereum: Platform Review: Opportunities and Challenges for Private and Consortium Blockchains http://www.r3cev.com/blog/2016/6/2/ethereum-platform-review, 2016.
9. Cameron, Rondo, *A Concise Economic History of the World: From Paleolithic Times to the Present*, New York: Oxford University Press, 1993.
10. Cameron, Rondo, *France and the Economic Development of Europe, 18001914: Conquests of Peace and Seeds of War*, New York: Octagon Books, 1975.
11. De Roover Raymond, *Business, Banking, and Economic Thought in Late Medieval and Early Modern Europe: Selected Studies*, Chicago: University of Chicago Press, 1974.
12. Dickson, P. G. M., *The Financial Revolution in England: A Study in the Development of Public Credit, 16881756*, New York, 1967.
13. Fama E., Banking in the Theory of Finance, *Journal of Monetary Economics*, 1980 (6): 39-57.
14. Friedrich, Knapp Georg, *The State Theory of Money*, Simon Publications, 2003.
15. Gendal, B. R. Introducing R3 Corda: A Distributed Ledger Designed for Financial Services, http://www.r3cev.com/blog/2016/4/4/introducing-r3-corda-a-distributed-ledger-designed-for-financial-services, 2016.
16. Greenwood, J., Jovanovic B., Financial Development, Growth and the Distribution of Income. *Journal of Political Economy*, 1990 (98): 10761077.
17. Hahn, F. H., On Some Problems of Proving the Existence of an Equilibrium in a Monetary Economy, *Journal of Political Eanomy*,

1965 (73): 147-150.

18. Hall, R., Monetary Trends in the United States and the United Kingdom: A Review from the Perspective of New Developments in Monetary Economics, *Journal of Economic Literature*, 1982 (20): 1552-1556.
19. Kellenbenz Hermann, The Rise of the European Economy: An Economic History of Continental Europe from the Fifteenth to the Eighteenth Century, rev. and edited by Gerhard Benecke, 1976.
20. Koning, J. P., Evolution in Cash and Payments: Comparing Old and New Ways of Designing Central Bank Payments Systems, Cross-Border Payments Networks, and Remittances, R3 Reports. https://www.r3.com/research/#toggle-id-14, 2017.
21. Koning, J. P., Fedcoin, http://jpkoning.blogspot.com/2014/10/fedcoin.html, 2014.
22. Mark, Elvin, *The Pattern of the Chinese Past: A Social and Economic Interpretation*, Stanford University Press, 1973.
23. Miglo, A., STO vs ICO: A Theory of Token Issues Under Moral Hazard and Demand Uncertainty, https://mpra.ub.uni-muenchen.de/98630/, 2020.
24. Morgan, J. P., and Oliver Wyman, Unlocking Economic Advantage with Blockchain: A Guide for Asset managers, https://www.jpmorgan.com/country/US/EN/cib/markets-investor-services/blockchain-economics, 2016.
25. Patinkin, Don., *Money, Interest and Prices*, MIT Press, 1989.
26. Pazos, J., Valuation Method of Equity-based Security Token Offerings (STO) for Start-Up Companies, https://doi.org/10.31585/jbba-2-1- (2) 2019, 2019.

27. Pierre, Vilar, *A History of Gold and Money, 14501920*, London: NLB; Atlantic Highlands, Humanities Press, 1976.

28. Raskin, M. and Yermack D., Digital Curcencies, Decentralized Ledgers, and the Future of Central Banking, NBER Working Paper No.22238, 2016.

29. Rockoff H., *Lessons from the American Experience with Free Banking, Unregulated Banking: Chaos or Order?*, London: Palgrave Macmillan, 1991.

30. Satoshi Nakamoto A., Bitcoin and A Peer-to-Peer Electronic Cash System, https://bitcoin.org/bitcoin.pdf, 2016.

31. Schletz, M., Nassiry, D., and Lee, M., Blockchain and Tokenized Securities: The Potential for Green Finance, ADBI Working Paper Series, No. 1079, 2020.

32. Stiglitz, J. and Weiss A., Credit Rationing in Markets with Imperfect Information, *The American Economic Review*, 1981 (71): 393410.

33. Sugihara K., Agriculture and Industrialization: The Japanese Experience, in Peter Mathias and John Davis, eds., *Agriculture and Economic Growth*, Oxford: Blackwell Publishers, 1996: 148160.

34. White, Lawrence, *Free Banking in Britain: Theory, Experience, and Deboote. 1800–1845*, Institute of Economic Affairs, 1996.

35. Wicksell, Kunt, *Interest and Prices: A Study of the Causes Regulating the Valueof Moneg*, CreateSpace Independent Pub., 2014.

36.〔美〕艾伦·格林斯潘:《动荡的世界:风险、人性与未来的前景》,余江译,中信出版社,2014年。

37.〔英〕安格斯·麦迪森:《世界经济千年史》,伍晓鹰等译,北京大学出版社,2003年。

38.〔英〕安格斯·麦迪森:《世界经济二百年回顾》, 楚序平、吴湘松译, 改革出版社, 1997年。
39.〔英〕安格斯·麦迪森:《中国经济的长远未来》, 楚序平、吴湘松译, 新华出版社, 1999年。
40.〔英〕安东尼·吉登斯:《民族-国家与暴力》, 胡宗泽、赵力涛译, 生活·读书·新知三联书店, 1998年。
41.〔美〕安德鲁·罗斯·索尔金:《大而不倒》, 巴曙松、陈剑等译, 中国人民大学出版社, 2010年。
42.〔英〕本·布劳德本特:"中央银行与数字货币",《中国金融》2016年第8期。
43.〔美〕本·伯南克:《大萧条》, 宋芳秀、寇文红等译, 东北财经大学出版社, 2013年。
44.〔美〕本·伯南克:《行动的勇气: 金融风暴及其余波回忆录》, 蒋宗强译, 中信出版社, 2016年。
45.〔美〕本·斯泰尔:《布雷顿森林货币战: 美元如何统治世界》, 符荆捷、陈盈译, 机械工业出版社, 2014年。
46.〔日〕滨下武志:《近代中国的国际契机: 朝贡贸易体系与近代亚洲经济圈》, 朱荫贵、欧阳菲译, 中国社会科学出版社, 1999年。
47. 班固:《汉书》, 卷二十四"食货志", 中华书局, 1996年。
48.〔日〕板谷敏彦:《世界金融史: 泡沫、战争与股票市场》, 王宇新译, 机械工业出版社, 2020年。
49.〔日〕百濑弘:《明清社会经济史研究》, 研文出版社, 1980年。
50.〔美〕保罗·克鲁格曼:《萧条经济学的回归》, 朱文晖、王玉清译, 中国人民大学出版社, 1999年。
51. 贝多广、罗煜:"补充性货币的理论、最新发展及对法定货币的挑战",《经济学动态》, 2013年9月。
52.〔英〕伯纳德·刘易斯:《穆斯林发现欧洲: 天下大国的视野转

换》，李中文译，生活·读书·新知三联书店，2013年。
53.〔美〕彼得·伯恩斯坦：《货币、银行与黄金启蒙》，王正林、许余洁译，中信出版社，2020年。
54. 陈梦雷等：《古今图书集成·食货典》，广西大学网络索引版。
55. 陈寿祺等：《福建通志》，台北华文书局股份有限公司，1968年。
56. 陈寅恪：《金明馆丛稿初编》，上海古籍出版社，1980年。
57. 陈寅恪：《隋唐制度渊源略论稿》，生活·读书·新知三联书店，1957年。
58.〔美〕查尔斯·P. 金德尔伯格：《西欧金融史》，徐子健等译，中国金融出版社，1988年。
59.〔美〕查尔斯·P. 金德尔伯格、〔美〕罗伯特·阿利伯：《疯狂、惊恐和崩溃：金融危机史》，朱隽、叶翔、李伟杰译，中国金融出版社，2017年。
60.〔加〕戴维·欧瑞尔、〔捷〕罗曼·克鲁帕提：《人类货币史》，朱婧译，中信出版社，2017年。
61.〔美〕丹尼尔·贝尔：《资本主义文化矛盾》，赵一凡、蒲隆、任晓晋译，生活·读书·新知三联书店，1989年。
62.〔美〕道格拉斯·C. 诺思、〔美〕罗伯斯·托马斯：《西方世界的兴起》，厉以平、蔡磊译，华夏出版社，1999年。
63.〔美〕道格拉斯·C. 诺思：《经济史中的结构与变迁》，陈郁、罗华平等译，上海人民出版社，1994年。
64.〔美〕道格拉斯·C. 诺思：《制度、制度变迁与经济绩效》，杭行译，格致出版社，2008年。
65.〔美〕蒂莫西·盖特纳：《压力测试：对金融危机的反思》，益智译，中信出版社，2015年。
66. 杜恂诚：《上海金融的制度、功能与变迁：1897—1997》，上海人民出版社，2002年。

67. 杜恂诚：《金融制度变迁史的中外比较》，上海社会科学院出版社，2004年。
68. 董鹏："1927—1937年中国保险业快速发展原因探析"，《金融教学与研究》，2001年第2期。
69. 复旦大学中国金融史研究中心：《银行家与上海金融变迁和转型》，复旦大学出版社，2015年。
70.〔法〕费尔南·布罗代尔：《15至18世纪的物质文明、经济和资本主义》，顾良、施康强译，生活·读书·新知三联书店，2002年。
71. 费孝通：《乡土中国》，生活·读书·新知三联书店，1985年。
72. 费维铠："1870—1911年晚清帝国的经济趋向"，载《剑桥晚清史》，中国社会科学出版社，1985年。
73.〔英〕弗里德里希·冯·哈耶克：《货币的非国家化》，姚中秋译，新星出版社，2007年。
74. 傅筑夫：《中国经济史论丛》，生活·读书·新知三联书店，1980年。
75. 付烁、徐海霞、李佩丽等，"数字货币的匿名性研究"，《计算机学报》，2018年第5期。
76. 宓汝成、刑菁子：《中国近代经济史研究综述》，天津教育出版社，1989年。
77. 高王凌：《十八世纪中国的经济发展和政府政策》，中国社会科学出版社，1995年。
78.〔日〕宫崎正胜：《世界史就是一部货币史》，朱悦玮译，浙江人民出版社，2020年。
79. 顾炎武：《日知录集释》，花山文艺出版社，1990年。
80. 郭厚安：《明实录经济资料选编》，中国社会科学出版社，1989年。
81. 郭艳、王立荣、韩燕："金融市场中的区块链技术：场景应用与价值展望"，《技术经济》，2017年第7期。

82. 郭艳、王立荣、张琴："重新定义货币：法币、竞争性货币与数字加密货币的理论演进"，《经济研究参考》，2018年第25期。
83. 郭艳、王立荣、张琴："中央银行法定数字货币：结构与功能"，《经济研究参考》，2020年第1期。
84. 郭艳、王立荣、张琴："STO：重新定义证券与泛金融工具的发轫"，《经济研究参考》，2020年12月。
85.〔德〕贡德·弗兰克：《白银资本：重视经济全球化中的东方》，刘北成译，中央编译出版社，2000年。
86.〔美〕戈德史密斯：《金融结构与发展》，浦寿海等译，中国社会科学出版社，1993年。
87. 戈登·怀特：《中国为什么未能走上日本式道路》，北京大学出版社，1992年。
88. 何炳棣：《1368—1953中国人口研究》，葛剑雄译，生活·读书·新知三联书店，2000年。
89.〔民主德国〕汉斯·豪斯赫尔：《近代经济史：从十四世纪末到十九世纪下半叶》，王庆余等译，商务印书馆，1987年。
90.〔美〕韩书瑞、罗友枝：《十八世纪中国社会》，陈仲丹译，江苏人民出版社，2009年。
91. 洪葭管主编：《中国金融史》，西南财经大学出版社，1993年。
92. 洪葭管、李飞、赵海宽等主编：《中国金融通史》，中国金融出版社，2003年。
93. 黄仁宇：《万历十五年》，中华书局，1995年。
94. 黄仁宇：《中国大历史》，生活·读书·新知三联书店，1997年。
95. 黄仁宇：《十六世纪明代中国之财政与税收》，生活·读书·新知三联书店，2001年。
96. 黄宗智：《华北的小农经济与社会变迁》，中华书局，2000年。
97. 黄宗智：《长江三角洲小农家庭与乡村发展》，中华书局，2000年。

98. 黄鉴辉:《山西票号史料》，山西经济出版社，2002年。
99.〔日〕黑田明伸:《货币制度的世界史：解读“非对称性”》，何平译，中国人民大学出版社，2007年。
100. 金菁:《钱的千年兴衰史》，中国人民大学出版社，2020年。
101.〔美〕杰克·戈德斯通:《为什么是欧洲？ ：世界史视角下的西方崛起1500—1850》，关永强译，浙江大学出版社，2010年。
102.〔意〕卡洛·M. 奇波拉:《欧洲经济史》第一卷至第六卷，徐璇等译，商务印书馆，1988—1991年。
103. 李弘:《图说金融史1588—2008》，中信出版社，2015年。
104. 刘少军:“法定数字货币的法理与权义分配研究”，《中国政法大学学报》，2018年第3期。
105. 刘鹤主编:《两次全球大危机的比较研究》，中国经济出版社，2013年。
106. 卢现祥:《西方新制度经济学》，中国发展出版社，1996年。
107. 罗荣渠:《现代化新论：世界与中国的现代化进程》，北京大学出版社，1993年。
108.〔美〕罗恩·彻诺:《汉密尔顿：美国金融之父》，应韶荃等译，上海远东出版社，2011年。
109.〔美〕理查德·西拉、〔德〕理查德·蒂利、〔德〕加布里埃尔·托特拉主编:《国家、金融体制与经济现代化》，吕刚译，四川人民出版社，2002年。
110. 刘秋根:《中国典当制度史》，上海古籍出版社，1995年。
111. 李伯重:《江南的早期工业化1550—1850》，社会科学文献出版社，2000年。
112. 李剑农:《宋元明经济史稿》，生活·读书·新知三联书店，1957年。
113. 李建军、朱烨辰，“数字货币理论与实践研究进展”，《经济学动态》，2017年第10期。
114. 李龙潜:《明清经济史》，广东高等教育出版社，1988年。
115. 林毅夫:《制度、技术与中国农业发展》，上海三联书店，1992年。
116. 厉以宁:《资本主义的起源：比较经济史研究》，商务印书馆，2003年。
117. 〔瑞士〕罗曼·施图德:《大分流重探：欧洲、印度与全球经济强权的兴起》，王文剑译，格致出版社、上海人民出版社，2020年。
118. 〔美〕L. S. 斯塔夫里阿诺斯:《全球通史（1500年以后的世界）》，吴象婴、梁赤民译，上海社会科学院出版社，1999年。
119. 〔意〕马可·波罗:《马可波罗行纪》，〔法〕沙海昂注，冯承钧译，商务印书馆，1936年。
120. 〔德〕马克斯·韦伯:《新教伦理与资本主义精神》，于晓、陈维纲等译，生活·读书·新知三联书店，1987年。
121. 〔德〕马克斯·韦伯:《儒教与道教》，洪天富译，江苏人民出版社，1993年。
122. 〔德〕马克斯·韦伯:《经济、社会、宗教》，郑乐平编译，上海社会科学院出版社，1997年。
123. 马端临:《文献通考》，中华书局，1986年。
124. 〔美〕米尔顿·弗里德曼:《资本主义与自由》，张瑞玉译，商务印书馆，2004年。
125. 〔美〕米尔顿·弗里德曼、〔美〕安娜·施瓦茨:《美国货币史1867—1960》，巴曙松、王劲松等译，北京大学出版社，2009年。
126. 〔法〕孟德斯鸠:《论法的精神》，张雁深译，商务印书馆，1997年。
127. 〔英〕M. M. 波斯坦、〔英〕H. J. 哈巴库克等编，《剑桥欧洲经济史》第1—6卷，朗立华等译，经济科学出版社，2002年。
128. 〔德〕马克斯·维贝尔:《世界经济通史》，姚曾廙译，上海译文出版社，1981年。
129. 南开大学历史系编：《清实录经济资料辑要》，中华书局，1959年。
130.〔法〕皮埃尔·布迪厄、〔美〕华康德：《实践与反思：反思社会学导引》，李猛、李康译，中央编译出版社，1998年。
131.〔美〕彭慕兰：《大分流：欧洲、中国及现代世界经济的发展》，史建云译，江苏人民出版社，2003年。
132.〔美〕彭慕兰、〔美〕史蒂文·皮托克：《贸易打造的世界：1400年至今的社会、文化与世界经济》，黄中宪、吴莉苇译，上海人民出版社，2018年。
133. 彭信威：《中国货币史》，上海人民出版社，1965年。
134.〔荷兰〕皮尔·弗里斯：《国家、经济与大分流：17世纪80年代到19世纪50年代的英国和中国》，郭金兴译，中信出版集团，2018年。
135. 漆侠：《宋代经济史》，上海人民出版社，1987年。
136. 秦波、陈李昌豪、伍前红等，"比特币与法定数字货币"，《密码学报》，2017年第2期。
137. 乔海曙、王鹏、谢珊珊，"法定数字货币：发行逻辑与替代效应"，《南方金融》，2018年第3期。
138.〔法〕让·博丹：《主权论》，朱利安·富兰克林编，李卫海、钱俊文译，北京大学出版社，2008年。
139. 宋则行、樊亢主编：《世界经济史》，经济科学出版社，1998年。
140. 宋濂：《元史》，中华书局，1974年。
141. 司马迁：《史记》，中华书局，1996年。
142. 沈雷春编：《中国金融年鉴》，台北文海出版社有限公司，1976年。
143.《申报》，台湾学生书局，1965年。
144. 孙翊刚：《简明中国财政史》，中国财政经济出版社，2003年。

145. 司马光：《资治通鉴》，中华书局，1976年。
146.〔美〕施坚雅：《中国农村的市场和社会结构》，史建云、徐秀丽译，中国社会科学出版社，1998年。
147. 脱脱：《宋史》，中华书局，1974年。
148.〔德〕特洛尔奇：《基督教理论与现代》，朱雁冰等译，香港汉语基督教文化研究所，1998年。
149. 卫聚贤编：《山西票号史》，说文社，1944年。
150. 温铁军："阿根廷'另类货币'的作用"，《国际经济评论》，2006年5月。
151.〔美〕王国斌：《转变的中国：历史变迁与欧洲经验的局限》，李伯重、连玲玲译，江苏人民出版社，1998年。
152.〔美〕王国斌、〔美〕罗森塔尔：《大分流之外：中国和欧洲经济变迁的政治》，周琳译，江苏人民出版社，2019年。
153. 王圻：《续文献通考》，台北文海出版社有限公司，1984年。
154. 王钺、李兰军、张稳刚：《亚欧大陆交流史》，兰州大学出版社，2000年。
155. 汪圣铎：《两宋财政史》，中华书局，1995年。
156. 汪丁丁："制度创新的一般理论"，《经济研究》，1992年第5期。
157.〔美〕威廉·戈兹曼：《千年金融史》，张亚光、熊金武译，中信出版集团，2017年。
158.〔美〕威廉·戈兹曼：《价值起源》，王宇、王文玉译，北方联合出版传媒（集团）股份有限公司，万卷出版公司，2010年。
159.〔美〕威廉·西尔伯：《力挽狂澜：保罗·沃尔克和他改变的金融世界》，綦相、刘丽娜译，上海财经大学出版社，2013年。
160.〔美〕西蒙·库兹涅茨：《各国的经济增长：总产值和生产结构》，常勋等译，商务印书馆，1999年。
161.〔美〕西蒙·库兹涅茨：《现代经济增长：速度、结构与扩展》，戴睿、易诚译，北京经济学院出版社，1989年。
162. 徐松辑：《宋会要辑稿》，中华书局，1957年。
163. 薛允升：《唐明律合编》，法律出版社，1999年。
164. 萧清：《中国古代货币史》，人民出版社，1984年。
165. 萧清：《中国古代货币思想史》，人民出版社，1987年。
166. 谢平、石午光："数字加密货币研究：一个文献综述"，《金融研究》，2015年1月。
167. 徐瑾：《白银帝国：一部新的中国货币史》，中信出版社，2017年。
168.〔匈〕亚诺什·科尔内：《短缺经济学》，张晓光、李振宁、黄卫平译，经济科学出版社，1986年。
169. 姚前，"数字货币的发展与监管"，《中国金融》，2017年第14期。
170. 姚前，"共识规则下的货币演化逻辑与法定数字货币的人工智能发行"，《金融研究》，2018年第9期。
171. 杨豫：《欧洲原工业化的起源与转型》，江苏人民出版社，2004年。
172.〔美〕伊曼纽尔·沃勒斯坦：《现代世界体系》，吕丹等译，高等教育出版社，1998年。
173.〔美〕伊曼纽尔·沃勒斯坦：《开放社会科学：重建社会科学报告书》，刘锋译，生活·读书·新知三联书店，1997年。
174. 颜鹏飞等主编：《中国保险史志》，上海社会科学院出版社，1989年。
175. 叶世昌、潘连贵：《中国古近代金融史》，复旦大学出版社，2001年。
176. 叶世昌、李宝金、钟祥财：《中国货币理论史》，厦门大学出版社，2003年。
177.〔美〕约瑟夫·熊彼特：《经济分析史》，朱泱等译，商务印书馆，2001年。
178.〔英〕约翰·梅纳德·凯恩斯：《就业、利息和货币通论》，高鸿业译，商务印书馆，1999年。
179.〔英〕约翰·F. 乔恩：《货币史》，李广乾译，商务印书馆，2002年。
180.〔英〕约翰·希克斯：《经济史理论》，厉以平译，商务印书馆，1987年。
181.〔英〕约翰·伊特韦尔等编：《新帕尔格雷夫经济学大辞典》，经济科学出版社，1992年。
182. 袁远福、缪明扬编著：《中国金融简史》，中国金融出版社，2002年。
183. 袁勇、王飞跃："区块链技术发展现状与展望"，《自动化学报》，2016年第004期。
184. 杨瑞龙："论制度供给"，《经济研究》，1993年第8期。
185. 张馨："应从市场经济的基点看待公共财政问题"，《财政研究》，1999年第1期。
186. 张仲礼、熊月之、沉祖炜主编：《中国近代城市发展与社会经济》，上海社会科学院出版社，1999年。
187.〔美〕张灏：《危机中的中国知识分子：寻找秩序与意义》，高力克等译，山西人民出版社，1988年。
188. 张廷玉：《明史》，中华书局，1974年。
189. 张杰：《中国金融制度的结构与变迁1978—1998》，山西经济出版社，1998年。
190. 张宇燕：《经济发展与制度选择：对制度的经济分析》，中国人民大学出版社，1992年。
191. 张曙光："论制度均衡和制度变革"，《经济研究》，1992年第6期。
192. 周洛华：《货币起源》，上海财经大学出版社，2019年。
193. 朱荫贵："两次世界大战间的中国银行业"，《中国社会科学》，

2002年第6期。
194. 赵尔巽：《清史稿》，中华书局，1974年。
195. 赵赫、李晓风、占礼葵等："基于区块链技术的采样机器人数据保护方法"，《华中科技大学学报》（自然科学版），2015年第S1期。
196. 赵兰亮：《近代上海保险市场研究1843—1937》，复旦大学出版社，2003年。
197. 曾繁荣："央行发行法定数字货币的动机及影响研究"，《金融发展评论》，2018年第5期。
198. "中央银行"经济研究处编：《金融法规大全》，台北台湾学生书局，1971年。
199.《明太祖实录》，"中研院"历史语言研究所校，中国书店，1983年。
200. 中国保险年鉴编辑所编：《中国保险年鉴》，中国保险年鉴所，1936年。
201. 中国人民银行总行参事室金融史料组：《中国近代货币史资料》，中华书局，1964年。
202.《中国近代经济史研究资料》，上海社会科学院出版社，1990年。
203. 吴北苹：《中国财政金融年表》，中国财政经济出版社，1994年。

跋

完成书稿写作的这一天是2021年的教师节，在收到很多学生祝福的时候，也在深深想念自己人生每一程中的老师们。只是，我称不上是一个好学生。

这部书最初部分的撰写是2004—2005年，那是我正在为博士论文拼搏的时候。我特别感激我的博士导师陈雨露先生，在我的师兄师姐们都在国际金融领域探究三元悖论、跨国资本流动等既有理论深度又具时代意义的论题时，导师居然同意我钻进金融史的想法，并在之后的每一个困难节点，给予我醍醐灌顶式的指引与点拨。我至今都记得，在办公楼前、在会议室门口、在工作餐桌旁，从一堆繁杂公务中抽身的一个伟岸身影拿着我的草稿在圈圈改改。

博士论文完成之后，这部分研究长时间搁置在书架上，但又每每闪现在脑海中。在随后岁月里，断断续续的想法和对自己的否定不时地出现在书稿的修改与写作中，也时常会关注这个领域其他学者的新贡献，但时光渐渐冲淡了这份执着。直到2014年数字货币开始在学界和业界掀起波澜的时候，我意外地发现这个新生事物其实在我既往的金融史研究中就曾若隐若现，数字货币和相关货币理论不是，也不可能是横空出世的，它都有着理论演绎的路径依赖和实践试错的发展轨迹。于是我想，等我将来退休后，不再需要为生活和工作的压力疲于奔命时，可以继续深耕一下这个有意思的选题，看看人类社会支付手段和金融演进的过去和未来。

2020年初以排山倒海之势袭来的疫情，改变了很多人和事。在静默、焦虑和无奈之中，我提起了笔，决定利用这段日子把这个感兴趣的研究提前做完，或许在我将来告别学术生涯之后，能在自己更喜欢的其他领域享受另一种人生。

之所以斗胆在跨越社会科学多个领域的视角下探索支付的历史与金融的轮回，来源于我在中国人民大学求学的12年间学习的四个不同专业。更重要的是，在这个阶段，我所遇到的鸿儒硕学的老师们，他们的学识与风骨让人仰之弥高，钻之弥坚。引导我步入学术之路的是我的硕士导师萧延中先生，他是这个时代已经不多见的教育界的精神脊梁；还有程农先生、杨凤城先生、景跃进先生、杨念群先生、伊志宏先生，以及在哥伦比亚大学访学时的王能先生，没有这些老师，我根本领悟不到学术的门道与乐趣。但我实在是一个不成器的学生，以至于很多年都无颜再去联络老师们，只在每一个类似今天的教师节，在心里默默致意。

商务印书馆是我学生时代起就很尊敬的出版社，凝结人类智慧的汉译名著系列几乎花掉了我那时候所有的零用钱。直到今日，我的人生愿望之一还是在书房能够凑齐汉译名著那道彩虹墙。当然，这可能需要更大的房子，不得已作罢。感谢商务印书馆在今天这个炫目的时代还能坚持为普通的学者出版不怎么赚钱的人文社科类作品，这是一份极其昂贵的担当。

我的师弟崔鑫博士帮我完成了书稿最后的修订，提出了珍若明珠的改进；我的同学王立荣先生，作为金融科技领域的先锋，在这本书的逻辑、思路和技术难点上贡献了专业的意见和独到的眼光。没有他们二位，就没有产生在此时的这本书。

这本书完成了我多年来的一个兴趣点，当然中间特别多不成熟和不正确的地方，我希望有更多的质疑、批评，帮助我能够把感兴趣的问题回答得更好。但无论如何，感谢这次写作历程给我此时低沉煎熬的人生带来若干美好的时刻。

我的朋友们，郑婕、于华芸、黄锡明、郭力洁、刘渝、冷新宇、王薇、王茜、郭镇、刘鸣、孙威、王杰钢、冯炜、韩燕、侯瑾、刘晨光、连志勇，感谢你们对我无尽的帮助和信任。无论我踌躇满志还是黯然神伤，总有深情厚谊环绕身旁。是你们，鼓舞了我。

跋

小唐叔叔，每次我仰望夜空，看那繁星闪烁，就知道您一定在注视着我，希望我没有让您失望。

我把这本书献给我至爱的家人。

2021年9月10日，北京时雨园